reinhardt

Basiswissen Frühpädagogik

Herausgegeben von Prof. Dr. Timm Albers

Titel in dieser Reihe:

Jungmann / Albers: Frühe sprachliche Bildung und Förderung
Kraska / Teuscher: Naturwissenschaftliche Bildung in der Kita
Schwarz: Frühe Bewegungserziehung

Weitere Titel in Planung!

Rolf Schwarz

Frühe Bewegungserziehung

Mit 31 Abbildungen und 20 Tabellen
Mit Online-Materialien

Ernst Reinhardt Verlag München Basel

Prof. Dr. *Rolf Schwarz*, Dipl.-Pädagoge und Lehrer, ist Juniorprofessor für Bewegungserziehung und Sport an der Pädagogischen Hochschule Karlsruhe.

Bibliografische Information der Deutschen Nationalbibliothek

Die Deutsche Nationalbibliothek verzeichnet diese Publikation in der Deutschen Nationalbibliografie; detaillierte bibliografische Daten sind im Internet über <http://dnb.d-nb.de> abrufbar.
ISBN 978-3-497-02401-8 (Print)
ISBN 978-3-497-60145-5 (E-Book)

Printed in Germany

Cover unter Verwendung eines Fotos von © Reena – fotolia.com
Abbildungen 4, 5, 6 und 7 unter Verwendung einer Zeichnung von Sophia Jandl
Satz: Arnold & Domnick, Leipzig   www.arnold-domnick.de

Ernst Reinhardt Verlag, Kemnatenstr. 46, D-80639 München
Net: www.reinhardt-verlag.de E-Mail: info@reinhardt-verlag.de

Inhalt

Hinweise zur Verwendung der Icons

Kapitelzusammenfassungen

Literatur- und Website-Empfehlungen

Definitionen

Lernfragen

Online-Zusatzmaterial

Lösungen zu den Lernfragen sowie Videos rund um die frühe Bewegungserziehung mit dazu gehörenden Erläuterungen und Übungsfragen gibt es unter www.reinhardt-verlag.de. Das Passwort für die Dateien lautet: *Motologie!* Das Online-Zusatzmaterial wird für die LeserInnen dieses Buchs zur Verfügung gestellt. Bitte geben Sie daher das Passwort nicht weiter!

Einleitung: begriffliche Grundlegung

In vielen philosophischen Abhandlungen zur Frage, was der Mensch sei, wurden in den vergangenen Jahrhunderten Merkmale festgelegt wie die Sprache, das vernunftbegabte Denken oder die Errungenschaften technischer Kultur. Besonders die geistige Überlegenheit gegenüber anderen Spezies mit allen dazugehörigen Konsequenzen wurde als Erkennungseigenschaft hervorgehoben. Doch mit dem zunehmenden Austausch von interdisziplinärem und internationalem Wissen hat sich ein Menschenbild etabliert, dessen kantische Anlehnung einer kognitiven und sprachlichen Wende (Miller 2003) von einem weiteren Bestimmungsstück wesentlich ergänzt wird: dem Überhaupt und der Art menschlicher Bewegung.

Ursprung menschlicher Bewegung

Die existenzielle Bedeutung der Bewegung für den Menschen lässt sich dann am einfachsten ermessen, wenn wir sie nicht oder in nicht ausreichendem Maße zur Verfügung haben. Eben deshalb ist sie uns in der Gegenwart des 21. Jahrhunderts wieder stärker ins Bewusstsein gerückt. Über mehrere Millionen Jahre hat sich ursprünglich aus der bipedischen Überbrückung langer Distanzen (**Mobilität**), dem symbolhaften Ausdruck von Information in Form von sozial-emotionaler Gestik, Körper- und Mundbewegungen (**Kommunikation**) und durch den gestalterisch-begreifenden Umgang mit der Welt (**Selbst- und Weltkonstruktion**) als Primärerfahrung ein Nutzen von Bewegung ergeben (Kap. 5). Dieser Entwicklungsvorteil wird durch die zunehmende Nutzung technischer Errungenschaften (wie Mediatisierung, Automatisierung und Verbauung der Lebenswelten) immer mehr in den Hintergrund gedrängt. Was die biologische Natur über Jahrmillionen zum Zwecke des Überlebens selektiv entwickelt hat, verliert seit einigen Jahrzehnten im Alltag des modernen Menschen an Bedeutung.

Folgen von Bewegungsmangel

Dass dies weder dem gesundheitlichen Bildungsbereich (z. B. bezüglich der Aufklärung über und dem Vermeiden von Übergewicht) (Kurth / Schaffrath 2007; Landsberg et al. 2009), der psychosozialen (Verhaltensauffälligkeiten) (Tröster / Reineke 2007; Hölling et al. 2007) und geistig-neuronalen Entwicklung (Kopp 2011; Tomporowski et al. 2011) noch der motorisch-körperlichen Leistungsfähigkeit selbst zuträglich sein kann (Bös / Oberger et al. 2009), ist empirisch mittlerweile auch für den frühkindlichen Bereich verlässlich bestätigt.

Daher sind Gründe für die systematische Förderung von mehr und die Auswahl wertvoller Bewegung folglich vor allen Dingen für jene biopsychosoziale Altersgruppe zahlreich vorhanden, die am stärksten davon profitiert: Kinder im Alter von 0 bis 6 Jahren.

Bewegung und Menschenbild

Dem vorliegenden Buch liegt ein Menschenbild zugrunde, das Bewegung als existenzielles Bedürfnis sieht. Ausreichende und qualitativ hochwertige Bewegungsmöglichkeiten durch gesellschaftliche Hindernisse und Fehlentwicklungen einzuschränken, ist somit ein Akt der Verminderung von Lebensqualität und Inhumanität. Umgekehrt verleiht uns die Freiheit der Bewegung jenes Maß an Entwicklungsmöglichkeiten, das uns im humboldtschen Sinne selbst zu einem proportionierten Ganzen bilden lässt (Humboldt 1792 / 1967, Kap. II). Ein derart breites Bewegungsverständnis kann nur als allgemeine Querschnittsaufgabe für die Erziehung und Forschung begriffen werden.

interdisziplinärer Ansatz

Als Konsequenz daraus ergibt sich für den Bereich der Forschung ein ausgesprochen interdisziplinärer Ansatz, dessen Ziel es ist, die Erkenntnisse der jeweiligen Fachwissenschaften logisch stringent zusammenzufügen und bewegungspädagogisch zu integrieren. Die Bewegungspädagogik der frühen Kindheit wird dadurch zur Integrationswissenschaft, indem sie einerseits Teilfragen anderer Disziplinen aufgreift und andererseits ihre wichtigsten Forschungsfragen in doppelter Weise subsumiert:

1. Wie beeinflusst die Bewegung im Zusammenhang mit anderen Faktoren die optimale Entwicklung von Individuen im Lebenslauf?

2. Wie lässt sich dieses Wissen in die konkrete Anwendung als didaktisch systematisierte Erziehung sowohl *durch* als auch *zur* lebenslangen Bewegung transformieren (Bewegungserziehung)?

Entwicklung als Antwort

Für die Beantwortung dieser Fragen erweist sich die Entwicklung als zentraler Begriff, obschon sich im Vergleich verschiedener Definitionen nur wenige Gemeinsamkeiten finden lassen. Bei dem Versuch, Autoren verschiedener Disziplinen wie Trautner (2006), Montada (2008) und Berk (2011, Kap. I) als Vertreter der Entwicklungspsychologie mit Hirtz (2007,

Kap. I) und Munzert (2010) aus der Motorikforschung synoptisch darzustellen, zeigen sich nachfolgende Gedanken als wiederkehrende definitorische Merkmale:

Definitionen

- Der Mensch wandelt und verändert sich im Laufe seiner individuellen Lebenszeit/-spanne (**Ontogenese**).
- Die meisten Veränderungen treten im Laufe der Ontogenese nicht beliebig auf, sondern meist in einem bestimmten Lebensalter (**Phasen**), wobei das Alter zwar eine Orientierung, aber keinesfalls Gewissheit für die Auftretenswahrscheinlichkeit bietet.
- Die Phasen müssen **strukturelle und/oder funktionelle Unterschiede** aufweisen, sodass sie eindeutig und klar voneinander abgrenzbar sind.
- Die Veränderungen werden einerseits durch genetische Programme gesteuert, andererseits nimmt die Umwelt zufällig oder planmäßig Einfluss darauf. **Anlage und Umwelt** spielen also eine gemeinsame Doppelrolle.
- Veränderungen weisen **stabile Prozesse**, aber auch **interindividuelle Abweichungen** (Variabilität) und **intraindividuelle Differenzen** (Plastizität) auf. Abweichungen sind eher die Norm als die Ausnahme.

offene Fragen

Strittig bleiben z. B. Fragen, ob die Veränderungen irreversibel sein müssen, also nicht mehr umkehrbar sind. Ebenso unklar ist die exakte Länge der Zeiträume, in denen sich Phasen der Veränderung vollziehen. Veraltet hingegen sind Ansichten, die diese Veränderungen einem einzigen übergeordneten Ziel, also nur monodirektional (ohne Ausnahmen) unterworfen sehen.

zugrunde liegende Betrachtung

Die Sichtweise dieses Buches teilt überwiegend jene des Lebensspannenkonzeptes von Baltes (1990), der eine ähnliche Einteilung in Form von sieben Leitsätzen vornimmt und dessen Kernaussagen in vier Bereiche zusammengefasst werden können:

1 Entwicklung verläuft lebenslang,

2 ist äußerst variabel, plastisch und mit Gewinnen und Verlusten versehen,

3 ist soziokulturell und biogenetisch eingebettet und erlebt ein Wechselspiel aus Anlage (Gene) und Umwelt.

4 Nur eine multidisziplinäre Betrachtung wird einem derart breiten Verständnis von Entwicklung gerecht.

Begriffserklärungen

Folgerichtig liegen weitere, für Pädagoginnen und Pädagogen relevante Begriffe einer Fachsprache der Bewegungserziehung im Rahmen frühkindlicher Entwicklung diesem Buch zugrunde. Sie werden nachfolgend genannt und näher erläutert:

- Die **Phylogenese** (altgriech. phýlon = Stamm und génesis = Entstehung) beschreibt die biologische Entstehung bis hin zu einer Art und ihrer Merkmale (z.B. Homo sapiens) (Wiesemüller et al. 2003). Die besondere Phylogenese der menschlichen Bewegung liegt im zweibeinigen (bipedischen) aufrechten Gang sowie im funktionell-anatomisch einzigartigen Handgebrauch (Daumenopposition). Beide haben fundamentale Auswirkungen auf die Entwicklung des Gehirns (Kap. 3.2) sowie das Sozialverhalten (Kap. 3.4) und treten im Alter zwischen 0 und 6 Jahren massiv zutage. Bewegungserziehung muss also immer auch phylogenetische Vorbedingungen in Betracht ziehen.

- Die **Kulturgenese**: Wo die Natur über genetische Selektion überlebensdienliche *Anpassungen* weitergibt, überträgt der kulturfähige Mensch wichtiges Wissen und Können mittels gedanklicher Selektion bzw. Meme (statt Gene) (Dawkins 1978; Blackmore 2000). Die Fähigkeit, das Wissen einer Generation als kollektives Gedächtnis (engl. memory, daher mem) zu speichern, verschafft der nachfolgenden Generation eine bereits höhere Ausgangsbasis (Wagenhebereffekt; Tomasello 2002), sodass sie nicht mehr bei Null beginnen muss. Gleichzeitig rahmt und begrenzt dieses kollektive Gedächtnis aufwachsende Kinder, da ihnen oftmals nicht freigestellt bleibt, ob sie dieses Wissen lernen dürfen oder nicht, sondern sie es im Sinne der Tradition aneignen sollen (Norm). Biologisches Erbe kann also durch kulturgeschichtliches Erbe sowohl erweitert als auch eingeengt werden. Als Beispiel für die Bewegungserziehung sei hier das motorische Verhalten genannt, mit Messer und Gabel statt mit den Händen zu essen (dazu ausführlich Elias 1981, Kap. II).

- Die **Ontogenese** (altgriech. on = Seiende): Innerhalb einer rund 5,4 bis 7 Millionen Jahre alten Phylogenese (Abspaltung der Gattungsgruppe/Tribus der Homininen; Pawlowski 2007) und einer jüngeren Kulturgenese von ca. 2,6 Mio. Jahren (erster belegbarer Gebrauch von Steinwerkzeug; Toth/Schick 2007) findet das einzigartige Leben für einen deutschen Jungen, der 2013 geboren wird, für rund 78 Jahre und für ein deutsches Mädchen rund 83 Jahre statt (WHO 2012). Damit ist nicht nur die biologische Entstehung vom Moment der Zeugung bis zum Tode gemeint, sondern gleichermaßen die situativen, einzigartigen Erlebnisse eines Subjektes (das erste Mal zur Kita gehen, vom 1-Meter-Brett ins Wasser springen oder nicht), also seine unverwechselbare Art der Lebensgestaltung. Die eigenen Entscheidungen und ihre Folgen sind die Grundlage der Richtung, welche die Ontogenese einnimmt; ob aus ein und demselben motorischen Talent also ein professioneller Olympionike oder ein einfacher, wenngleich begeisterter Freizeitsportler wird, ist nicht nur von der genetischen Anlage und den gesellschaftlichen Bedingungen abhängig, sondern auch von der eigenen Motivation und Beharrlichkeit. Das eigene Leben kann somit viele bewegte Verläufe nehmen.

- Das **Lernen** bezeichnet jenen Vorgang, in dessen Verlauf die Signale der Umwelt aktiv verarbeitet und für zukünftige Entscheidungen und Verhaltensweisen relativ stabil im Langzeitgedächtnis gespeichert werden (Singer 2000; Markowitsch 2002; Miyashita 2004). Das Ergebnis dieser neuronal verarbeiteten Speicherung ist die Möglichkeit, sich bei der neuerlichen Situation angemessen verhalten zu können oder es gewollt zu unterlassen. Da neuronales Lernen im Unterschied zur bloßen Adaption immer aktuell (situativ) und aktiv (selbst organisiert und konstruiert) geschieht (Hüther 2011), kann von einer *Aktionsgenese* gesprochen werden.

- Die **Erziehung** ist eine in der Motorikforschung sehr selten auftauchende Kategorie und blieb bislang der Sport- und Bewegungspädagogik definitorisch vorbehalten. Erziehung in den Institutionen der frühen Bildung meint den bewussten und planmäßigen Einfluss von außen (meist Erwachsene) auf ein Individuum (meist Kinder). Als Ergebnis dieser systematischen Einwirkung sollen vom Kind Werte und Haltungen der Gesellschaft zur Förderung seiner Persönlichkeit dauerhaft übernommen werden (Meinberg 1981). In der schulisch orientierten Sportpädagogik wird der erzieherische Doppelauftrag verfolgt, zum

Sport und durch Sport zu erziehen. Zum Sport erziehen bedeutet, an diesem kulturellen Gut lebenslang teilhaben zu können/sollen. Dazu bedarf es im Minimalfall der Beherrschung grundlegender (sport-)motorischer Fertigkeiten (z.B. Innenseitstoß), der Kenntnis von Sportregeln (z.B. Abseits) und -werten (z.B. Fairness) oder gar das Wissen um Trainingsprinzipien und -methoden (z.B. Superkompensation). Erziehung durch Sport beschreibt den Nutzen der – für die Ontogenese förderlichen – Wesensformen des Sports (z.B. das Wettkampfprinzip als Chance für das Miteinander). Sport dient hierbei als Katalysator für die selbst gesteuerte und gesellschaftlich erwünschte Persönlichkeitsbildung (Scherler 1997; Prohl 1999; Beckers 2001). Übertragen wir diesen Doppelauftrag auf die frühe Bildung, so wird daraus einerseits eine Erziehung zur Bewegung. Dies aber nicht nur im Sinne einer bloßen Vorbereitung als Kulturgut wie beim Sport, sondern als anthropologische Konstante, als biopsychosoziales Bedürfnis der menschlichen Phylogenese. Zur Bewegung zu erziehen ist also weit mehr, als zum Sport zu erziehen. Andererseits bedeutet Erziehung durch Bewegung, die große Vielfalt an Bewegungsformen auszuprobieren, dabei die Grenzen und Möglichkeiten des eigenen Organismus zu erproben, um schließlich lebenslangen Gefallen daran zu finden. Ihre Didaktik orientiert sich dabei immer sowohl an den phylogenetischen Bedürfnissen als auch den kulturhistorischen Errungenschaften.

Die **Bildung** ist der lebenslange subjektive Versuch, über das eigenaktive Lernen die freien Angebote, aber auch die unausweichlichen Pflichten der Erziehung so zu nutzen, dass sie einerseits das Potenzial der eigenen Person bestmöglich entfalten und andererseits aber auch zur gedeihlichen Fortentwickelung der umgebenden Gesellschaft und ihrer natürlichen Grundlagen beitragen. Bildung ist immer Selbstbildung, reflektiert, ethisch ausgewogen, bewusst über die Geschichtlichkeit der eigenen Existenz und stets bereit, sich mit den Mitmenschen neu zu verständigen (Hentig 1996). Niemand kann sie einem abnehmen. Eben deshalb ist Bildung aus Sicht eines Kleinkindes eine anspruchsvolle, teils befreiende, teils erdrückende Höchstleistung. Höchstes zu leisten, alles zu geben, dabei die eigenen Grenzen und Möglichkeiten zu erkennen, Niederlagen zu bewältigen, Siege zu genießen, aber sie nicht auf Kosten anderer auszuschlachten – das ist die normative Maxime der Bildung durch und zur Bewegung, wie wir sie an Kinder herantragen. Bildung resultiert folglich aus äußerer Erziehung und eigenem Lernen als individuelles Ergebnis der Ontogenese.

- Die **Sozialisation**: Moderne Definitionen von Sozialisation sind mittlerweile der des pädagogischen Bildungsbegriffes sehr nahe. Ein je einzigartiger, mit biologischen Anlagen versehener menschlicher Organismus entwickelt sich in Abhängigkeit von und in Auseinandersetzung mit sowohl den sozialemotionalen als auch dinglich-materiellen Lebensumständen zu einer sozial handlungsfähigen Persönlichkeit (Hurrelmann et al. 2008). Sozialisation ist somit ein der Erziehung übergeordneter Begriff und unterscheidet sich von der Bildung hinsichtlich der Schwerpunktsetzung auf den gesellschaftlichen Einfluss (Sozialisationseffekte).

Abb. 1 bringt die Begriffe in einen zeitlichen sowie inhaltlichen Zusammenhang. Sie dient als fachsprachliches Handwerkszeug für das Verständnis der folgenden Kapitel und als wissenschaftliches Fundament der Bewegungserziehung von Kindern im Alter von 0 bis 6 Jahren.

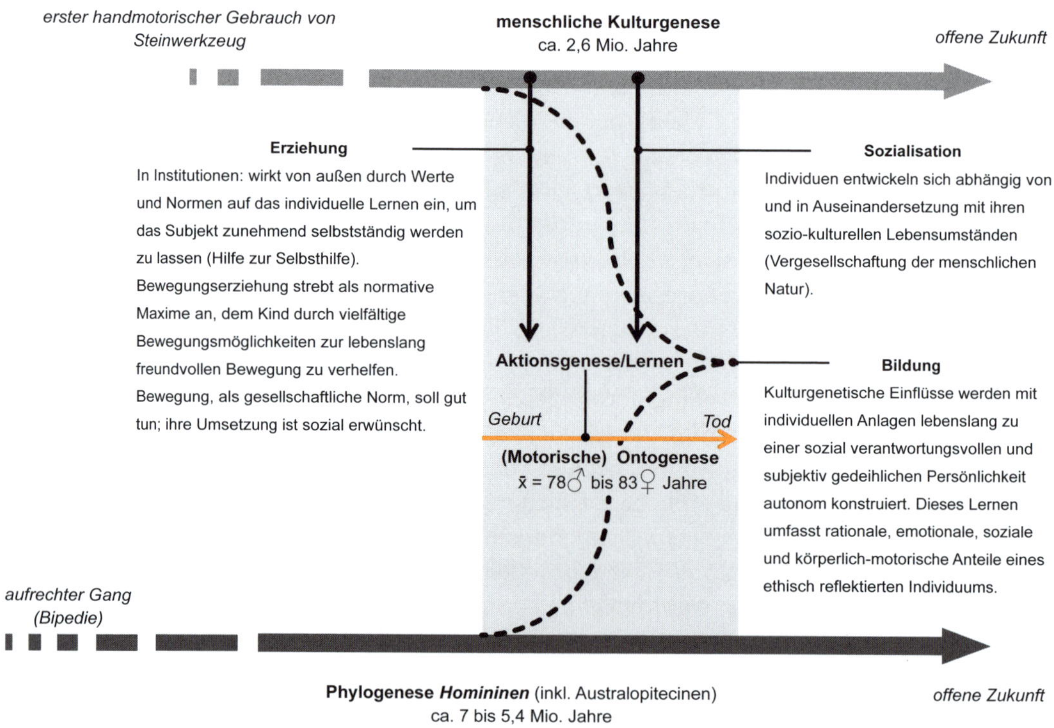

Abb. 1: Zeitliche und inhaltliche Systematisierung bewegungserzieherischer Grundbegriffe

1 Entwicklung kindlicher Bewegungen

Die Bewegungserziehung ist eine normative Praxis. Als Konsequenz hieraus müssen sich Frühpädagoginnen und -pädagogen die Frage stellen, warum die Auswahl an Bewegungsformen und Spielgeräten für die tägliche Bewegungsstunde oder an Gestaltungselementen des Innen- und Außenbereichs *gut* für die Kinder ist und sein soll.

Die systematische Beantwortung dieser Frage erfolgt mithilfe wissenschaftlicher Grundlagen, deren Forschungs- und Lehrdisziplin die Bewegungspädagogik darstellt (Größing 1993; Funke-Wieneke 2000). Bezüglich der Forschungslage zur motorischen bzw. Bewegungsentwicklung stellen Baur et al. fest, „dass auf dem Gebiet […] relativ viel empirisch gearbeitet und relativ wenig ‚theoretisiert' wurde"(2009, 7). Diesem Mangel soll mit den Empfehlungen aus dem folgenden Kapitel entgegengewirkt werden.

Leitfragen

Neben dem Warum dienen vier weitere Leitfragen als Orientierung:

1. Was (Sache) ist mit Motorik im Unterschied zur Bewegung gemeint?
2. Wann (Zeit) tauchen welche Bewegungsmuster auf?
3. Wie (in Qualität und Quantität) entwickelt sich kindliche Motorik/Bewegung gemäß welchen Faktoren?
4. Wer (Subjekt) ist in welcher konkreten Weise zu fördern (Methoden förderlicher Bewegungsbeobachtung) (Kap. 2 und 6)?

1.1 Das *Was*: Motorik und Bewegung

Beobachten wir ein noch nicht sprechendes Kleinkind, so nehmen wir zunächst nur seine äußerlich erkennbaren Bewegungen und seine Körperhaltung wahr. Wir wissen weder den Beweggrund (lat. movens), warum es mehrere Male z. B. ein Auto hoch- und ein Buch darauf legt, beide Gegenstände wieder herunterholt und das Ganze wiederholt, noch welche Gedanken und Gefühle in ihm vorgehen. Die den äußeren Bewegungen (Stehen, Greifen) zugrunde liegenden inneren Vorgänge neuromuskulärer Steuerung, motivationalen Antriebs oder konzentrativen Abschirmens gegenüber Störreizen können wir nicht direkt sehen, sondern nur über die indirekte Form der Bewegungsbeobachtung vermuten.

Innen- und Außenaspekt

Diese erste und zugleich wichtigste Unterscheidung zwischen Motorik und Bewegung bezieht sich somit auf die *Motorik* als einerseits zugrunde liegendem und nicht direkt erkennbarem Innenaspekt (**Steuerung und Regelung**). Andererseits stellt sie die neuromuskuläre Bewegung des Organismus als beobachtbares Verhalten und wahrnehmbaren Außenaspekt dar (Roth / Willimczik 1999). Der Unterschied besteht also nicht in einem Entweder-oder zwischen Motorik und Bewegung, sondern in einem Sowohl-als-auch einer Motorik, die innere *und* äußere Vorgänge beschreibt. Letztgenannte werden als sichtbare Bewegungen eines denkenden und fühlenden menschlichen Organismus in Raum und Zeit bezeichnet.

Bewegung, Erziehung und Sozialisation

Ein zweites, weit weniger häufig theoretisiertes Unterscheidungsmerkmal betrifft die erzieherische Bedeutsamkeit. Für Frühpädagoginnen und -pädagogen ist der Bewegungsbegriff der praktisch wichtigere als der der Motorik, da sich konkrete Verhaltensänderungen nicht über unsichtbare Innerlichkeiten beeinflussen lassen, sondern nur über die Bewegung und ihre Gestaltung von außen. Die Entwicklung eines Menschen, sein Bildungserfolg und die Folgen für die Umwelt werden immer an der real sichtbaren, tatsächlichen *Bewegung* (**Tätigkeit**) sozial gemessen. Die angeborene Seite der Motorik als Kompositum aus inneren Steuer- und Regelmechanismen wie Zielplanung, Bewegungsgedächtnis, Aufmerksamkeit, emotionalem Antrieb oder neuromuskulärer Signalverarbeitung ist zunächst nicht sozial und auch nicht erziehbar. Erst in der Bewegung wird Motorik subjektiv sinnvoll und erzieherisch real. Bewegung ist somit das unmittelbare Tor zum und vom Kind zu seiner Welt. Die damit einhergehenden Dimensionen der Motorik finden folglich in der Bewegung ihre soziale Verwirklichung.

Motorik-Identität

Umgekehrt ist menschliche Bewegung ohne die inneren Vorgänge des Selbst weder denk- noch machbar. In der unauflöslichen Verbindung von

Motorik und ihren entwickelten Bewegungen entsteht das, was Oerter eine persönliche (Motorik-)Identität nennt:

> *„Das ‚Erfühlen' und ‚Erleben' und die damit verknüpften Affekte bedeuten oft tiefe Erfahrungen, die in ein Wissen münden, das nun nicht mehr eine gleichgültig-neurale Struktur besitzt, sondern mit der persönlichen Identität verbunden ist."* (Oerter 1987, 50)

Motorische Entwicklung bezeichnet demnach mit Bezug auf das *Was* einerseits die beobachtbaren Veränderungen äußerer Bewegung eines Organismus in Raum und Zeit und ihrer wiedererkennbaren Muster (z.B. Krabbeln im Unterschied zum Robben) in Form spezieller Bewegungsentwicklung. Andererseits ist diese äußerlich bewegte Veränderung untrennbar mit inneren biopsycho- und -physiologischen Grundmechanismen in Ursache und Wirkung auf den individuellen Organismus verbunden.

motorische Entwicklung als Persönlichkeitsentwicklung

Dies betrifft z. B. die Kognition-Emotion, Sprache, neuromuskuläre und skeletale sowie organisch-sensorische Vorgänge (Kap. 3). Das macht aus der motorischen Entwicklung immer auch eine umfassende Persönlichkeitsentwicklung (Winter / Hartmann 2007).

Sichtweise der Entwicklungspsychologie

Als Erkenntnis hat sich dies in der Leitdisziplin der Entwicklungspsychologie paradoxerweise noch nicht flächendeckend durchgesetzt (Petermann et al. 2004; Hasselhorn / Silbereisen 2008), wird als erheblicher Mangel in der entwicklungspsychologischen Forschung betrachtet (z. B. Kienbaum / Schuhrke 2010) und erst allmählich durch empirische Befunde der Motorikforschung flankiert (z. B. Campos et al. 2000; Thelen 2000) sowie in empirisch geprüfte Beobachtungsverfahren überführt (Pauen et al. 2012; Schreyer-Mehlhop et al. 2012). Einen begrifflich visualisierten Überblick bietet Abbildung 2.

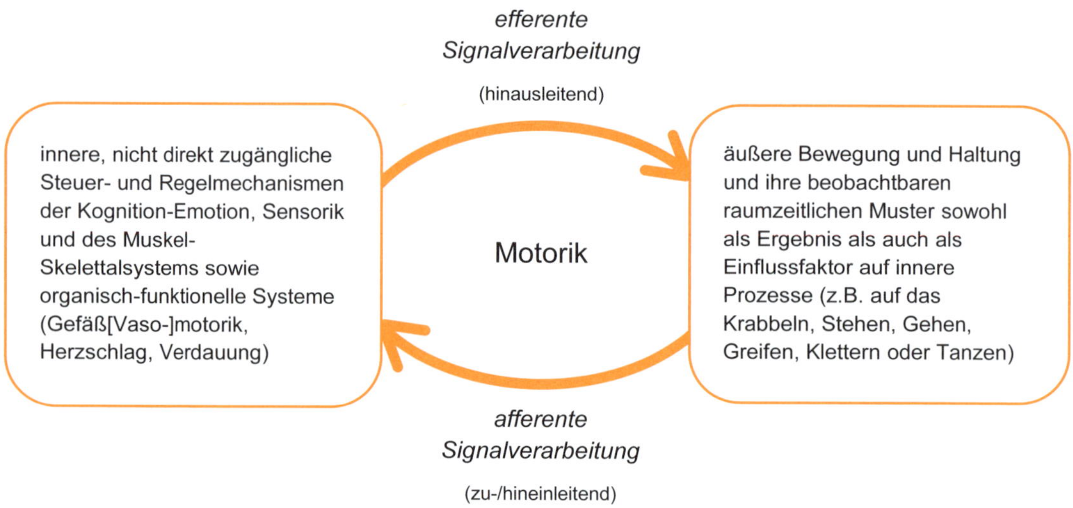

Abb. 2: Begriffseinordnung von Bewegung zur Motorik und jeweilige Teilbegriffe

1.2 Das *Wann*: Bewegungsformen und ihr raumzeitliches Auftreten

Uneinheitlichkeit der Definition

Herrscht bei der Definition von Motorik und Bewegung bereits eine gewisse Uneinheitlichkeit vor (Reichenbach 2006), so zeigt sich die Sortierung einzelner Bewegungsmuster in übergeordnete Bereiche oder Zeitabschnitte als äußerst diffus, kategorial widersprüchlich und fachdisziplinär verschieden. Das liegt weniger an den einzelnen Bewegungsmustern selbst (Laufen lässt sich sehr gut aufgrund der Flugphase vom Gehen mit dem typisch beidbeinigen Bodenkontakt unterscheiden) als vielmehr an den Kriterien zur Abgrenzung begrifflich übergeordneter Zeitabschnitte. Ohne ein präzise beobachtbares Unterscheidungsmerkmal macht die Erstellung einer tabellarischen Abfolge motorischer Entwicklung keinen Sinn (Rieder 1975; Munzert 2010). Dies führt Baur zu der Feststellung, dass motorische Lebensabschnitte letztlich „[…] nur noch pragmatisch voneinander abgrenzbar" sind (2009, 278).

Problem der Modellierung

Was der sportwissenschaftlichen Forschung zur motorischen Entwicklung also fehlt, ist ein logisch stringentes Modell von begründet abgrenzbaren, weil empirisch belegten und dennoch Bereiche übergreifenden Pfaden der Persönlichkeitsentwicklung. Zwar gibt es in der BRD bereits eine rund

40-jährige Tradition in der Erforschung der Zusammenhänge und Abhängigkeiten von Motorik mit anderen Persönlichkeitsbereichen (Müller et al. 1975; Vogt 1978; Zimmer 1981; Burkhard 1983; Moser 2008; Schwarz 2013). Allerdings sind Studien mit großem Längsschnitt (Geburt bis Erwachsenenalter) auch international kaum zu finden, die überdies alle wichtigen Entwicklungsbereiche umfassen (Ahnert 2005; MODALIS-Studie als Pseudo-Längsschnitt, Willimczik et al. 2006).

Rolle der Entwicklungspädiatrie

Eine sinnvoll ergänzende Orientierung schafft die Entwicklungspädiatrie, deren Aufgabe in der medizinisch ganzheitlichen Betrachtung der Entwicklung von Kindern im Lebenslauf liegt (Schlack 2004). Sie sieht einerseits motorische Entwicklung im ureigenen Sinne immer mit anderen Entwicklungsbereichen verbunden (*Knotenpunkte*) und bietet somit andererseits eine potenziell begründbare Einteilung.

weitere Fachdisziplinen

Gleichwohl bedürfte es im Sinne Baltes (1990) noch der Hinzunahme weiterer Fachdisziplinen, um ein modernes allgemeingültiges Lebensabschnittskonzept zu entwickeln. Dass jede zusammenfassende Einteilung zwar diskutabel aber im Sinne Baurs trotzdem praktikabel bleibt, zeigt die Zählung von Zacher, die mit Bezug auf Peters (1988) auf insgesamt 47 einzelne Bewegungsformen, eingeteilt in 5 Phasen bis zum Alter von 48 Monaten kommt (Zacher 2010); eine Anzahl, die eine Frühpädagogin oder ein -pädagoge didaktisch nur mit Mühe bewältigen kann. Deshalb ist zumindest eine beidseitige Orientierung an Entwicklungspsychologie und -pädiatrie mit dem Hinweis ganzheitlicher Betrachtung und unter besonderer Berücksichtigung motorischer Lebensabschnitte sinnvoll und solange vonnöten, bis die Motorikforschung möglicherweise selbst ein tragfähiges Modell dazu entwickelt hat.

Tab. 1: Die fünf Hauptabschnitte motorischer Entwicklung in der frühen Kindheit (Prechtl 1990/1993; de Groot 1993; Campos et al. 2000; Largo 2004; Moore/Persaud 2007; Rauh 2008; Michaelis/Niemann 2010). SW=Schwangerschaftswoche, W=Woche(n), M=Monat(e); alle Angaben sind gemäß den Prinzipien der Variabilität und Plastizität Circa-Angaben

Hauptphase	**Zeit**	**Bewegungsmuster**	**Begründung als Abschnitt**
pränatal (vorgeburtlich)	von der Empfängnis bis zur Geburt	8.–12. SW: sowohl spontane und Massenbewegungen/ungerichtete Zuckungen als auch strukturierte Aktivität (Muster)	Aufgrund der Schwerelosigkeit in der Fruchtblase und unter Plazentaatmung stellt die pränatale Zeit eine motorische Eigenwelt dar. Weiterhin nehmen die Sinnesorgane und Sensoren andere Reize als in der zukünftigen Umwelt dar. Außenreize auf das Neuromuskuloskelettalsystem werden im Rahmen einer Schutzumgebung verarbeitet.
		ab 10. SW: Atembewegungen, Handbewegungen (Faust machen), Treten	
		ab 12. SW: Saugen, Daumenlutschen und Schlucken	
		12.–16. SW: Räkeln, Strecken, Gähnen, Stirnrunzeln; alle Muskeln, Knochen und Organe sind vollständig ausgebildet und verändern sich durch Wachstum	
		ab 14. SW: rudimentäre Zyklisierung der Aktivität in Form erster Ruhephasen	
		ab 17.–20. SW: Mutter kann Bewegungen des Kindes spüren	
		ab 22. SW: eindeutige Ruhe- und höhere Aktivitätsphasen	
		ab 28. SW: Zunahme des Muskeltonus gegenläufig zur nachgeburtlichen cephalo-caudalen Tendenz (vom Kopf zu den Füßen, bzw. top-down), also hier von den Beinen zum Schultergürtel, da das neuronale Bottom-up-System bereits viel weiter gereift ist	

Hauptphase	**Zeit**	**Bewegungsmuster**	**Begründung als Abschnitt**
post-/neonatal (nach-/neugeburtlich) bzw. frühes Säuglingsalter	von Geburt bis ca. 2–3 Monate	rund 25 % aller Reflexe erscheinen bis zum ca. 3. Monat und verschwinden dann wieder, manche tauchen nur ab bzw. werden verdeckt, bleiben aber latent vorhanden (Gehreflex)	Viele Reflexe dienen dem Überleben; neuronale Reifung hat noch nicht den Arm-Handbereich erreicht, so dass die (be-) greifende Kognitionsentwicklung noch nicht stattgefunden hat. Größte motorische Abhängigkeit, hohe sozial-emotionale Bindung durch Berührung, Stimme, Gesicht
		Vorformen des Greifens (prereaching movements) als Patschen mit der Handfläche	
		Körperlage meist liegend (Bauch & Rücken) sowie im getragenen Hocksitz als „Tragling“ (s. Kap. 3.4)	
		ungerichtetes Strampeln	
		ab 4. bis ca. 6. W: Kopf kann gehalten werden, wenn in aufrechter Position	
		ab 8. W bis ca. 3. M: stützt sich in Bauchlage mit den Armen, hebt die Brust	
spätes Säuglingsalter	ab ca. 2–3 Monate bis ca. 11–12 Monate	wachsende Übernahme der Bewegungssteuerung durch das rapide reifende Großhirn und der ins Rückenmark projizierenden Pyramidenbahn	Synapsendichte erreicht hier ihren Höchststand. Eigenständige Lokomotion beutet größere Unabhängigkeit, höheres Kompetenzerleben und häufigere Sozialkontakte; die emotionale Entwicklung beginnt in komplexerer Form (Angstentwicklung) und wird motorisch bewältigt (z. B. leichte Schrägen und Klippen)
		ab 3. M: erfolgreiches Greifen von Zielobjekten, allerdings noch unpräzise und unökonomisch; Pinzettengriff ab ca. 9. M	
		ab 3. M: Kopf wird beim Hochziehen aus liegender Rückenposition gehalten	
		ab 3. M: kann sich vom Rücken zur Seite drehen	
		erste Lokomotionsformen: ab 5. M liegend (erst Robben, dann Kriechen auch über kleine Hindernisse), ab 7. M quadrupedisch (erst Krabbeln, dann ab 9. M Vierfüßlergang)	
		ab 7. M: freies Sitzen	
		ab 8. M: hochziehen/hochstemmen an Gegenständen (z. B. Sofa) in den Stand	

Hauptphase	Zeit	Bewegungsmuster	Begründung als Abschnitt
Kleinkindalter	ab ca. 11–12 Monate bis ca. 36 Monate	ab ca. 11. M: freies Stehen und Einnahme der „zweiten Ebene" ab ca. 12. M: freies Gehen, allerdings noch wackelig, stakkato, stampfend, breitbeinig 12.–16. M: Hochklettern auf kleinen Stuhl, Treppe und Sofa 16.–22. M: Hüpfen auf der Stelle und zügiges Laufen (teils Rennen) ca. 24. M: Gehen mit dem Laufrad; ab ca. 48 M.: Fahrradfahren ohne Stütze ab ca. 24. M: Bauen höherer Türme ab ca. 24. M.: ganzkörperliches Werfen, oft noch mit beiden Händen; Fangen ab 36. M	Vollendung des phylogenetischen Programms der aufrechten Bipedie, dadurch vollständige Handfreiheit für komplexe Greif- & Tastbewegungen als Grundlage für komplexe Kognitions- und Sozialvorgänge (Gestik)
frühes Kindalter bzw. Vorschulalter	ab ca. 36 Monate bis ca. 6–7 Jahre	koordinative Verfeinerung der grundlegenden phylo- und kulturgenetischen Bewegungsformen wie Laufen, Springen, Hüpfen, Hangeln, Steigen / Klettern, Werfen / Fangen und Balancieren im Rahmen technischer Gegebenheiten (z.B. Fahrradfahren) sowie deren energetische Erweiterung (Kraft, Ausdauer, Schnelligkeit)	Alle wichtigen phylo- und kulturgenetischen Bewegungsmuster werden funktional beherrscht. Die motorische Entwicklungsaufgabe besteht nun in der gleichzeitigen Zunahme von Komplexität (Integration) und Differenzierung (Ökonomie).

1.3 Das *Wie*: Qualität und Quantität frühkindlicher Motorik

Phänomene motorischer Entwicklung

Die einzelnen Hauptphasen aus Tabelle 1 zeigen besonders bedeutsame Phänomene motorischer Entwicklung. Das eine betrifft die neuronale Reifung des Großhirns und der ins Rückenmark projizierenden Pyramidenbahn (**kortikospinal**). In den ersten Lebenswochen können eine Vielzahl an Reflexen beobachtet werden, die ohne Zutun des zur willkürlichen Bewegungssteuerung fähigen Großhirns über einfache neuromuskuläre Schleifen des Rückenmarks funktionieren (schematisch in Kap. 3.2). Da aber eine komplex-willkürliche Ansteuerung der Muskulatur ohne ausgereifte Nervenleitungen aus dem Hirn nicht möglich ist, bleiben die Bewegungen des Neugeborenen nur sehr grob koordiniert.

genetisch programmierte Reiferichtung

Aufgrund der genetisch programmierten Reiferichtung vom Kopf zu den Füßen **(cephalo-caudal)** und vom Körperzentrum zu den Extremitäten (**proximal-distal**), ging die Forschung lange Zeit auch von der motorischen Beschränktheit in der entsprechenden Richtung als *Gesetzmäßigkeit* (Gesell 1928/1931; Vogt 1978) bzw. *Prinzip* (Zimmer 2009a) aus. Ein Beispiel hierzu: Zuerst wird das Halten des Kopfes, dann das einfache Greifen und danach die Bewegungen des Rumpfes erfolgen (Video 1). Wie eine Studie von Galloway/Thelen (2004) jedoch zeigt, können frühe Säuglinge bereits ab einem Alter von acht Wochen, also rund einen Monat früher als das cephalo-caudal gesteuerte Greifen auftaucht, Geräusche produzierendes Spielzeug mit den Füßen greifen. Dies widerspricht zunächst vehement einer Kopf-Fuß verlaufenden neuronalen Reife.

unterschiedliche Gelenkanatomie

Die Autoren führen diese Besonderheit auf die Gelenkanatomie von Schulter und Hüfte zurück: Bietet die Schulter aufgrund der hohen Beweglichkeit viele Richtungsmöglichkeiten (Freiheitsgrade) und somit auch einen größeren Schwierigkeitsgrad, erfordert das weniger bewegliche Hüftgelenk eine einfachere Bewegungsausführung, weshalb die Beinstreckung als leichtere Lösung für die Kinder erscheint. Neuronale Reifung ist also nicht automatisch gleichzusetzen mit der einhergehenden Bewegungsausführung, sondern wird immer auch von weiteren Faktoren beeinflusst (hier die Gelenkanatomie des frühen menschlichen Säuglings).

Reflextypen

Als weiteres motorisches Phänomen erscheinen die Reflexe. Die moderne *Reflexologie* trennt hierbei zwischen **monosynaptischen Eigenreflexen** sowie **polysynaptischen Fremdreflexen** im engeren Sinne und den **frühen motorischen Automatismen** im weiteren Sinne (Michaelis/Niemann 2010).

Fremdreflexe

Die Fremdreflexe beinhalten **Schutz- und Fluchtreflexe** ebenso wie **Stabilisierungsreflexe** zur Haltung. Ihre Dauer liegt zwischen 70–200 Millisekunden. Die Bezeichnung *fremd* bezieht sich auf das Antwortorgan des Reflexes, das nicht den Sensor trägt, von dem der Impuls kommt (z. B. Griff auf die heiße Herdplatte mit den Temperatursensoren der Haut, aber dem muskuloskelettalen Wegziehen von Arm und Hand). Nicht alle Fremdreflexe sind angeboren und ihre Ausformung wird im Lern-/Erwerbsfall emotional bewertet. Sie gelten als phylogenetisch älteste Form (> 350 Mio. Jahre), da sie bereits bei Wassertieren auftauchen.

Eigenreflexe

Eigenreflexe werden im Unterschied hierzu über sehr dicke und schnelle Nervenfasern (ca. 30 Millisekunden) vom eigenen Organ des darauf/darin befindlichen Sensors umgesetzt (z. B. Muskelspindeln). Sie stellen ein von willkürlicher Ansteuerung unabhängiges, quasi **geschlossenes Regelsystem** dar und können auch deshalb – ohne störendes Zutun **kortikaler Einflüsse** (Einflüsse der Hirnrinde) – so schnell sein (Illert / Kuhtz-Buschbeck 2006). Da Fische keine Muskelspindeln haben, wird davon ausgegangen, dass Eigenreflexe phylogenetisch jünger sind als Fremdreflexe (< 350 Millionen Jahre).

motorische Automatismen

Die motorisch interessante dritte Form stellt gemäß Michaelis und Niemann (2010) keine Reflexart im engeren Sinne dar, sondern verkörpert – als **in die pyramidale Motorik integrierte Art** früher motorischer Automatismen – eine Sonderform. Damit ergibt sich das Phänomen, dass sie rasch abrufbar sind, im Laufe des ersten Lebensjahres sich als Bewegungsmuster des Alltags auflösen, aber in starken Stress-Situationen wieder auftauchen.

Besonderheit Geh- oder Schreitreflex

In Anbetracht dieser Beschreibung stellt der sogenannte *Geh- oder Schreitreflex* (Video 2) eben keinen Reflex im Sinne eines einfachen Reiz-Reaktionsschemas dar, sondern ist als angeborenes Programm zum einen nicht autonom und zum anderen der Steuerung motorischer Zentren von Stamm- und Mittelhirn unterworfen, wenn zunächst auch nur rudimentär.

Forschungsstand der Reflexologie

Diese neue Sicht der medizinischen Reflexologie wurde bereits in der zweiten Hälfte des 20. Jahrhunderts mit ausgeklügelten Experimenten erforscht. So galt der Schreitreflex (engl. stepping reflex) bis dahin als zunächst mit der Geburt auftauchender, dann wieder ab dem ca. 2.–3. Monat verschwindender Reflex unter vielen. Als Begründung wurde die cephalo-caudale Reiferichtung herangezogen, mit der kortikospinalen Überformung und somit Übernahme durch die **Willkürmotorik** (also die aktive, willentlich gelenkte Bewegung). Die aktuelle Erkenntnis ist, dass der Schreitreflex nicht verschwindet, sondern nur verdeckt wird, deshalb sogar trainiert werden kann (Zelazo et al. 1972a / 1972b; Vereijken / Thelen 1997) und aufgrund seiner latenten Beständigkeit im wahren Wortsinn den Über-Gang findet. Wird nämlich die mit dem Wachstum der Kinder zunehmende Last der schwerer werdenden Beine durch das Gehen in einem Wassertank oder auf einem einfachen Laufband mit Haltevorrichtung erleichtert, dann taucht der Schreitreflex auch bei älteren Kindern, deren Schreitreflex verloren schien, wieder auf (Thelen et al. 1984). Umgekehrt können zusätzliche Gewichte an den Beinen des Säuglings den vorhandenen Gehautomatismus zudecken.

Die Experimente zum sogenannten Schreitreflex zeigen erneut, dass neuronale Reifung keine Einbahnstraße ist: Viel eher handelt es sich um ein dynamisches Zusammenspiel mehrerer Faktoren (hier der Körpermasse in Relation zur Muskelkraft).

Sinn früher Bewegungen

Frühe Bewegungen sind also nicht generell mit einfachen Reiz-Reaktionsreflexen zu verwechseln, sondern liefern neben ihrer existenziellen Sicherung des Überlebens den Sinn raschen und aktiv-dynamischen motorischen Lernens. Weiterhin gilt die zeitlich erwartbare und die funktionell angemessene Ausführung als Hinweis für eine gesunde Entwicklung des Zentralnervensystems (Futagi 2012; Kotter 2012), weshalb die Kenntnis und eine genaue Beobachtung wichtiger Reflexe bzw. motorischer Automatismen vornehmlich für den pädiatrischen Bereich wichtig sind (Tab. 2).

Tab. 2: Ausgewählte Reflexe und ihr Auftreten, Schema und Funktion (Flehmig 2007, Hassenstein 2001; Kotter 2012).

Reflex und motorische Anlagen	Zeit	Schema	Funktion
Moro-Reflex	0 bis Ende 3., Anfang 4. Monat	ausgelöst durch akustischen (lauter Knall) oder kinästhetischen (Erschütterung) Schreck wirft der Säugling rudernd die Arme nach außen	phylogenetische Hypothese: Schutz vor Herunterfallen vom Baum und beim Getragen werden
Schreitanlage	0 bis 2–3. Monat	durch Halten in der Luft oder Hinwegnahme der Schwerkraft im Wassertank werden die Beine zum Schreiten angehoben; auf dem Laufband mit Haltegurt auch tatsächliches Gehen	Vorbereitung auf das aufrechte zweibeinige Gehen (Bipedie)
Tauchreflex	0 bis 2 Monate	Anhalten der Atmung unter Wasser; Auslösung durch vielfältige sensorische Stimuli; Herzschlag verlangsamt sich, Blutkreislauf wird zentralisiert	Schutzmechanismus aufgrund der Lungenatmung vor dem Ertrinken
Bauer-Kriechanlage	0 bis Ende 5. Monat	durch Tippen der Fußsohle eines bäuchlings auf dem Boden liegenden Säuglings mit der flachen Hand Richtung Bauch, erfolgt Abstoßen daran, als ob er wegkriechen wolle	phylogenetische Hypothese: Vorbereitung für das zügige Entfernen bei Gefahr
Fußgreifreflex (Plantargriff)	0 bis Ende 12. Monat	durch sanftes Berühren der Fußsohle greifen die Zehen vergleichbar den Fingern der Hand zu	phylogenetische Hypothese: Festhalten am Fell der Mutter oder an Ästen beim Fallen
Handgreifreflex (Palmargriff)	0 bis Ende 5. Monat	durch Legen eines Fingers in die Hand des Säuglings erfolgt Umklammerung des Fingers	phylogenetische Hypothese: Festhalten am Fell der Mutter oder an Ästen beim Fallen

pädagogischer Bildungswert

Aus bewegungserzieherischer Sicht wäre die Förderung des schneller einsetzenden Gehens deshalb also machbar. Allerdings bleibt fraglich, welchen pädagogischen Sinn es macht bzw. welchen Bildungswert ein postnatales Gehtraining auf die Kognition-Emotion, Prosozialität oder gar ethische Reflexivität hat. Aus empirischer Sicht zumindest hängt ein früherer Zeitpunkt des Auftretens motorischer Meilensteine nicht mit einer erhöhten Intelligenz zusammen (Jenni et al. 2013). Bewegungserziehung darf nicht als Training einer beschleunigten motorischen Entwicklung missverstanden werden, vielmehr unterliegt sie einem verantwortungsvollen Umgang mit Auswahl und Einsatz entwicklungsgerechter Bewegungen. Die dem Sport innewohnende Maxime *citius, altius, fortius* (lat. schneller, höher, stärker) gilt für die Bewegungserziehung nur insoweit, als sie das Kind nicht als Bewegungsobjekt, sondern als sich selbst konstruierendes Bildungssubjekt begreift.

übergeordnete Einteilungskriterien

Wie aus den bisherigen Erläuterungen einsichtig sein dürfte, bleibt die Frage nach eindeutig übergeordneten Einteilungskriterien für die zeitliche Abfolge motorischer Lebensabschnitte schwierig zu beantworten.

Gliederung nach Fertigkeiten

Eine andere, stärker vereinfachende Form der Einteilung findet sich bei Roth (1982), Burton / Miller (1998) und Zimmer (2009a). Hier wird der Versuch unternommen, aus propädeutischer (vorbereitender, hinführender) Sicht die Funktion vorausgehender und deshalb grundlegender Bewegungsmuster für später anschließende Bewegungsformen (Alltags- / Freizeit-, Arbeits- und Sportmotorik) zu definieren. Diese rein motorische, d. h. unabhängig von anderen Bereichsverläufen der Persönlichkeit eingenommene Sicht gliedert zuerst nach **fundamentalen** (engl. early milestones; dem Greifen, Krabbeln und aufrechtem Gehen), dann **elementaren** (engl. fundamental skills; dem Laufen, Steigen / Klettern, Hüpfen / Springen) **Bewegungsformen** und den anschließenden **sport-, alltags-, arbeitsspezifischen** (engl. specialized skills) **Bewegungsfertigkeiten**. Die zugrunde liegende Idee ist, nachfolgende Bewegungen aus den vorherigen erklären zu können. Ein Beispiel zur Verdeutlichung: Um konkurrenzfähig einen Handball werfen zu können (sportbezogene Fertigkeit), muss ein Kind vorher Fangen (elementar) und davor Greifen können (fundamental).

Ausnahmen

Diese Logik ist vor dem Hintergrund des Lebensspannenkonzeptes (Einleitung) im Falle der elementaren Bewegungsformen in zweierlei Hinsicht zu relativieren: Zum einen kann am Beispiel des Krabbelns gezeigt werden, dass es nicht wenige Kinder gibt, die das Krabbeln einfach weglassen in ihrer motorischen Entwicklung, trotzdem später sehr gut klettern können und somit die große Variabilität verdeutlichen, dass ein Entspringen der einen aus der anderen Bewegungsform nicht zwingend notwendig ist (Abb. 3).

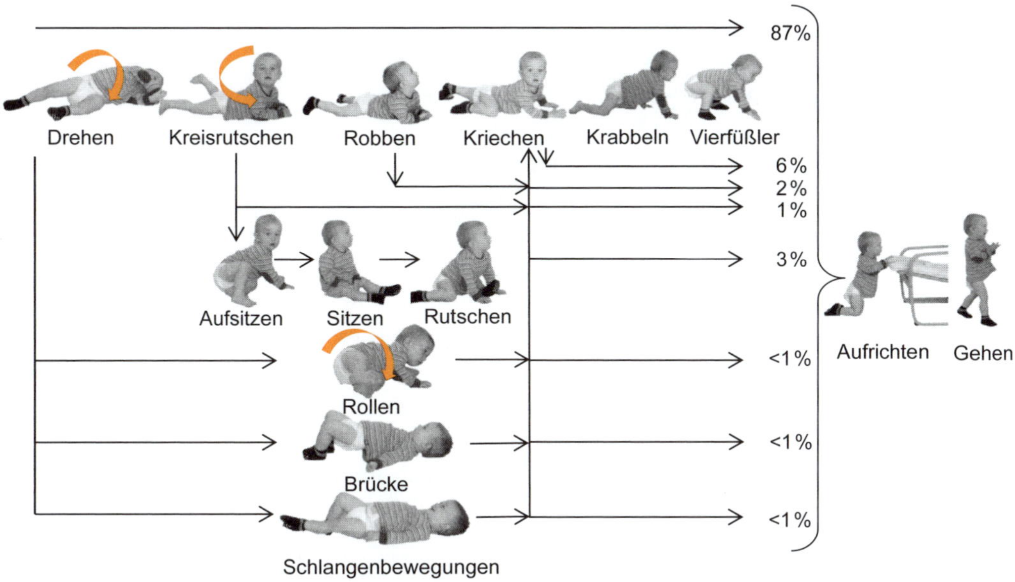

Abb. 3: Variabilität der Lokomotion in der Bewegungsentwicklung bis zum freien Gehen (nach Largo 2008; Largo et al. 1985)

Umwelt als Definitionsfaktor

Zum Zweiten ist die **Umwelt** – sowohl die natürliche als auch kulturtechnische – ein **wichtiger Definitionsfaktor** dafür, was für einen Menschen tatsächlich elementar ist. Als Beispiel seien Inuitkinder angeführt, die in den arktischen Eislandschaften so gut wie kaum klettern, weil es nicht erforderlich ist (engl. no constraint). So hat der nationale Neuseeländische Bildungsmonitor einen Katalog aus drei Feldern fundamentaler Bewegungsfertigkeiten erstellt, die im deutschen Sprachgebrauch als elementar gelten und weder zeitlich noch inhaltlich mit den deutschen Fertigkeiten übereinstimmen (Sport New Zealand 2012), wie z. B. das Poi-Schwingen.

weitere Sichtweise

Eine weitere, aus einer ganz anderen Fachdisziplin stammende Sicht ist die **primatologische**. So teilt Zacher (2010) die motorische Entwicklung mithilfe übergeordneter **Kategorien** nicht nur zeitlich, sondern vielmehr inhaltlich-funktionell nach affen-, menschenaffenartigen und menschlichen Bewegungsformen ein. Sie kommt dabei auf die fünf Grunddimensionen:

1 liegende,

2 quadrupede (vierbeinige),

3 sitzende,

4 bipede (zweibeinige) und hockende sowie

5 sonstige Bewegungsformen.

Doch auch an diesem Beispiel lassen sich Bewegungen wie Schütteln von Gegenständen, das gekonnte Absitzen vom Stand in den Sitz oder das Führen eines Stiftes nicht wiederfinden. Die Motorikforschung steht somit zwar nicht am Anfang ihrer eigenen Entwicklung, doch muss sie – metaphorisch gesprochen – ihren eigenen Gang noch stärker aufrichten. Dies belegt die Diskussion um die sogenannten Meilensteine sowie im Unterschied dazu die Grenzsteine motorischer Entwicklung, die bei der Frage nach der endgültigen Festlegung, was tatsächlich ein Meilen- bzw. Grenzstein ist, noch nicht die letzten Streitpunkte beseitigt hat (Kap. 2).

1.3.1 Der aufrechte Gang: ein fundamentales *Wie* der motorischen Entwicklung

biologische und technische Fortbewegung

Warum hat die bereits Milliarden Jahre andauernde Evolution nicht so etwas – den Menschen betreffend – Geniales wie das Rad erfunden? Weil die Wege der Evolution nicht aus ebenem Asphalt, sondern aus reißendem Wasser, virulenten Luftströmen und holperigem Gelände bestehen. Etwas mit dem Rad Vergleichbares wäre hier eine zum Aussterben verdammte Erfindung. Die Genialität biologischer im Gegensatz zur technischen Fortbewegung liegt in der vielfältigen und stetig dynamischen Passung an die unterschiedlichsten Umweltbedingungen, sodass der aufrechte Gang auf zwei Beinen (**Bipedie**; engl. bipedality) nur eine unter vielen landbezogenen Möglichkeiten wie die **Quadrupedie** (Vierbeingang, auch Tetrapoden genannt; engl. quadrupeds), **Senipedie** (Sechsbeingang) oder **Multipedie** (z. B. Tausendfüßer) darstellt. Für den Menschen jedoch ist der anatomisch aufrechte Gang auf zwei Beinen ein wesentliches Unterscheidungsmerkmal seiner selektiv erfolgreichen Entwicklung.

aufrechter Gang

Die Frage, warum die Evolution das aufrechte Gehen als erfolgreiches Modell selektierte, findet in der Literatur eine Vielzahl an Hypothesen. Niemitz zählt rund 30 verschiedene Ansätze (2010), worunter aktuell die Ufertheorie besondere Aufmerksamkeit gewinnt, da sie davon ausgeht, dass der Mensch lange Zeit ein am Wasser jagendes und lebendes Wesen war und aufgrund der sich dadurch ergebenden Notwendigkeit aufrecht im Wasser stehen zu müssen, die Grundlagen für den aufrechten Gang schuf. Eine ältere Hypothese von Napier (1980) geht davon aus, dass sich durch die Zunahme von Körpergröße und -gewicht einerseits der Körperschwerpunkt der damaligen Menschenaffen negativ auf das Halten auf den Ästen hoher Bäume auswirkte (Abb. 4), weshalb es zu einem Schwingklettern (**Brachiation**) unter den Ästen kam. Die damit einhergehende Nähe zum Boden begünstigte somit nahtlos die aufrechte Eroberung des Bodens. Zweitens sei die Masse für die dünnen Äste irgendwann so groß gewesen, dass auch das Schwingklettern nicht mehr machbar war und vollends eine Abkehr vom Baum stattfand.

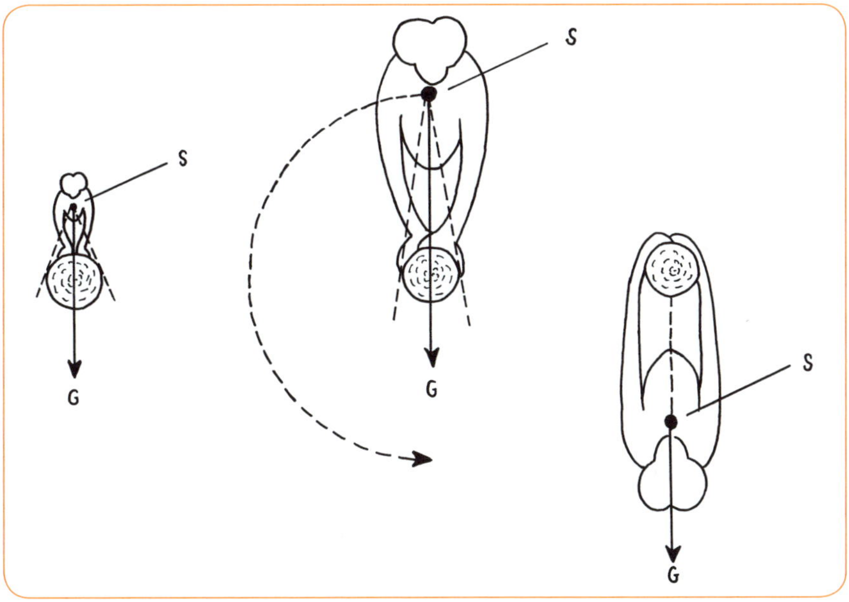

Abb. 4: Hypothese der Verlagerung des Körperschwerpunktes (S) aufgrund zunehmender Körpermasse und -größe im Verhältnis zum Astumfang als Grundlage für den aufrechten Gang (G = Gravitation) (Napier 1980)

Vor und Nachteile

Abgesehen vom Für und Wider dieser Hypothesen haben alle eins gemeinsam: Sie bearbeiten das theoretische Problem, das Baltes (1990) im Rahmen seines Lebensspannenkonzeptes als *Gewinn vs. Verlust* beschrieben hat. Der aufrechte Gang auf zwei Beinen muss in diesem Sinne phylogenetische Vor- und zugleich einhergehende Nachteile gehabt haben, die in der paläoanthropologischen Literatur kontrovers diskutiert werden (Tab. 3).

Tab. 3: Vor- und Nachteile, Gewinne und Verluste der menschlichen Bipedie (Wheeler 1984; Lovejoy et al. 2009; Ruxton / Wilkinson 2011)

Vorteile / Gewinne	Nachteile / Verluste
– Bipedie ist Energie sparender als Quadrupedie (Knöchelgang beim Gorilla) aufgrund verringerter Hebelkräfte. – Das Gehirn und der Körper können besser gekühlt werden. – Der Aktionsradius vergrößert sich, dadurch leichterer und wertvollerer Nahrungszugang (Fleischproteine). – Die Hände werden frei für den komplexeren Gebrauch und somit der vielfältigeren Nutzbarmachung der Umwelt durch Werkzeuge. – Sie ermöglicht die Kommunikation per Hand.	– Quadrupedie erreicht im Vergleich zur Bipedie eine größere Endgeschwindigkeit. – Der aufrechte Gang bewirkt eine Kippung des Beckens und verengt dadurch den Geburtskanal, was die Geburt für Mutter und Kind erschwert.

zeitlicher Ursprung

Ebenfalls nur eingeschränkte Einigkeit herrscht über den tatsächlichen Beginn aufrechten Gehens. Aufgrund **skelettal-anatomischer Analyse** wird dem Ardipithecus ramidus kadabba diese evolutionäre Leistung zugesprochen. Er / Sie lebte vor ca. 5,8 bis 5,3 Mio. Jahren in einem feuchten, bewaldeten Gebiet, was als Beleg dafür gilt, dass der aufrechte Gang nicht erst in der Savanne, sondern bereits in Gebieten mit hohem Baumbewuchs stattfand (Haile-Selassie 2001; Gibbons 2009). Die Unterschiede in der Funktionsmorphologie verdeutlichen die anatomische Veränderung mit einhergehenden funktionellen Gewinnen und Verlusten (Tab. 4, Abb. 5 und 6).

Tab. 4: Anatomischer Vergleich zwischen bipedischem Mensch und primär quadrupedische Affen (Dart 1925; Henke / Rothe 1999; Geissmann 2003; Hardt et al. 2009)

Skelett / Knochen	(Menschen-)Affe	Mensch
Wirbelsäule	C-förmig	Doppel-S-förmig (schafft Platz für die Entwicklung innerer Organe; Federungsfunktion umstritten)
Beinknochen	nahezu senkrechte Achse (Schimpansen)	X-Beine (Fuß wird dadurch beim Gehen näher an das Lot des Körperschwerpunktes geführt: höhere Haltungskontrolle)
Schultergelenk	hohe Beweglichkeit	geringere Beweglichkeit
Arme	länger als Beine (Schwingen / Hangeln)	kürzer als Beine als sog. Gangwesen wird der Knochenbau der Beine protegiert (Intermembralindex: Verhältnis Arm- zu Beinlänge)

Skelett/Knochen	(Menschen-)Affe	Mensch
Becken	höher gestellt und an den Schaufeln schmaler	abgekippt, gestaucht und an den Schaufeln breiter (Energie sparende Anpassung an den aufrechten Gang)
Hand	gekrümmte, längere Finger (ohne Daumen); Daumen meist nicht opponierbar	kürzere Finger (ohne Daumen) mit opponierbarem Daumen; Daumengrundgelenk mit hoher Beweglichkeit; sowohl Präzisionsgriffe als auch Kraft-Quetschgriffe möglich
Schädel	rückseitig gerichtete Hinterhauptsöffnung	nahezu lotrecht gerichtete Hinterhauptsöffnung (sekelettales Ausbalancieren des schwereren Gehirns)

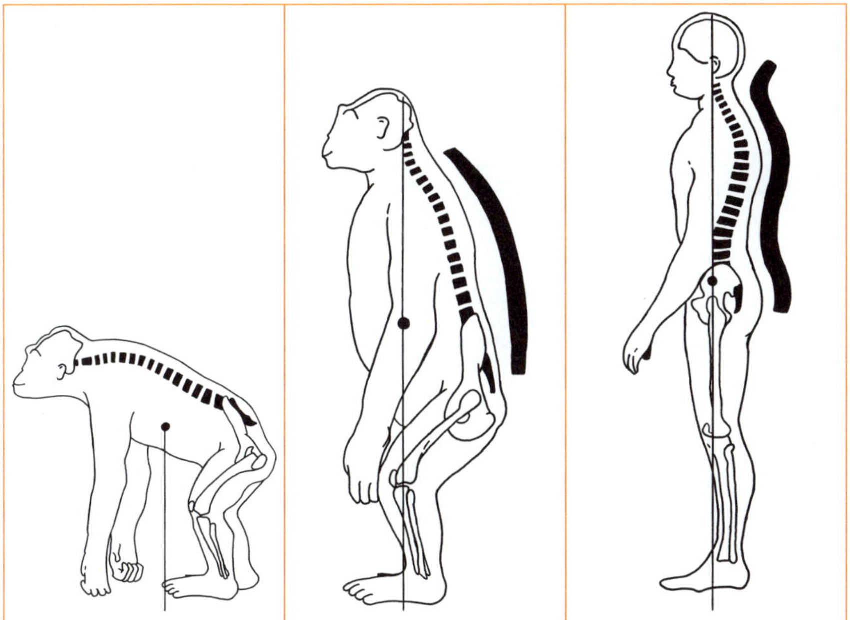

quadrupedischer Schimpanse (Pan)	sich spontan aufrichtender Schimpanse (Pan)	bipedischer Mensch (Homo sapiens sapiens)

Abb. 5: Vom Quadrupeden zum Bipeden: Körperschwerpunkt bei Homo sapiens deckt sich mit der Wirbelsäule-Becken-Bein-Achse im Unterschied zum Schimpansen (hohe Kraftanstrengung für die Oberschenkelmuskulatur beim Gehen für Pan) (Hardt et al. 2009)

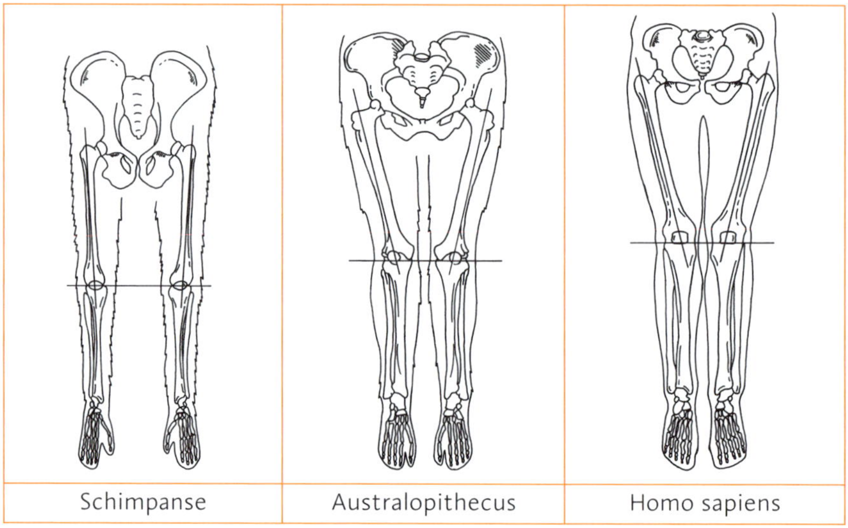

Abb. 6: Leichte X-Beinstellung als evolutionäre Annäherung des Kniegelenkes an den innen liegenden Körperschwerpunkt zur leichteren Haltungskontrolle, da das Stand-/Gehbein direkt unter dem schweren Oberkörper liegt (Henke/Rothe 1999; Hardt et al. 2009)

kindliches Gehen

Mit dieser **funktionell-anatomischen Ausstattung** höchster Mobilität war es dem Homo erectus vor rund 1,8 Mio. Jahren gelungen, auch außerhalb von Afrika Fuß zu fassen (Brown et al. 1985; Antón et al. 2007). Heutzutage erobern Kleinkinder in einem vergleichsweise hohen Umfang wie Spitzensportler ihre Umwelt, indem sie rund sechs Stunden und bis zu 9.000 Schritte am Tag gehen (Adolph et al. 2003). Dieses massive Lernpensum ist der Tatsache geschuldet, dass das menschliche Gehen ein höchst komplexer Vorgang ist, der im Grunde erst mit rund sieben Jahren einer **ökonomischen Lokomotion** (energieeffizienten Fortbewegung) gleichkommt (Blischke 2010b) und somit im frühkindlichen Verlauf motorischer Entwicklung rund sechs volle Jahre in Anspruch nimmt. McGraw (1989) unterscheidet hierbei zwischen sieben Gangphasen im Alter von 0 bis rund 3 Jahren sowie Bril/Brenière (1993) zwischen zwei Hauptstadien des selbstständigen Gehens von ca. 1 bis 7 Jahren. Wann ein Kind exakt mit dem Gehen beginnt, ist von Kultur zu Kultur sowohl aktuell als auch historisch betrachtet verschieden (Tab. 5).

Tab. 5: Zeitliche Abfolge des frühkindlichen Gehens im kulturhistorischen Kontext (Scheid 1989; Zacher 2010; Kopp 2011; kontextualistisches Paradigma von Baltes 1990)

Zeit	freies Gehen („onset-age"; Median und arithm. Mittel)	Land / Region
ca. 1800	36 Monate	westliche Industrieländer
ca. 1850	15 Monate (9–21 Monate)	viktorianisches England
1935 / 1938	12–15 Monate	USA
1969	11,7 Monate (9–17 Monate)	USA
1989	11–15 Monate	BRD
2010	12,0 bzw. 12,2 (8,5–17 Monate)	Deutschland

zeitliche Spannweiten

Die häufige Sorge mancher Eltern, warum das eigene Kind mit z. B. 15 Monaten immer noch nicht gehen kann, ist also zunächst wahrscheinlich vollkommen unbegründet, da die Entwicklung kindlichen Gehens großen Spannweiten unterliegt. Frühpädagoginnen und -pädagogen im Krippenbereich sollten deshalb nicht mit ambitioniertem Training reagieren, sondern mit sorgfältiger Beobachtung der Gesamtentwicklung des Kindes. Besorgten Eltern sei in dieser Situation empfohlen, doch noch etwas Geduld walten zu lassen.

1.3.2 Die menschliche Hand: das zweite fundamentale *Wie* der motorischen Entwicklung

evolutionärer Geniestreich

Die Phylogenese der menschlichen Hand zeigt, dass Bewegungserziehung im Wortsinne immer auch eine *handwerkende* Erziehung ist. Durch den Wandel zum aufrecht gehenden Zweibeiner wurden die Hände frei für den Einsatz neuer, multipler technischer (z. B. Faustkeil) und sozialer (Gestik) Möglichkeiten der – das Überleben sichernden – Konstruktion unserer Umwelt und somit des eigenen Selbst. Die damit einhergehende Kulturevolution konnte aber nicht nur aufgrund des Freiwerdens der Hände gelingen. Denn wie Primatologen wissen, sind auch bei heutigen Affen – von den Sitzphasen ganz abgesehen – neben dem häufigen *Knöchelgang* (z. B. bei Gorillas, Tuttle 1969) spontane aufrechte Gangphasen zu beobachten und Teil des normalen Bewegungsrepertoires (z. B. bei Gibbons, O'Higgins / Elton 2007), sodass auch bei ihnen die Möglichkeit zur Nutzung der Hände besteht. Ein zweites wichtiges Merkmal der Sonderstellung der menschlichen Hand ist deshalb die Daumenopposition, mit der jeder Finger derselben Hand aufgrund des sehr bewegliche Daumens erreicht werden kann und dadurch eine Vielzahl an Halte- und Manipulationsmöglichkeiten entstehen im Gegensatz zu den Händen anderer Primaten (Abb. 7).

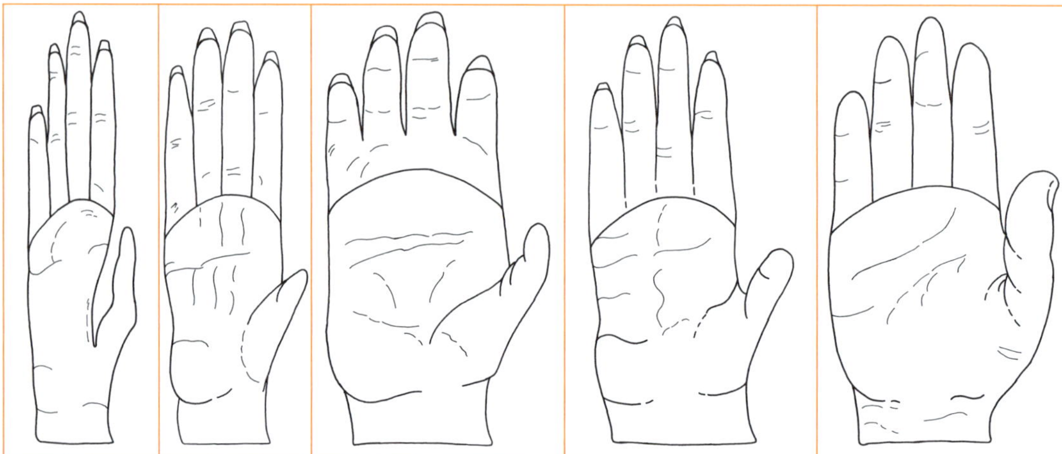

Gibbon	*Orang-Utan*	*Gorilla*	*Schimpanse*	*Mensch*
vorwiegend Hangeln und Klettern; aufrechter Baumgang	vorwiegend Hangeln und Klettern; aufrechter Baumgang	überwiegend Knöchelgang am Boden	Klettern und Knöchelgang am Boden	sehr wenig Klettern, vorwiegend Greifen (präzise plus kräftig)

Abb. 7: Primatenhände im Vergleich (Henke/Rothe 1999; Wilson 2000; Tocheri et al. 2008)

kindliche Greifmuster

Die sich daraus ergebenden Greifmuster des Menschen sind äußerst vielfältig, zeigen aber gewisse Grundideen der Objektkontrolle, die sich seit Napier (1956) in zwei Typen unterscheiden lassen:

1 präzise Griffarten ohne viel Kraftaufwand (engl. precision grip) wie z. B. den Pinzettengriff und

2 großflächige Klammergriffe mit hoher Kraftentfaltung (engl. power grip).

Alle anderen Subtypen sind eine Gemengelage daraus (Abb. 8).

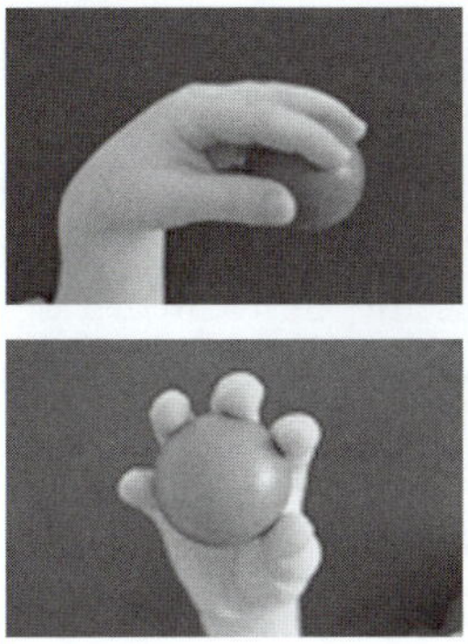	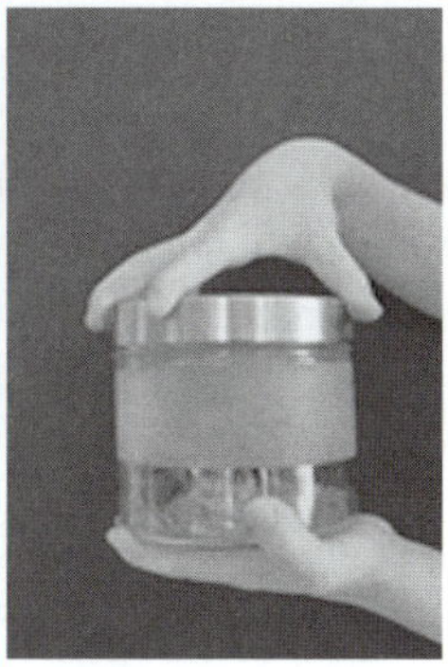	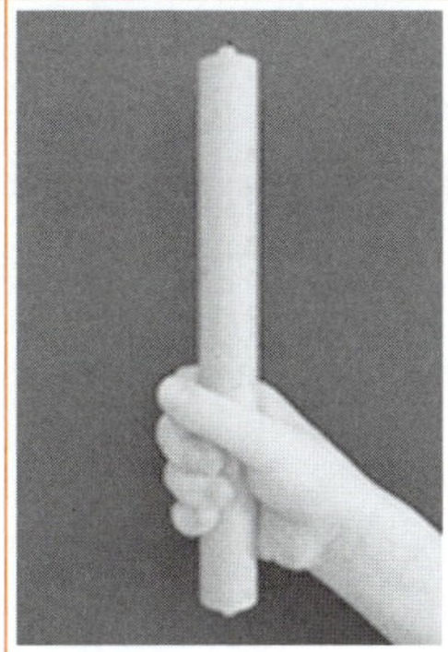	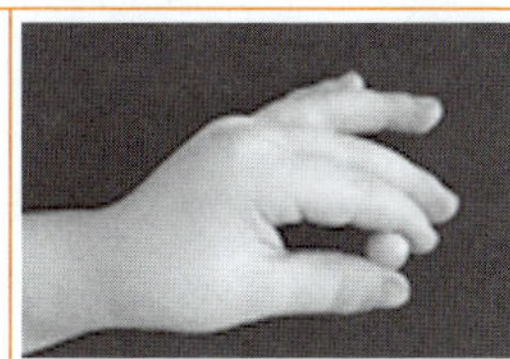
Spannfutter- oder Fünfpunktpräzisionsgriff	Scheibengriff	Quetsch-, Press- und Kraftgriff	Pinzettengriff
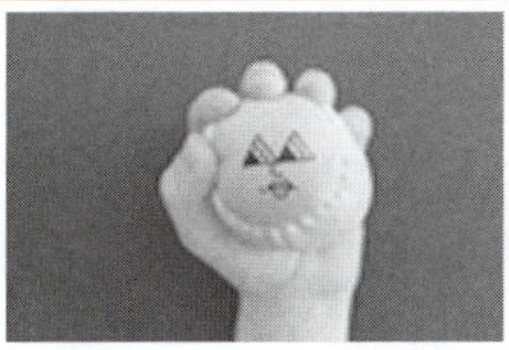	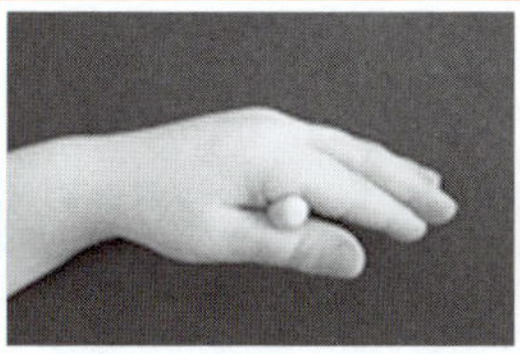	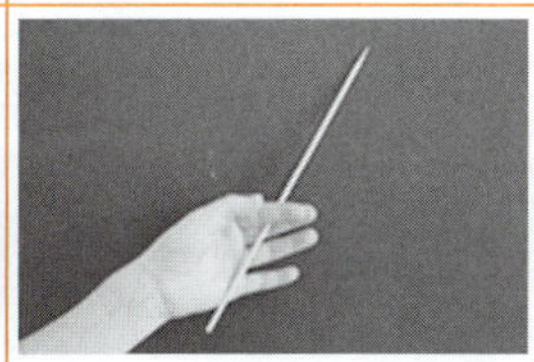	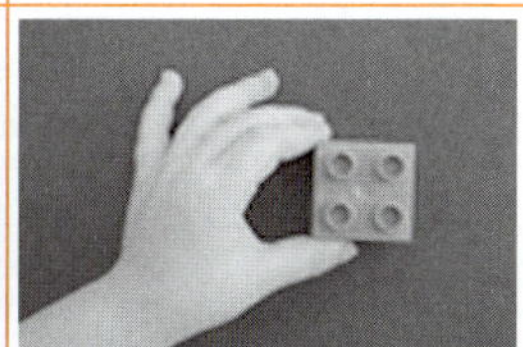
Kugel- und Korbgriff	Scherengriff mit Daumen	Scherengriff mit Zeige- und Mittelfinger	Zangengriff
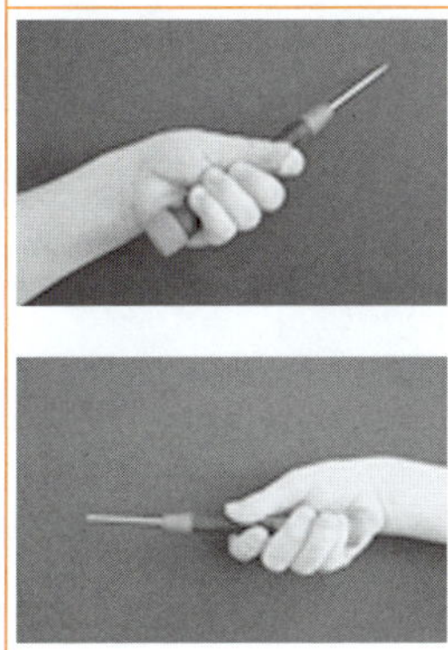	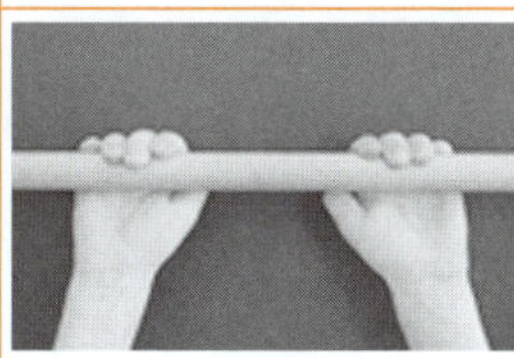		
schräger Press- Kraftgriff, linkshändig und schräger Press- Kraftgriff, rechtshändig	Hakengriff	Stifthaltung als Kombination aus Pinzetten- und Dreipunktepräzisionsgriff	Kombination Spannfutter- mit Korbgriff; Australopithecus war hierzu schon in der Lage

Abb. 8: Auswahl der am häufigsten gebrauchten Greif-/Griffmuster bei Kindern, dargestellt an einem 3-jährigen Mädchen und 5-jährigen Jungen (Napier 1956; Marzke 1971/1996; Wilson 2000)

Vielfalt und Komplexität

Alleine diese Auswahl zeigt, wie vielfältig einsetzbar und somit motorisch komplex die Verwendung der Hand für den Menschen ist. Dieser Komplexität ist u. a. die phylogenetische Hypothese geschuldet, dass der Mensch überhaupt in der Lage war, ein derart leistungsfähiges Gehirn zu entwickeln: Je höher die Komplexität der motorischen Aufgabe, desto größer der Bedarf kognitiver Ressourcen (Kap. 3.2). Die damit zusammenhängenden Entwicklungsabschnitte verdeutlicht Tabelle 6.

Tab. 6: Entwicklung der am häufigsten gebrauchten Greif-/Griffmuster bis ca. Ende erstes Lebensjahr (von Hofsten 1984; Bertenthal/von Hofsten 1998; Berthier/Keen 2006; Haywood/Getchell 2009; Siegler et al. 2011; Video 3a und 3b verdeutlichen erste rudimentäre Greifübungen von Säuglingen)

Alter (Monate, ca.)	Greif-/Griffmuster
0–3	Vorformen (engl.: prereaching) als patschendes Schlagen in Richtung des Zielobjektes
2–3	intentional koordinierbares Greifen: vom Patschen zum Greifen
3–4	erfolgreiches Ergreifen des Zielobjektes (noch ungenau, unökonomisch), oft einhergehend mit Mund- und Zungenaktivität; große Augen, starke Fixation
4–5	Beherrschen des beidhändigen, kraftvollen Palmargriffes; ab 7. Monat auch einhändig; Beginn des globalen Steckens von Gegenständen in den Mund
6–7	relativ stabile Greifbahn; Körpergefühl (Propriozeption) wird genauer; Gegenstände werden von einer Hand in die andere übergeben; längere Betrachtungsphasen und Training der Auge-Hand-Koordination; Loslassen geschieht noch unkontrolliert
7–10	Scherengriff, meist zwischen Daumen und Zeigefinger
9–11	Beherrschung des Pinzettengriff; Phase des Fallenlassens
9–10	Greifhand passt sich vorausplanend (antizipatorisch) in ihrer Öffnungsweite (Fingerspreizung) der Größe/Form des Zielobjektes an
12–14	Zangengriff
bis 14	großräumiges Ausspreizen beider ausgestreckter Arme beim Erfassen großer Gegenstände, die aufs Kind zukommen und finales Umschließen

Bedeutung der Umweltgestaltung

Die Bewegungserziehung von Kindern im Alter von 0 bis 6 Jahren beinhaltet demnach kognitive Förderung auch und vor allem über die Umweltgestaltung des Greifens in Form, Farbe, Größe, Masse, Oberflächenbeschaffenheit, Verformbarkeit und Konsistenz. Die Variabilität der Objekteigenschaften ist Anlass für das kognitiv komplexe *Be-Greifen* der Welt – ein Aspekt, welcher der gezielten Beeinflussung der Bewegungsumwelt eine zentrale Rolle in der Bewegungserziehung zukommen lässt (Kap. 6 und 7).

1.3.3 Soziale Umwelteinflüsse und ihre Wirkungen auf die motorische Entwicklung

Gemäß den bisherigen Überlegungen ist von einer dynamischen Wechselwirkung aus Anlage und Umwelt auszugehen. Folglich ist weder die individuelle Entwicklung durch genetische Programme gänzlich vorbestimmt, noch ist die Umwelt eine starre Rahmung und bloße Einflussquelle der Ontogenese. Insbesondere die von Baltes (1990) beschriebene Plastizität, also die intraindividuelle Veränderlichkeit, ist die Grundvoraussetzung, damit Bewegungserziehung überhaupt sinnvoll erscheint. In welcher Art und in welchem Ausmaß dies bei der motorischen Entwicklung möglich ist, darüber herrscht auf Basis vorhandener empirischer Befunde nicht zu allen Bereichen Übereinstimmung. Ein Überblick zu den jeweiligen Einflusskategorien verdeutlicht dies.

kulturelle und historische Einflüsse

Bei den kulturellen und kulturhistorischen Einflüssen gilt, dass jede Generation ihre eigene Beziehung zum menschlichen Körper und seinen Bewegungen hat. Die Kulturgeschichte des Menschen ist immer auch eine Geschichte des erbaulichen wie unterdrückenden Umgangs mit der Körperlichkeit (Rittner 1976; Moser 2008). So schildert Kopp die kulturelle Konvention, „ungezügeltes und ausgiebiges Krabbeln“ (2011, 167) in England und Frankreich des 17. und 18. Jahrhunderts zu verbieten.

Auswirkungen von Umweltbedingungen

Die bewegungserzieherisch entscheidende Frage ist, ob und wie sich soziokulturelle Umweltbedingungen, also nicht nur dingliche oder topologische, sondern auch verhaltensbezogene, auf die motorische Entwicklung auswirken. Dennis (1940) untersuchte bei Hopi-Indianern den Einfluss des Puckens (sehr enge Wicklung der Säuglinge, so dass sie sich kaum mehr bewegen können) auf den Zeitpunkt des freien Gehens und konnte keinen signifikanten Unterschied finden. Gleiches berichtet Chisholm von

Navaho-Kindern (1983). Eine zu starke mütterlich-körperliche Begrenzung in Form eines sehr langen Umhertragens (80–100 % Tragezeit am Tag) führt indes nach Kaplan und Dove (1987) zu einer Entwicklungsverzögerung von bis zu einem Jahr bei paraguayanischen Kindern des Ache-Stamms (einer präindustriellen Übergangsgesellschaft) im Vergleich mit US-amerikanischen Kindern in den Bereichen Spracherwerb, Feinmotorik und Grobmotorik. Ergänzend dazu berichten Campos et al. (2000) mit Bezug auf eine Studie in China, dass sich das enge körperliche Binden ans elterliche Bett weniger günstig auf die wichtige sozialkognitive Fertigkeit der *geteilten Proxemik* auswirkt, d. h. dem Blick oder der Geste (Zeigen mit dem Finger) zu folgen und so die Intention des Gegenübers perspektivisch übernehmen zu können (Kap. 3.4).

Neben diesen, die motorische Entwicklung verzögernden kulturellen Einflüssen beobachtet Super (1976) in Bestätigung von Geber und Dean (1957) bei kenianischen Kindern des ländlichen Raums (Kipsigi) einen Zusammenhang der mütterlich-motorischen Unterstützung mit den Bewegungsmustern Sitzen und Gehen. Eingebunden in die Alltagshandlungen der Mutter bewirkt diese sogenannte motorische Fürsorge eine Beschleunigung der beiden genannten Bewegungs- und Haltungsmuster bis zum 2. Lebensjahr (freies Gehen mit rund neun Monaten). Bril und Sabatier (1986) zeigen den Zusammenhang von gezielter und beiläufig alltäglicher sogenannter mütterlicher Frühgymnastik auf die beschleunigte Entwicklung von Säuglingen und Kleinkindern in Süd-Mali: Neben Dehnen, Strecken und Über-Kopf-baumeln-Lassen werden weitere, für Mitteleuropäer eher ungewöhnliche physioprophylaktische Einwirkungen vorgenommen.

säkulare Akzeleration

Es scheint demnach so zu sein, dass der elterliche Einfluss auf die Kinder zumindest quantitative Auswirkungen auf die motorische Entwicklungsgeschwindigkeit in Art einer Entwicklungsbeschleunigung (**Akzeleration**) oder Verlangsamung bzw. Entwicklungsverzögerung (**Retardierung**) haben kann. Im Falle einer gesamtkulturellen Einflussnahme und der dadurch erzeugten Beschleunigung (z. B. die seit vielen Jahren zu beobachtende früher einsetzende Geschlechtsreife oder eine zunehmende Körpergröße) wird auch von einem säkularen Trend oder „säkularer Akzeleration“ gesprochen (Hirtz 2007, 27).

offene Forschungsfragen

Was diese Studien allerdings nicht zeigen, sind die qualitativen Ko-Effekte dauerhafter Art, also ob sich das frühere Gehen-Können auch im Erwachsenenalter z. B. positiv auf eine höhere Intelligenz auswirkt oder ob das frühere Sitzen eine bessere emotionale Regulation bedingt. Dazu fehlt es vor allem in der Bundesrepublik Deutschland an längsschnittlichen Studien, die multidirektional ein ganzes Set an Persönlichkeitsbereichen in Zusammenhang mit der Bewegungsentwicklung kontrolliert und randomisiert untersucht haben (Tab. 7). Jenni et al. (2013) finden diesbezüglich nur sehr schwache Zusammenhänge. Dennoch gibt es zahlreiche Bemühungen, soziokulturelle Interventionen und ihre Effekte darzustellen. Einen sehr guten empirischen Überblick über die Erkenntnisse der 1970er und -80er Jahre bieten für den deutschsprachigen Raum Bierhoff-Alfermann (1986) und Scheid (1989) sowie Scheid (2009) für die 1990er und 2000er Jahre. Die nachfolgende tabellarische Übersicht orientiert sich daran und ergänzt sie mit Studien jüngeren Datums. Ausgenommen sind spezielle Bewegungsförderprogramme, die gezielt die motorische Entwicklung fördern (Kap. 6).

Tab. 7: Soziokulturelle Einflussgrößen, ihre quer- und längsschnittlichen Zusammenhänge mit der motorischen Entwicklung sowie weiteren Entwicklungsbereichen von Kindern zwischen 0 und 7 Jahren (Scheid 2009, verändert und ergänzt durch d. Verf.)

soziokulturelle Einflussgröße	Zusammenhänge und Wirkungen	Studien
soziale Schicht allgemein (darin eingebettet, je nach herangezogenem Schichtmodell: Einkommen der Eltern, Bildungsgrad Eltern, berufliche Stellung, etc.)	kein (kaum) signifikanter Zusammenhang zwischen Motorik und Sozialstatus	– Eggert / Schuck 1971 (N=140, 6;0–8;11 J.) – Vogt 1978 (N=375–386, 3,5–6 J.) – Scheid 1989 (N=136, 13.–36. M.) – Märker 1991 (N=218, 4;6–5;5 J.)
	geringe Überlegenheit (statistisch nicht bedeutsam) von Oberschichtkindern in der motorischen Leistung; Hinweise, dass dies nicht an der Schicht, sondern an der Aktivität im Sportverein liegt	Krombholz 2005 (N>440, 4–6 J.)
	tendenziell höhere motorische Leistungsfähigkeit bei Oberschichtkindern	Ahnert 2005, (N=205, 3–12 J.); stellt den längsten Längsschnitt in der BRD dar !
	zwar statistisch bedeutsamer Unterschied nach t-tests, aber keiner nach 3-Wege-Varianz; Oberschichteltern treiben mit ihren Kindern häufiger Sport (bewegen sich häufiger)	Zimmer 1981 (N=301 im Querschnitt, N=153 im Längsschnitt, 3;6–6;11 J.)
	bedeutsamer Unterschied bei der motorischen Leistungsfähigkeit und körperlichen Aktivität	Ketelhut et al. 2011 (N=172, 3–5 J.)

soziokulturelle Einflussgröße	**Zusammenhänge und Wirkungen**	**Studien**
Migrationshintergrund	geringe körperlich-sportliche Aktivität taucht überwiegend bei Migrantenkindern auf, einhergehend mit geringerer Fitness	– Lampert et al. 2007 (N=7.698, 3–10 J.) – Lämmle et al. 2012 (N=870, 6–9 J.)
Zugang des Kindes zum Sportverein/eigene Sportaktivität	höheres Niveau der motorischen Leistung bei regelmäßigem Üben im Sportverein	– Rethorst 2003 (N=160, 3,5–7,0 J.) – Krombholz 2005 (N>440, 4–6 J.)
	nur sehr leichte Vorteile, wenn im Verein	Märker 1991 (N=218, 4;6–5;5 J.)
Sportinteresse/-aktivität der Eltern	kein statistisch bedeutsamer Zusammenhang	– Vogt 1978 (N=375–386, 3,5–6 J.) – Märker 1991 (N=218, 4;6–5;5 J.)
gemeinsame Bewegungsaktivität Kind und Eltern: außerhäuslich	signifikanter Zusammenhang (als Haupteffekt)	Zimmer 1981 (N=301, 3;6–6;11 J.)
	kein bis kaum ein Zusammenhang	Märker 1991 (N=218, 4;6–5;5 J.)
externer Erziehungsstil (Erzieherinnen)	anregende, unterstützende Erziehung (weniger Verbote) begünstigt die motorische (und kognitive) Entwicklung	Prohl/Seewald 1998 (N=176, AM rund 56 M.)
elterlicher Erziehungsstil	Diskrepanzen zwischen Mutter- vs. Vater-Stil: Mütter von motorisch geschickten Kindern strafen häufiger, Väter weniger als bei motorisch ungeschickten Kindern	Burkhard 1983 (N=162, 4–6 J.)
	permissiver Erziehungsstil der Mutter begünstigt die Bewegungsentwicklung	Scheid 1989 (N=136, 13.–36. M.)
Wohnungsgröße pro Familiengröße	kein statistisch bedeutsamer Zusammenhang	– Zimmer 1981 (N=301, 3;6–6;11 J.) – Scheid 1989 (N=136, 13.–36. M.) – Märker 1991 (N=218, 4;6–5;5 J.)
außerhäusliche Spielmöglichkeiten (Garten, Spielplatz)	Kinder mit besseren Spielmöglichkeiten zeigen bessere motorische Leistungen	Zimmer 1981 (N=301, 3;6–6;11 J.)
Stadt-Land-Vergleich sowie Waldkindergärten	Stadtkinder mit tendenziell besseren motorischen Leistungen	Zimmer 1981 (N=301, 3;6–6;11 J.)
	Stadtrandkinder signifikant besser als Stadtzentrumskinder in motorischer Leistung	Rethorst 2003 (N=160, 3,5–7,0 J.)
	keine relevanten Unterschiede bei Körpermotorik	Scheid 1989 (N=136, 13.–36. M.)
	bedeutsam höhere körperlich-motorische Leistungsfähigkeit bei Waldkindergärten	Scholz/Krombholz 2007 (N= 129, 5 J.)

Trotz tabellarischer Strukturierung empirischer Ergebnisse ist die Vergleichbarkeit der Einzelstudien mangelhaft. Aufgrund unterschiedlicher Messverfahren, Untersuchungszeiträume, Stichprobengrößen, Variablendefinition und -auswahl sowie abweichenden statistischen Modellen ergibt sich nur ein bruchstückhaftes Bild, das der weiteren empirischen Vervollständigung bedarf. Insbesondere die Tatsache, dass selbst querschnittliche Studien berücksichtigt wurden und selbige bei strenger Analyse nur aufgrund des methodologischen „cross-sectional"-Ansatzes Erwähnung bei Entwicklungsfragen finden (Conzelmann et al. 2009; Haywood / Getchell 2009, 11 f.), zeugt von dem aktuellen empirischen Mangel. Überdies sind zusätzliche Einflussgrößen wie das gemeinsame Bewegungsengagement innerhalb der Wohnung, dortige Spielgegenstände und Mobiliar (Video 4 und 5) sowie der konkrete Erziehungsstil der Pädagoginnen und Pädagogen (Schreyer-Mehlhop et al. 2012) zur und mit Bewegung noch auszubauende Forschungsbereiche.

empirischer Mangel

1.4 Empfehlungen für die bewegungserzieherische Praxis

Ableitungen von empirischen Fakten und ihr Transfer in die reale Anwendung sind immer mit dem Problem behaftet, dass von dem, was *ist*, nicht automatisch auf das, was *sein soll*, geschlossen werden kann (Kap. 2). Allerdings sind auf Grundlage vorhandener Befunde theoretische Überlegungen möglich, die der Praxis das Arbeiten unter dem Druck des akuten Alltags erleichtern helfen können. Die Erkenntnisse zur motorischen Entwicklung zusammenfassend, sollen deshalb die nachfolgenden Empfehlungen für die Praxis von Frühpädagoginnen und -pädagogen dienen:

Ist- und Sollzustand

- Das phylogenetische Erbe menschlicher Bewegung ist allgegenwärtig: Gehen Sie deshalb so oft es geht hinaus ins Freie, da der Mensch dem Leben in geschlossenen Räumen entwicklungsgeschichtlich weit weniger angepasst ist, als es sein Bewegungsbedürfnis zulässt. Eine höhere Konzentration und auf lange Sicht weniger kranke Kinder danken es Ihnen. Dies gilt auch bei Regen und Kälte!

Praxistipps

- Menschliche Bewegung ist besonders, weil sie auch und vor allem anatomisch so vielfältig gestaltbar ist. Ermöglichen Sie den Kindern viele unterschiedliche Bewegungserlebnisse, bei denen alle Sinne angesprochen werden. Vielfalt geht vor Spezialisierung!

- Bleiben Sie geduldig in Erwartung bestimmter, zeitlich erwarteter Bewegungsmuster, da die interindividuelle Variabilität hoch ist und die intraindividuelle Plastizität hohes Potenzial birgt. Gesunde Kinder lernen das Gehen von alleine!

- Beobachten Sie die Kinder nicht mit der Frage, „Was kann er/sie noch nicht?“, sondern fragen Sie sich: „Was braucht dieses Kind, damit es seine Möglichkeiten voll ausschöpfen kann?“ Entwicklung braucht reizvolle Aufgaben!

Der letzte Punkt beschreibt die eingangs dieses ersten Kapitels aufgeworfene vierte Leitfrage zur motorischen Entwicklung: Wer (Subjekt) ist in welcher konkreten Weise zu fördern (Methoden förderlicher Bewegungsbeobachtung)? Da die angemessene Antwort darauf sehr ausgiebig ausfällt, stellt sie das eigenständige zweite Kapitel dar.

1. Erläutern Sie den wesentlichen Unterschied zwischen den Begriffen der Motorik und Bewegung!

2. Welche fundamentale Konsequenz hat die Antwort auf Frage 1 für den Begriff der Motorischen Entwicklung?

3. Was ist mit dem sogenannten Problem der Modellierung gemeint?

4. Beschreiben Sie kurz die Entwicklungsrichtungen cephalo-caudal sowie proximo-distal!

5. Warum bildet der sogenannte Gehreflex bzw. das Schreitmuster eine Ausnahme von den beiden Regeln aus Frage 4? Erklären Sie den wissenschaftlichen Hintergrund am Beispiel einer Studie!

6. Aus dem Phänomen des sogenannten Gehreflexes wissen wir, dass das Gehenlernen durchaus beschleunigt werden kann, indem es durch Unterstützungsmaßnahmen angeregt wird. Würden Sie das den Eltern der Kinder in Ihrer Einrichtung empfehlen?

7. Die sportwissenschaftliche Reihenfolge motorischer Entwicklung in fundamentale, elementare und sportbezogene Bewegungsfertigkeiten unterliegt der Idee, dass eine komplexe Sportart wie das Handball-

spielen vorangehende Fertigkeiten zur Umsetzung braucht (Fangen ist elementar; Greifen ist fundamental). Verdeutlichen Sie mit einem Beispiel, warum diese Logik nicht ganz stimmig ist!

8 Es gibt eine Vielzahl an Hypothesen, warum der Mensch gelernt hat, aufrecht zu gehen. Nehmen Sie sich 10 Minuten Zeit und versuchen Sie, eine eigene Hypothese zu erstellen, was wohl die Ursache war. Sie dürfen ganz frei theoretisieren!

9 Der aufrechte Gang war notwendig, damit die Hände zum Gebrauch frei wurden. Welchen revolutionären Effekt hatte dies auf den Menschen? Begründen Sie Ihre Antwort!

10 Was ist mit der säkularen Akzeleration gemeint?

Baur, J., Bös, K., Conzelmann, A., Singer, R. (Hrsg.) (2009): Handbuch Motorische Entwicklung. Hofmann, Schorndorf

Largo, R. (2010): Babyjahre – Entwicklung und Erziehung in den ersten vier Jahren. Piper, München

Bewegungsentwicklung im 1., 2., 3. Lebensjahr und im Vorschulalter. DVD-Paket von Elmar Kornexl, Universität Innsbruck. Kontakt via E-Mail: sportwissenschaften@uibk.ac.at

Empirische Ergebnisse zur motorischen Entwicklung im Kindesalter gibt es unter http://www.ifp.bayern.de/projekte/laufende/krombholz-motorik2.html, 19.09.2013.

2 Beobachtung, Dokumentation und Beurteilung von Bewegung

Motorische Entwicklung ist bewegte Persönlichkeitsentwicklung. Sie zu beobachten gelingt Frühpädagoginnen und -pädagogen, indem sie den Außenaspekt in Form von Bewegungsmustern stets in Verbindung mit anderen Entwicklungsbereichen bringen (z. B. körperliches Wachstum, Sprache, sozial-emotionales Handeln und kognitive Leistungen). Woher aber weiß eine Frühpädagogin oder ein Frühpädagoge, welches Kind aufgrund welcher Beurteilung und der dazu passenden Bewegungsintervention zu fördern ist?

Konzept der Meilensteine

Einen Teil der Antwort auf diese Frage geben allgemeine Entwicklungstabellen zur Bewegung, wie sie in der populärwissenschaftlichen Literatur zu finden sind. Allgemein sind sie deshalb, weil sie oft keinem empirisch-theoretisch geleiteten Kriterienfilter unterliegen, warum nun welches Bewegungsmuster wichtig ist. Eines der bedeutendsten Konzepte in der Entwicklungsbeobachtung von Kindern überhaupt stellen vor diesem Hintergrund die *Meilensteine* (engl. milestones) dar. In ihrer historischen Entstehung und Verbreitung gehen sie auf die Pionierarbeiten insbesondere dreier US-amerikanischer Forscher zurück, namentlich Gesell (1928 / 1931 / 1948), Shirley (1931) und Bayley (1936).

Entwicklungsebenen nach Gesell

Gesell entwarf für die ersten drei Lebensjahre einen Zeitplan von 16 stark formalisierten Entwicklungsebenen („developmental levels“, 1928, 127 f.), die ihrerseits rund 12 standardisierte Verhaltensweisen beinhalten, sodass ein Beobachtungskatalog von insgesamt 195 Items gemäß den Kriterien „diagnostischer Zweckmäßigkeit und klinischer Notwendigkeit" (Gesell 1928, 146) entstand. Alle Verhaltensweisen folgen dabei der neurologischen Maxime einer cephalo-caudalen Reifung (Kap. 1). Der gesunde und damit *normale* Verlauf neuromuskulärer Reifung kommt folglich im Sinne Gesells in den sichtbaren Verhaltensweisen zum Vorschein. Unterscheidbar seien die jeweiligen Items aufgrund ihres **Verhaltenswertes** („behavior value", Gesell 1928, 144), der sich durch einen Zuwachs an *neuen* Verhaltensmöglichkeiten kennzeichne.

Zugewinn vs. Verlust

Kinder, die diesen Zuwachs nicht oder mit Bezug auf den Durchschnitt altersgleicher Kinder verspätet zeigen, werden im medizinischen Sinne als abseits der Norm diagnostiziert. Damit ergibt sich eine entschieden andere Sicht als jene von Baltes, in der sogenannte Entwicklungswerte nicht nur Zugewinne, sondern auch lebenslange Verluste und Degeneration bedeuten (Kap. 1).

soziokulturelle Unterschiede

Das Konzept von Gesell sieht bis zum Alter von drei Jahren 51 motorische Reifungsschritte vor, wobei alleine die Bewegungsmuster 26 % aller Reifeprozesse auf der Verhaltensebene ausmachen. Darunter befindet sich z. B. das Item „Geht unter Aufsicht auf der Straße", an dem die soziokulturell bedingte Normativität der Bestimmung motorischer Meilensteine gut zu erkennen ist, da z. B. ein Kleinkind in der mongolischen Grassteppe diesen Meilenstein sicherlich nicht erreichen muss.

Entwicklungsphasen nach Haywood und Getchell

Weitere ausgewählte Meilensteine finden sich bei Haywood und Getchell (2009, 103 f.), welche die Bayley-Skala (verkürzt auf 29 Items) und Shirley-„Pattern" (5 Großbereiche) sowie „Specific Phases" (23 Bewegungsmuster, verkürzt auf 13 Items) bis zum 25. Monat unter der Definition zusammenfassen, dass **Meilensteine**

- fundamental seien, denn sie gehen den komplexeren „**skills**" (dt. Fertigkeiten) vorbereitend voraus (propädeutisch),
- lediglich rudimentäre Skills darstellen,
- eine relativ stabil wiederkehrende Reihenfolge abbilden, aber mit teils erheblichen individuellen Abweichungen und
- in Form des Durchschnittsalters (arithmetisches Mittel und den dazugehörigen Standardabweichungen), als Median oder als 50. Perzentile angegeben werden.

Um einschätzen zu können, wo sich ein Kind in seiner Entwicklung im prozentualen Verhältnis zu Gleichaltrigen/Gleichgeschlechtlichen befindet, werden **Perzentile** angegeben und als Kurven in Diagrammen abgebildet. Liegt ein Kind z.B. mit dem Körpergewicht auf der 20. Perzentile, dann heißt das, dass 80% der Kinder des gleichen Alters und/oder Geschlechts schwerer sind und nur 20% leichter.

Entwicklungsfenster der WHO

In diesem Zusammenhang stehen auch die sogenannten Entwicklungsfenster der Weltgesundheitsorganisation (WHO 2006a), deren Ziel es ist, längsschnittlich sechs großmotorische Meilensteine (engl. gross motor milestones) kulturübergreifend darzustellen (mit Beispielen aus Brasilien, Ghana, Indian, Norwegen, Oman, USA).

globale Meilensteine

Als globale Meilensteine wurden

1. Sitzen ohne Unterstützung,
2. Hand-Knie-Krabbeln,
3. Stehen mit Unterstützung,
4. Gehen mit Unterstützung,
5. selbstständiges Stehen und
6. freies Gehen

identifiziert. Das Bemerkenswerte an diesem Ansatz ist – neben seiner globalen Ausrichtung – der empirische Befund einer enormen Variabilität zwischen den Kindern (interindividuell) bezüglich des zeitlichen Auftretens: Variiert das Erscheinen des Sitzens ohne Unterstützung noch zwischen einer Spannweite von fünf Monaten, so spannt sich das freie Gehen schon über neun Monate. Kurzum, die motorische Entwicklungsvariabilität im Säuglingsalter ist enorm und folgt der Regel: Je komplexer die Bewegung, desto variabler entwickelt sie sich zwischen den Kindern bis zu einem bestimmten Alter (Abb. 9).

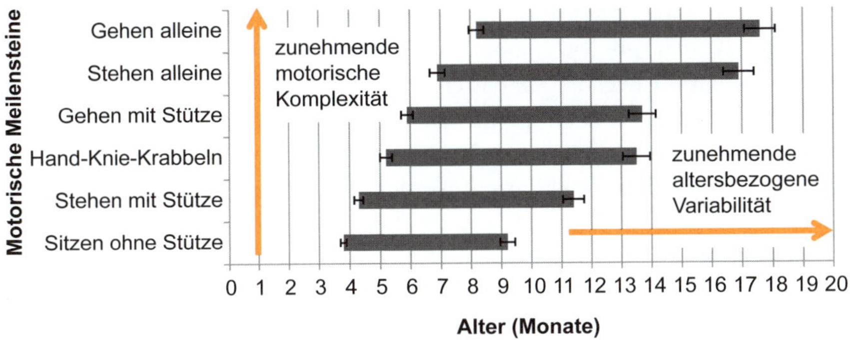

Abb. 9: Entwicklungsfenster motorischer Meilensteine (Grafik nach Daten der WHO 2006a); erkennbar ist die parallele Zunahme von Variabilität und motorischer Komplexität

Konzept der Grenzsteine

Diese empirische Erkenntnis hat massive pädagogische Folgen für die Beobachtung, Dokumentation und Beurteilung von Bewegungen, die mit dem Konzept der *Grenzsteine* noch stärker verdeutlicht werden können. Dabei gilt: „Grenzsteine sind keine Meilensteine" (Michaelis / Niemann 2010, 123), da sich

- Meilensteine traditionell an der statistischen Mitte mit den dazugehörigen Standardabweichungen orientieren;
- diese zentristische Orientierung keine entwicklungsneurologische Relevanz besitzt;
- Grenzsteine im Unterschied zu den Meilensteinen distinkte Entwicklungsziele markieren, die von 90–95 % aller Kinder einer *definierten* Population erreicht worden sind; diese Normpopulation muss somit für die zu beurteilenden Kinder des gleichen Landes gelten (diagnostische Urteile über die motorische Entwicklung eines deutschen Kindes unter Bezugnahme auf z. B. Normtabellen chinesischer Kinder wäre eine Fehlannahme und potenzielle Fehlerquelle im Entwicklungsurteil) und
- Grenzsteine Knotenpunkte mehrerer Entwicklungspfade darstellen, die jedes (90–95 %) Kind dieser definierten Population in einem bestimmten Alter durchläuft, also obligatorisch vorauszusetzen sind; der Weg ist hierbei nicht entscheidend, lediglich die Zielerreichung (Michaelis 2004), d. h. ein Ziel für alle, viele Wege für den Einzelnen.

gesundheitspolitische Relevanz

Pädagogisch folgenträchtig ist das Grenzsteinkonzept insofern, als mit ihm nur jene Kinder in den Beobachtungsfokus geraten, die außerhalb der Normpopulation liegen. Das hat einerseits den gesundheitspolitisch hoch relevanten Effekt, dass aufgrund der großen 90–95 %-Spanne und dem Blick auf die Perzentilränder weitaus weniger Kinder als entwicklungsgestört, krank oder auffällig beurteilt werden (im Unterschied zu den Meilensteinen mit häufigem Blick auf die Perzentilmitte). Andererseits sind nicht die gesunden, im Normbereich liegenden oder gar die beschleunigten (akzelerierten) Kinder relevant, sondern aus entwicklungspädiatrischer Sicht die verzögerten, außerhalb des Normbereichs liegenden und folglich auffälligen. Dies macht aus dem Grenzsteinkonzept eine sekundärpräventive Intervention, d. h. es erfolgt erst ein Einsetzen der entwicklungsrelevanten Einflussnahme, wenn bereits eine klar definierbare Entwicklungsstörung vorliegt.

Handlungsrelevanz für Pädagogen

Für Frühpädagoginnen und -pädagogen, die unter Ausnahme von Kitas mit inklusivem Ansatz (Kap. 4) genau gegenteilig hierzu die 90–95 % gesunden Kinder fokussieren, ist das Grenzsteinprinzip also ein Warnschild, wann *spätestens* externe Hilfe aus dem Therapiebereich in Anspruch genommen werden muss (z. B. Ergo-, Logo-, Moto- oder Physiotherapie der Frühförderstellen bzw. Sozialpädiatrischen Zentren).

Unterschied zwischen Therapie und Förderung

Grenzsteine werden in der medizinischen Praxis über ein engmaschiges Netz an Untersuchungen (U1 bis U9 plus J) umgesetzt (Tab. 8). Bevor jedoch medizinische Therapiemethoden zum Einsatz kommen müssen gilt daher, im frühpädagogischen Kontext bereits zu fördern, auch wenn keine akute Auffälligkeit besteht. Bewegungserzieherische Förderung ist immer eine primärpräventive Intervention und markiert den klaren Unterschied zwischen der Bewegungspädagogik und der Bewegungstherapie: Frühpädagoginnen und -pädagogen beobachten und erziehen, Therapeuten diagnostizieren und heilen (griech. therapeia = Pflege der Kranken).

Entwicklung des Grenzstein-Konzepts

Die Idee der Grenzsteine ist nicht neu und wurde für den motorischen Bereich bereits 1925 von Oseretzky als *metrische Stufenleiter* eingeführt. Die moderne Sammlung an Grenzsteinen mit sechs Entwicklungsbereichen (Körpermotorik, Hand-Finger-Motorik, Sprache / Sprechen, Kognition, Soziales, Emotion) ist mittlerweile von Laewen (2008 / 2013) für Frühpädagoginnen und -pädagogen als nicht-diagnostisches Früherkennungsinstrument (**Screening**) modifiziert worden. Dieser Schritt ist deshalb pädagogisch so wichtig, als nun Pädagoginnen und Pädagogen gemeinsam mit Eltern und in Ergänzung zu Kinderärzten ein validiertes und praxistaugliches Instrument besitzen, erkannte Risiken früher den jeweils geeigneten Fördermaßnahmen zuzuführen.

Tab. 8: Motorische Grenzsteine der Entwicklung in ihrer frühpädagogischen Anwendung (Laewen 2008/2013)

Alter des Kindes (Monate)	Grenzsteine Körpermotorik	Grenzsteine Hand-Finger-Motorik
3	– Kind hebt sicher den Kopf in Bauchlage an, stützt sich auf die Unterarme	– Hände, Finger werden über die Körpermittellinie zusammengebracht
6	– symmetrische Rückenlage ohne konstante Asymmetrien in Haltung und Bewegung des Rumpfes und der Extremitäten – Kind hebt Kopf in Bauchlage und schaut einem vor dem Gesichtsfeld bewegten Gegenstand nach, stützt sich auf Unterarme	– Kind transferiert Gegenstand/Spielzeug in der Mittellinie von einer Hand in die andere, greift palmar und radial betont (palmar: Daumen und Zeigefinger in Gegenposition)
9	– Kind sitzt sicher, zeitlich nicht beschränkt und frei mit geradem Rücken und guter Kopfkontrolle	– Kind hält Gegenstände in einer oder in beiden Händen und exploriert intensiv durch Tasten
12	– Kind sitzt frei mit geradem Rücken und sicherer Gleichgewichtskontrolle – Kind dreht sich selbstständig und prompt von Bauchlage in Rückenlage	– Kind benutzt Scherengriff: kleine Gegenstände werden zwischen Daumen und gestrecktem Zeigefinger gehalten; oft schon präziser Pinzettengriff
15	– Kind geht und hält sich dabei mit den Händen an Erwachsenen, Möbeln und Wänden fest	– Kind kann zwei Klötzchen (Kantenlänge zwei bis drei Zentimeter) nach Aufforderung (und Zeigen) aufeinander setzen
18	– Kind geht frei, kontrolliert und zeitlich unbegrenzt – sicheres Gleichgewicht, geht noch etwas breitbeinig und noch nicht in ganz gerader Körperhaltung, es hält die Arme noch etwas abgespreizt	– Kind gibt kleine Gegenstände, die es in der Hand hält, auf Aufforderung (geöffnete Hand) oder auf Bitte her – Kind benutzt Zeigefinger bewusst zum Betasten, Befühlen oder zum Drücken von Tasten oder Schaltern
24	– Kind hebt Dinge ohne Verlust des Gleichgewichts vom Boden auf – Kind bewältigt Treppen (im Nachstellschritt, hält sich am Geländer oder an der Hand Erwachsener fest)	– sicherer Pinzettengriff – Kind hält Malstift mit Faustgriff oder Pinselgriff (mit den ersten drei Fingern, Stift liegt dabei in Handinnenfläche)
36	– Kind hüpft beidbeinig von einer der unteren Treppenstufe mit sicherer Gleichgewichtskontrolle – Kind läuft mit deutlichem Armschwung, umsteuert Hindernisse und kann plötzlich anhalten	– Kind blättert Buch- oder Journalseiten einzeln um – Kind kann präzisen Dreifinger-Spitzgriff (Daumen, Zeige-, Mittelfinger) zur Manipulation kleiner Gegenstände benutzen

Alter des Kindes (Monate)	Grenzsteine Körpermotorik	Grenzsteine Hand-Finger-Motorik
48	– Kind kann Dreirad o. ä. Fahrzeuge zielgerichtet und sicher bewegen; Kind tritt und lenkt gleichzeitig, umfährt gewandt Hindernisse – Kind hüpft aus dem Stand mit beiden Beinen gleichzeitig um 30 bis 50 Zentimeter nach vorne, mit stabiler Gleichgewichtskontrolle	– Kind hält Mal-/Zeichenstift korrekt mit den Spitzen der ersten drei Finger – Kind gestaltet und kommentiert Gegenständliches, auch Kopffüßler
60	– Kind begeht Treppen beim Auf- und Absteigen, mit Beinwechsel, sicher und freihändig – Kind kann größere Bälle (Durchmesser etwa 20 Zentimeter) mit Händen, Armen, Körper auffangen, wenn sie aus zwei Meter Entfernung zugeworfen werden	– Kind kann mit Kinderschere entlang einer geraden Linie schneiden – Kind kann einzelne Buchstaben, Zahlen, Namen mit großen Buchstaben schreiben (auch noch seitenverkehrt); oder/und Kind malt und gestaltet gut erkennbare Bilder

Probleme der Grenzstein-Theorie

Ein weiteres Problem, das die Grenzstein-Theorie aufwirft, liegt in der Festlegung, was ein Grenzstein sein soll (normativ) und was nicht. Neben den drei von Schlack (2012) aufgeführten Dimensionen motorischer Variabilität der interindividuellen, intraindividuellen (Plastizität) und interkulturellen Unterschiede sind im Sinne des Lebenspannenkonzeptes von Baltes noch die interhistorischen Differenzen zu beachten.

altersrelevante Unterschiede

Wie wir bereits aus Tabelle 5 (Kap. 1) ersehen konnten, scheint es einen generationenbedingten Unterschied beim zeitlichen Auftreten des kindlichen freien Gehens gegeben zu haben. Und auch bei der motorischen Leistungsfähigkeit stellen Bös et al. (2009) für das Alter von 6 bis 18 Jahren eine 10%ige Abnahme von 1975 bis 2000 fest. Quantitativ scheint es demnach von Generation zu Generation altersrelevante Unterschiede zu geben (Kohorteneffekt), die möglicherweise kulturellen Einflüssen geschuldet sind (säkularer Trend) und zu einer anderen Zeit ein anderes Urteil erbracht hätten (Grenzstein im Jahre 1975 erreicht vs. nicht erreicht im Jahre 2000). Insofern müssten Grenzsteine zumindest quantitativ z. B. alle 10 Jahre überprüft und der aktuellen Generation statistisch angepasst werden. Andernfalls würde eine Messlatte aus der einen an Kinder einer anderen Zeit gelegt und widerspräche der Validität der Daten.

2.1 Beurteilung vs. Diagnose

Die Grundlage jeglicher Entscheidung, ob ein erhöhter Förderbedarf vorliegt oder nicht, bildet die Antwort auf die Frage, wann die von der Frühpädagogin bzw. dem Frühpädagogen, den Eltern oder dem Arzt wahrgenommene Auffälligkeit als mögliches Problem beurteilt/diagnostiziert wird bzw. wann eine Abweichung lediglich eine Variation der Norm darstellt oder einer ernsten Entwicklungsstörung gleichkommt. Mit phylogenetischer Sicht gefragt: Insofern die Evolution die Mutation als ständige Begleitvariable hervorbringt, wie ist ontogenetisch eine motorische Abweichung als entwicklungsgestört und therapiebedürftig zu legitimieren?

motorische Störungen

Die standardisierte Antwort und Definitionshoheit dazu, was eine behandlungsbedürftige motorische Störung ist, übernimmt traditionell die Medizin. In Form eines umfassenden Katalogs bietet die WHO in ihrer deutschen Anpassung eine „Internationale statistische Klassifikation der Krankheiten und verwandter Gesundheitsprobleme, 10. Revision, German Modification (ICD-10-GM)“ (dimdi 2013) als amtliche Klassifikation zur Codierung von Diagnosen in der ambulanten und stationären Versorgung in Deutschland an (für die USA: der DSM-IV-Katalog der American Psychiatric Association). In Kapitel V des ICD-10-GM findet sich unter „Psychische und Verhaltensstörungen“ der Code F 82.- mit „Umschriebene Entwicklungsstörung der motorischen Funktionen“. Hierzu zählen grobmotorische, fein- und graphomotorische, mundmotorische und nicht näher bezeichnete Funktionen. Als an Kriterien normierte Bezugsquelle werden mit ihrer Hilfe Studien zur **Prävalenz** (Anzahl aller Erkrankten einer definierten Population), **Ätiologie** (Ursachenforschung), **Inzidenz** (Anzahl aller neu Erkrankten) **und der generellen Diagnostizierbarkeit von Störungen** (empirische Suche nach geeigneten Tests) durchgeführt. Am Beispiel der Developmental Coordination Disorder (DCD), auch als motorische Ungeschicklichkeit (engl. clumsiness) bekanntes Krankheitsbild, lässt sich der begriffliche Konflikt zwischen medizinisch-therapeutischer Diagnostik und pädagogischer Beurteilung noch schärfer aufzeigen.

Beispiel DCD

DCD ist eine bei zwischen 5 und 15 % der Grundschulkinder weltweit (Schott 2010) und 3 bis 6 % in den westlichen Industriestaaten (Krombholz 2012) auftretende Form motorischer Störungen, die sich in einer unangemessenen Objektwahrnehmung, langsameren Reaktionszeit, mangelnden Rhythmisierung und schlechtem Timing, einer geringeren Haltungskontrolle, Schwierigkeiten bei der Wiederherstellung motorischer Kontrolle nach äußeren Einwirkungen sowie weniger erfolgreichen sensorischen Integration äußert (Geuze et al. 2001; Visser 2003).

Etymologie der Diagnostik

An dieser auf Basis diagnostischer Kriterien erstellten Auflistung zeigt sich die Schwierigkeit für die alltägliche Bestimmung, ob eine DCD vorliegt oder nicht, da eine Pädagogin bzw. ein Pädagoge ohne die für die klinische Diagnose notwendigen Tests und der dazugehörigen Ausbildung nur unscharf spezielle und komplexe motorische Defizite feststellen kann. Dieser Unterschied im Schärfegrad der Beobachtung liegt bereits in der Etymologie der Diagnostik:

Diagnostizieren (griech. dia-gi-gnoskein) bedeutet, eine Sache ganz genau, durch und durch zu erkennen und zu beurteilen. Eine **Diagnose** ist eine genau unterscheidende Beurteilung oder eine Erkenntnis (als Ergebnis, Produkt). **Diagnostik** ist die Fertigkeit und Lehre, Krankheiten zu beurteilen und zu erkennen.

Umsetzung im pädagogischen Alltag

In der oft hektischen und anforderungsstarken Praxis alltäglicher Erziehung lässt sich eine individualisierte, mit viel Zeit, Spezialwissen und empirischem Aufwand durchgeführte Beurteilung im Sinne der Diagnostik in den wenigsten Fällen ganz genau oder durch und durch bewerkstelligen. Pädagoginnen und Pädagogen bleibt eine **Beurteilung**, die sich durch **genaues und aufmerksames Hinschauen und Zuhören, verlässliches Dokumentieren dieser Beobachtungen** sowie dem auf alle Entwicklungspfade bezogenen **Auslegen** (Interpretieren) und *vorläufigen* **Ziehen eines Schlusses** kennzeichnet. Diese Erst- oder Prädiagnostik ist nicht schlecht oder unprofessionell, sondern der erste notwendige, d. h. in jedem Fall zu leistende Schritt für jene umfassende Entwicklungsbeurteilung, die im Falle einer vermuteten Störung den hinreichend zweiten Schritt in Form spezieller medizinischer (Haupt-)Diagnostik unternimmt. Am Beispiel von DCD-Kindern können dann auch von Frühpädagoginnen und -pädagogen Ungeschicklichkeiten beim Schuhebinden, Gegenständetragen, Balanceprobleme in der Bewegungsstunde, schlechtes Fangverhalten oder häufiges Stolpern wesentliche Aspekte einer angemessenen primärpräventiven Bewegungsintervention sein. Auch geringere motokognitive Leistungen (z. B. beim Puzzeln oder ein schlechter Sozialanschluss) können Indikatoren sein, da DCD-Kinder motorische Herausforderungen meiden und dadurch bei den Peers weniger Anerkennung finden (Sugden / Chambers 2005). Jungen sind hier in einem Verhältnis von nahezu 2:1 stärker betroffen als Mädchen, ebenso Kinder aus prekären Verhältnissen im Vergleich zu Kindern aus der Mittelschicht (Krombholz 2012).

Peers sind Bezugspersonen mit ähnlichen Merkmalen (z.B. Alter und Geschlecht), aber vor allen Dingen sozialemotionalen Gemeinsamkeiten wie Interessen, Hobbys oder Lebenseinstellung. Zu diesen Personen besteht eine positive und nahezu hierarchisch gleichrangige Beziehung.

2.2 Beobachtungsinstrumente und Dokumentationshilfen

Bewusstsein und Transparenz

Gleichgültig, ob eine Störung vorliegt oder nur eine Verzögerung: Wesentlich bei der professionellen Bewegungsbeobachtung ist immer, sich selbst klar zu machen, mit welchen **erzieherischen Normen** wir Kinder betrachten, um so die eigene Sicht als nur eine unter mehreren Perspektiven zu relativieren. Die Bewusstmachung und Transparenzsetzung von Beobachtungskriterien ist hierzu unerlässlich. Abbildung 10 bietet eine Orientierung für die Abfolge der Beobachtungspraxis von Frühpädagoginnen und -pädagogen.

Sinne und Gedächtnis

Das billigste, schnellste und am schnellsten verfügbare Beobachtungsinstrument sind unsere eigenen Sinne, und die gleichermaßen einfachste Form der Dokumentation dieser Beobachtungsergebnisse ist unser Gedächtnis. Doch beide Elemente haben jeweils einen entscheidenden Nachteil: Die Sinne können uns trügen, und das Gedächtnis ist vergesslich.

Als eine Reaktion auf diesen Missstand wurden Verfahren entwickelt, die eine von subjektiver Verzerrung unabhängige Beobachtung und zeitlich überdauernde Dokumentation kindlichen Verhaltens ermöglichen und sich nach dem Grad der Systematisierung unterscheiden.

geschlossene Verfahren: Tests

In der Variante **geschlossener Verfahren** (Petermann / Viernickel 2012) beziehen sie sich meist in Form von **Tests** auf alters- oder geschlechtsnormierte Beobachtungsmerkmale:

> *„Ein Test ist ein wissenschaftliches Routineverfahre zur Erfassung eines oder mehrerer empirisch abgrenzbarer […] Merkmale mit dem Ziel einer möglichst genauen quantitativen Aussage über den Grad der individuellen Merkmalsausprägung.“ (Moosbrugger / Kelava 2007, 2)*

wissenschaftliche Gütekriterien

Die zunächst damit einhergehende Frage ist, was *wissenschaftlich* meint. Eine häufig in der Literatur vorzufindende Antwort darauf ist, dass all jenes wissenschaftlich ist, was bestimmte konsensuell festgelegte Kriterien beinhaltet. Diese Kriterien sollen die Güte einer Beobachtung möglichst

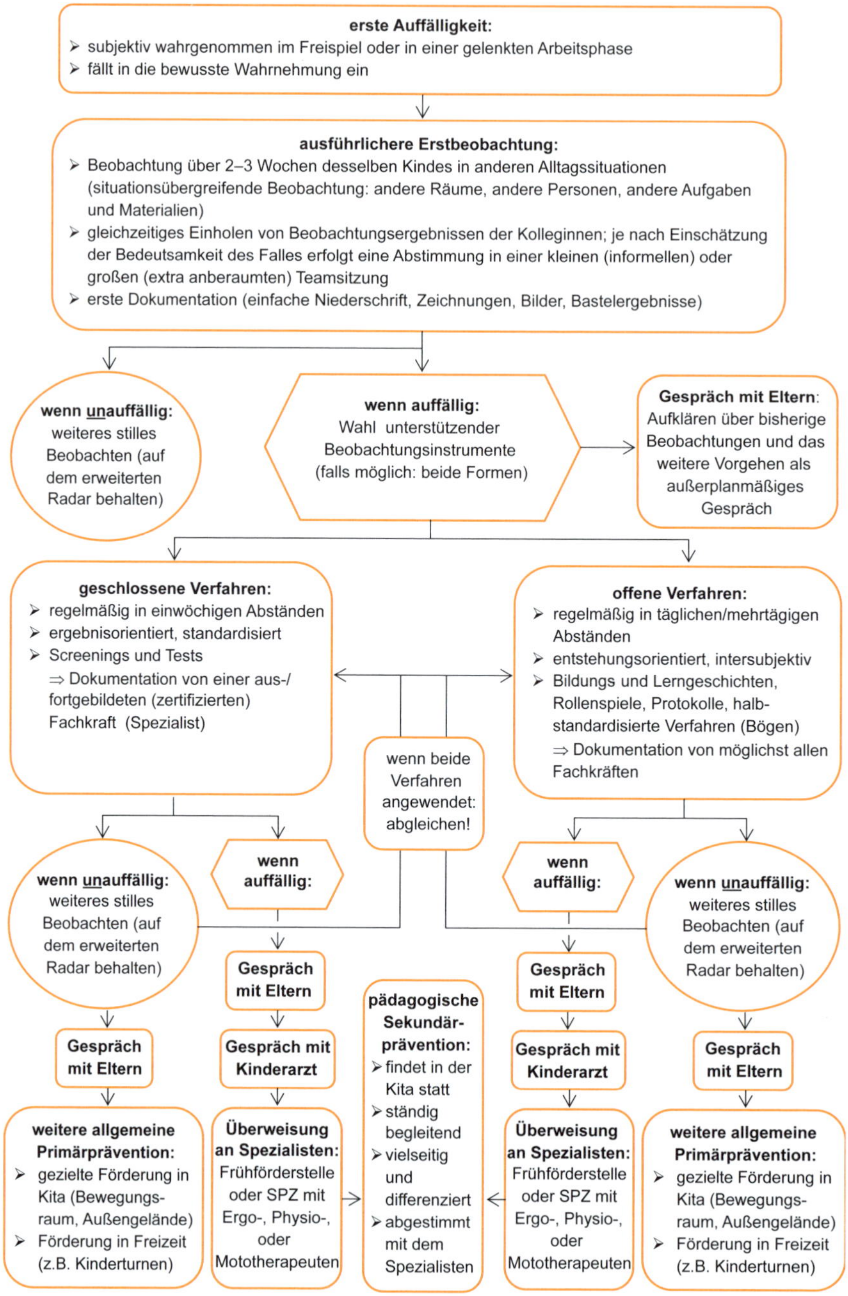

Abb. 10: Beobachtungs- und Dokumentationsabfolge für Frühpädagoginnen und -pädagogen

hoch halten und zeitlich überdauernd sichern, weshalb sie als Gütekriterien in die Testtheorie eingegangen sind (Lienert / Raatz 1998). Sie können in drei Hauptgüte- und sieben Nebengütekriterien zusammengefasst werden (Tab. 9).

Tab. 9: Haupt- und Nebengütekriterien als Grundlage wissenschaftlicher Tests

Hauptgütekriterien	
Objektivität	Ein Test bringt Ergebnisse hervor, die unabhängig vom Testleiter interpretierbar sind. Dem Tester bleibt keine subjektiv ausgestaltbare Alternative, sondern Ausführung, Auswertung und Interpretation laufen immer unter denselben Bedingungen ab, unabhängig vom Forscher.
Reliabilität	Tests sollten fehlerfrei messen. Selbst wenn ein Test noch so oft durchgeführt wird, muss das Ergebnis *theoretisch* (selbstverständlich unter den gleichen Bedienungen) immer das gleiche sein. Die Höhe der Verlässlichkeit wird über den *Reliabilitätskoeffizienten* ausgedrückt, der zwischen 0 und 1 sein kann. Ein Wert von 1 bedeutet die absolute Exaktheit eines Tests, bei 0 sind die Ergebnisse z. B. auf Messfehler zurückzuführen. Ein Test *sollte* (Norm!) einen Wert von > 0.7 haben.
Validität	Ein Test soll nur das Merkmal messen, welches durch das Testziel vorgegeben wird und kein anderes. Validität ist im Grunde das wichtigste Kriterium, weil es festlegt, ob ein Test überhaupt das misst, was gemessen werden wollte. Hier geht es also weniger um Messgenauigkeit, sondern um den Sinn von Items und Qualität der Fragen.
Nebengütekriterien	
Skalierung	Da ja Tests den „Ausprägungs*grad*" eines Merkmals erfassen und darstellen sollen, braucht es abgestufte Tabellen bzw. Listen. Sowohl interindividuelle Unterschiede als auch intraindividuell *gestuft* abgebildete individuelle Differenzen können mit Skalen dargestellt werden. Zu unterscheiden sind – *Nominalskalen*: gut vs. schlecht; männlich vs. weiblich; rot vs. grün vs. blau etc. → Entweder-oder-Charakter – *Ordinalskalen*: Notenskala (sehr gut, gut etc.); generell Abstufungen (wenig, mittel, viel) → Komparativer-Charakter (mehr als) – *Intervallskalen*: Temperatur nach Celsius; Intelligenzskalen (IQ-Werte) → metrischer Charakter (ohne natürlichen Nullpunkt) – *Verhältnisskalen*: Alter, Gewicht, Preis, Temperatur nach Kelvin → metrischer Charakter (mit natürlichem Nullpunkt)
Normierung (Eichung)	Als Grundlage für die Vergleichbarkeit eines individuellen Testwertes braucht es im besten Falle große und repräsentative Stichproben.

Nebengütekriterien	
Ökonomie	Aufwand und Nutzen sollten in einem vernünftigen Verhältnis stehen.
Nützlichkeit	Nicht alles, was gemessen wird, hat eine sicht- und spürbare praktische Wichtigkeit. Sofern dieser Test einen besonderen Wert bezüglich eines Bedürfnisses aufweist, ist er nützlich (keine „Testeritis"!).
Zumutbarkeit	Oft werden Kinder mit Testbatterien überrollt; sie geben dann nicht mehr jene Leistung wieder, die sie tatsächlich in der eigentlich zumutbaren Realsituation leisten könnten.
Unverfälschbarkeit	Viele Probanden sind so intelligent, dass sie das Ziel eines Tests durchschauen und den Test knacken. Gute Tests verhindern das.
Fairness	Frage ich einen 70-Jährigen nach den derzeit wichtigsten Popgruppen ist das gegenüber einem 16-Jährigen unfair.

Damit ist lediglich eine qualitativ und quantitativ hochwertige Aussage über die Form des Tests und die späteren statistischen Möglichkeiten gemacht, nicht aber über die Sinnhaftigkeit des Inhalts und der Ziele:

> *„Allein der Einsatz einer komplizierten statistischen Analyse macht aus einer im Übrigen dürftigen Forschungsarbeit noch längst keine bahnbrechende Wissenschaft!"* (Bortz 2005, V)

Beobachtungskategorien

Hierzu braucht es sachlich überzeugende und theoretisch verständliche Beobachtungskategorien. Eine bedeutsame **Kategorie** ist eine grundlegende, d. h. nach dem aktuellen Stand des Wissens nicht mehr hintergehbare, hochverdichtete Sammelbezeichnung für Einzelmerkmale eines Phänomens. Unter einer Kategorie ordnen sich demnach viele Teilkriterien zu einem theoretisch stimmigen Gesamtkonstrukt ein (z. B. das Bewegungsgleichgewicht). Die meist große Vielzahl an erklärenden Teilkriterien einer Kategorie bilden die theoretische Grundlage für die konkrete Beobachtbarkeit in realen Situationen. Hinweisschilder für die reale Sicht- oder Hörbarkeit von Kategorien stellen die Indikatoren dar, d. h. **Indikatoren** geben durch ihre äußerliche Erkennbarkeit in Form konkreter Bewegungsitems Hinweise auf die dahinterliegende Kategorie, ohne sie selbst zu sein (z. B. auf einem Bein stehen können / Einbeinstand).

messtheoretische Besonderheiten

Dabei gilt es messtheoretisch zu beachten, dass der Indikator (Testitem) tatsächlich die angenommene Kategorie spiegelt. In unserem Beispiel: Wird nach der Kategorie Gleichgewicht Ausschau gehalten, so wird sie nicht alleine von der vermeintlich passenden Bewegungsaufgabe des Einbeinstandes hinreichend abgedeckt (sportmotorischer Test Eurofit, Adam et al. 1988); auch der dynamische statt des bloß statischen Anteiles ist zu beachten, weshalb Vorwärts- und Rückwärtsgehen eine weitere sinnvolle Ergänzung darstellen (Blischke 2010a).

kritische Beurteilung

Bewegungskategorien müssen also über ihre erklärenden Kriterien logisch sinnvoll in eine verständliche Definition gebracht werden, sodass sie real in einem Test in Form beobachtbarer Indikatoren (Items) gemessen werden können. Diese wichtige Einschränkung gilt für alle motorischen Tests, da sie oft aufgrund von Testökonomie nur wenige Indikatoren (Testitems) anbieten, die möglichst breit die dahinterliegende Kategorie abdecken sollen. Frühpädagoginnen und -pädagogen sollten also kritisch jedes Testhandbuch nach der begründeten Entsprechung von Kategorie und Testitem prüfen, denn: Nichts ist so praktisch wie eine gute Theorie, und ohne theoretisierte Praxis intervenieren wir blind!

Problem der Interpretation

Ein zweites, daran anknüpfendes Problem bei der Bewegungsbeobachtung sind vorschnelle Urteile mit anschließender Schnellförderung. Von einem wahrnehmbaren Indikator (hier: Einbeinstand) kann jedoch nur *stellvertretend* auf eine Kategorie als theoretischem Konstrukt (hier: Gleichgewicht) geschlussfolgert werden. Diese vordergründig triviale Logik zeigt sich für die Pädagogik als großes alltägliches Problem, das in der Philosophie von David Hume (1739) als Sein-Sollen-Fehlschluss identifiziert wurde. Gemeint ist, dass wir von der nüchternen, an den beobachtbaren Tatsachen dokumentierten Beschreibung eines motorischen Phänomens (das Sein, was ist) nicht im Sinne eines 1:1-Verhältnisses auf eine bezügliche Norm (das Sollen, was zu tun ist) schlussfolgern können.

Übertragen auf die motorische Erstdiagnostik heißt das: Wenn ein Kind ein Problem mit dem Fangen von Bällen hat (das Sein), muss nicht immer ein pathologisches Auge-Hand-Koordinationsdefizit vorliegen, das therapiert werden muss (das Sollen); das Kind könnte auch schlicht Angst vor der Härte des Balles haben (Schmerzaversion).

erkenntnistheoretische Lücke

Will also eine Frühpädagogin bzw. ein Frühpädagoge ein Kind motorisch aufgrund der mehrmals getätigten Beobachtung fördern, so gilt es, sich stets bewusst zu machen, dass eine große erkenntnistheoretische Kluft besteht zwischen

- dem Beobachten eines motorischen Phänomens,
- dem Interpretieren dessen, was beobachtet wurde,
- dem Urteil über *Problem liegt vor vs. liegt nicht vor* sowie
- der Ableitung, was in angemessener Weise zu tun ist.

Zu wissen, was ein motorisches Phänomen mittels einer klar und eindeutig definierten Kategorie meint, ist der eine Schritt, selbige über tatsächliche, also das Konstrukt treffende Indikatoren zu identifizieren, ein zweiter, und die dazu noch passende Bewegungsintervention ein dritter.

motorisch-körperliche Leistungsfähigkeit

Das im deutschsprachigen Raum am weitesten verbreitete und empirisch gut belegte Theoriegebäude zur Bündelung motorischer Kategorien ist das **Konzept der motorischen bzw. körperlichen Fähigkeiten** (Roth 1982; Bös / Mechling 1983; Roth / Willimczik 1999; Bös / Schlenker et al. 2009). Ganz im Sinne nicht direkt beobachtbarer Kategorien stellen Fähigkeiten theoretisch zugrunde liegende Konstrukte für darauf bauende und sichtbare Fertigkeiten dar (Tab. 10).

Tab. 10: Fähigkeiten vs. Fertigkeiten im Vergleich

Fähigkeiten	**Fertigkeiten**
Kriterien: – nicht sichtbare, latente Konstrukte – der Innenaspekt von Bewegung – liegen den Fertigkeiten zugrunde; leistungsbestimmend für ganze Klassen von Bewegungen – situationsübergreifend – Entstehungsebene	*Kriterien:* – konkret beobachtbare Verhaltensebene – der Außenaspekt von Bewegung – ergeben sich als raumzeitliche Lösungen von äußeren Anforderungen aus den inneren Fähigkeiten – situations- und aufgabenbezogen – Ergebnisebene
Bsp.: – *Kondition* (energetischer Aspekt): • Ausdauer, Kraft, Schnelligkeit (Beweglichkeit als Sonderfall passiver Energieübertragung) – *Koordination* (informationeller Aspekt): je nach Modell mit 7 (Meinel / Schnabel 2007), 6 (Roth / Roth 2009) oder 5 Teilfähigkeiten (Hirtz 1985) bzw. Dimensionen	*Bsp.:* – *Abfolge* • fundamental → elementar → spezifisch (Alltag, Arbeit und Sport) – *Konstanz und Variabilität* • geschlossen (konstante Ausführung in einer konstanten Situation) • offen (variable Ausführung in einer variabler Situation)

Im Unterschied also zu einzelnen Bewegungsmustern (z. B. das Krabbeln, Gehen, Laufen, Springen, Klettern) zielt der Fähigkeitsansatz auf die grundlegenden Bedingungen menschlicher Motorik ab, d. h. es geht nicht um eine, sondern um *die* Bewegung und ihre energetisch-informationellen Strukturen als solche. Die speziell über einzelne Fertigkeiten sichtbare Bewegungsleistung wird also über die allgemeinen motorischen Fähigkeiten erklärt und kann insofern auch als motorische Leistungsfähigkeit über die Lebensspanne getestet werden (Abb. 11). Was allerdings auch zu erkennen ist, ist das Auslassen der Fähigkeitsentwicklung im Alter von 0 bis 5 Jahren, also genau dem Bereich frühkindlicher Entwicklung. Dies mag zum einen daran liegen, dass der Kraft, Ausdauer, Schnelligkeit und Koordination von Bewegungen bei Säuglingen und Kleinkindern aufgrund der schwierigeren Testbarkeit bisher weniger Beachtung geschenkt wurde und zum zweiten das Konzept motorischer Leistungsfähigkeit bislang eher sportmotorisch statt bewegungspädagogisch erforscht wurde.

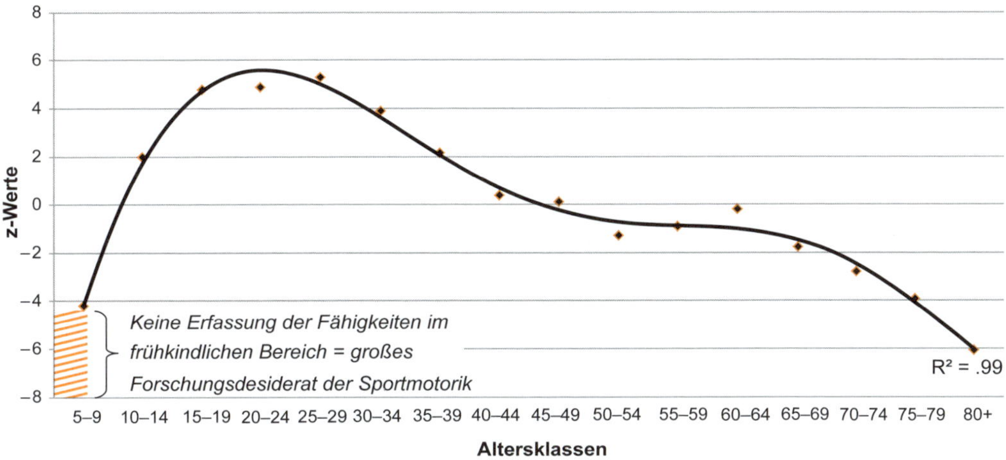

Abb. 11: (Sport-)Motorische Fähigkeiten und ihre Leistungsentwicklung über die Lebensspanne (Willimczik et al. 2006)

Eine zweite Form geschlossener Verfahren stellen die **Screenings** dar. Ziel dieser Rasterverfahren ist es, wie ein Sieb frühzeitig Auffälligkeiten zu erfassen, einzuordnen und einer näheren und tiefer gehenden Diagnostik zuzuführen. Vereinfacht gesprochen unterscheiden sich Screenings von Tests durch die Größe der Durchlässigkeit bzw. Präzision der Erfassung motorischer Auffälligkeiten (Bös / Scheid 1993). Frühpädagoginnen und -pädagogen ohne weitere Ausbildung in einem Test (Testzertifikat) können daher Screenings für den Beobachtungsalltag zur Erstdiagnostik nutzen. Generell sind Aus- und Fortbildungen zu geschlossenen Verfahren zu empfehlen.

geschlossene Verfahren: Screenings

Ein **Screening** ist ein großmaschiges Filterinstrument zur frühzeitigen Erfassung von Auffälligkeiten, die dann mit den engmaschigeren **Tests** bestätigt oder verworfen werden können.

Qualität und Praxistauglichkeit geschlossener Verfahren

Die mittlerweile in einer Vielzahl vorliegenden Tests und Screenings unterscheiden sich überdies in wissenschaftlicher Qualität und Praxistauglichkeit. Zur besseren Orientierung und leichteren Auswahl fasst Tabelle 11 valide und alltagstaugliche Verfahren für den frühkindlichen Bereich zusammen. Einen sehr breiten Überblick zu motorischen Tests generell bietet Bös (2001), einen testtheoretischen Validitätsvergleich zu motorischen Verfahren in der frühen Bildung erstellen Wagner et al. (2011), und ethische Folgen diagnostischen Handelns gibt Reichenbach zu bedenken (2010).

Tab. 11: Ausgewählte standardisierte Tests und Screenings für den motorischen und assoziierten Gesamtbereich für Kinder im Alter von 0 bis 6 Jahren

Tests			
Name und Autoren	*Altersbereich*	*Zielsetzung, Items & Kriterien*	*Dauer (Min.)*
BSID III („Bayley Scales of Infant and Toddler Development") von Bayley 2006	von 0;1 bis 3;6	allgemeiner Entwicklungstest aus der Pädiatrie mit fünf Hauptskalen (adaptives Verhalten Kognition, Sprache [rezeptiv/expressiv], Motorik [Fein-/Groß-], Sozialemotion), mit einer Vielzahl an kognitiven (91), sprachlichen (97), motorischen (138) Items; deutsche Normen nur für Bayley II	30–90
M-ABC 2 („Movement Assessment Battery for Children") von Henderson et al., dt. Adaption durch Petermann (Hrsg.) 2011 (3. Aufl.)	von 3;0 bis 16;11	Entwicklungstand von drei Hauptkomponenten motorischer Funktionen (Handgeschicklichkeit, Ballfertigkeit, statische und dynamische Balance) wird mit insgesamt acht Aufgaben (Items) in Hinblick auf Defizite (Entwicklungsstörungen) untersucht: Taler einwerfen; Perlen aufziehen; Spur nachzeichnen; Bohnensäckchen fangen sowie werfen; Ein-Bein-Stand; Laufen mit abgehobenen Fersen; Mattenhüpfen	25–30
Kinderturn-Test Plus von Bös et al. 2010 (entstanden aus Kinderturn-Test 2006 & dmt 2009)	von 3;0 bis 10;11	basierend auf dem Modell motorischer Leistungsfähigkeit altersabhängige Erhebung von entweder Kraft, Koordination, Beweglichkeit (3–5 Jahre) oder zusätzlich Schnelligkeit und Ausdauer (6–10 Jahre); vier Items bei den 3- sowie 4- bis 5-Jährigen plus acht Items bei den 6–10-Jährigen	15–40
MoTB 3–7 („Testbatterie zur Erfassung motorischer Leistungen im Vorschulalter") von Krombholz 2011	von 3;6 bis 7;11	Leistungsstanderhebung in den drei motorischen Hauptbereichen Fitness, Körperkoordination und Feinmotorik/Handgeschicklichkeit, aufgeteilt über 9 Testaufgaben: Balancieren vw.; sowie rw.; seitl. Hin- und Herspringen; Standweitsprung; Hüpfen vw. rechts; sowie vw. links; an Stange hängend halten; Pendellauf; Nachzeichnen	25–30

MOT („Motoriktest") von Zimmer/Volkamer 1987 (2. Aufl.)	von 4;0 bis 6;11	Entwicklungsstand allgemeiner motorischer Grundfähigkeiten mit 17 Items (+ 1 Probeitem), stellvertretend für die sieben Dimensionen gesamtkörperliche Gewandtheit und Beweglichkeit; feinmotorische Geschicklichkeit; Gleichgewichtsvermögen; Sprungkraft und Schnelligkeit; Bewegungsgenauigkeit; Reaktionsfähigkeit; Koordinationsfähigkeit	25–30
MoMo („Motorik-Modul – Teilmodul der Kindergesundheitsstudie KiGGS") Bös et al. 2004; Starker et al 2007; Opper et al. 2007; Bös et al. 2008	von 4;0 bis 17;11	Messung motorischer Leistungsfähigkeit, je nach Alter und Testdesigns 3- bis 4-fach dimensionalisiert in Kraft, Koordination und Beweglichkeit (bei den 4–10-Jährigen in der Kern-Version mit 6 Testitems: seitl. Hin- und Herspringen; Linie nachfahren; Einbeinstand; Stifte einstecken; Reaktion; Rumpfbeuge; in der ausführlichen Version mit 9 Items) plus der Ausdauer und einem zusätzlichen Kraftitem bei den 11–17-Jährigen	20–90
KTK („Körperkoordinationstest für Kinder") von Kiphard/Schilling 2007 (2. Aufl.)	von 5;0 bis 14;11	Entwicklungsstandsmessung der Gesamtkörperbeherrschung/-kontrolle von normalen und Kindern mit Behinderungen mit vier Aufgaben: Balancieren rückwärts (BR); monopedales Überhüpfen (MÜ); seitliches Hin- und Herspringen (SH) und seitliches Umsetzen (SU)	ca. 20
Screenings			
Name und Autoren	*Altersbereich*	*Zielsetzung, Items & Kriterien*	*Dauer (Min.)*
MONDEY („Milestones of Normal Development in Early Years") von Pauen 2011	von 0;1 bis ca. 3	Tagebuch zur allgemeinen Entwicklungsbeobachtung und –dokumentation; erfasst acht Teilbereiche (Grobmotorik, Feinmotorik, Wahrnehmung, Denken, Sprache, soziale Beziehungen, Selbstregulation, Gefühle) die wiederum in 111 Items konkretisiert werden, davon 37 für die Motorik	von wenigen Minuten bis über Tage
DDST II („Denver Development Screening Test") von Frankenburg/Dodds 1967; dito et al. 1992	von 0;1 bis ca. 6	Früherkennung von allgemeinen Entwicklungsrückständen mittels 125 Aufgaben, den vier Hauptbereichen Persönlich-Soziales, Feinmotorik und Adaption, Sprache, Großmotorik; Deutsche Entwicklungstabelle in Peters (1988)	20–30
EBD 3–48 Entwicklungsbeobachtung und -dokumentation von Petermann et al. 2012 (3. Aufl.)	von 0;3 bis 4;0	Erfassung von sechs Entwicklungsbereichen in Form strukturierter und systematisierter Bögen und Tafeln: Haltungs- und Bewegungssteuerung; Fein- und Visuomotorik; Sprache (rezeptiv und expressiv); Kognition, Soziales, Emotion; verteilt auf 216 Items, darunter 72 motorische (33%)	von wenigen Minuten bis über Tage

Screenings			
Name und Autoren	*Altersbereich*	*Zielsetzung, Items & Kriterien*	*Dauer (Min.)*
EBD 48–72 Entwicklungsbeobachtung und -dokumentation von Koglin et al. 2010	von 48 bis 6;0	Erfassung von sechs Entwicklungsbereichen in Form strukturierter und systematisierter Bögen und Tafeln: Haltungs- und Bewegungssteuerung; Fein- und Visuomotorik; Sprache (rezeptiv und expressiv); Kognition, Soziales, Emotion; verteilt auf 120 Items, darunter 40 motorische (33 %)	von wenigen Minuten bis über Tage

offene Verfahren

Die zweite Großform der Beobachtung kindlichen Verhaltens wird gemeinhin als **offene Vorgehensweise** bezeichnet. Sie kennzeichnet sich durch:

- ihren geringeren Grad an Systematisierung,
- bleibt für Veränderungen während der Beobachtung offen (ereignisorientiert bzw. prozessorientiert),
- fokussiert die momentanen Stärken und Interessen des Kindes, um sie in Form von Bildungszielen weiter auszubauen und
- eröffnet so einen nahtlosen Übergang von individueller Leistung und anschließender Förderung.

Grundlage: Welt- und Menschenbild

Das damit verbundene Beobachtungsverständnis spiegelt sich in einem grundlegend verschiedenen Welt- und Menschenbild, dessen Blick sich meist

- vom zerstückelnden Messen zum ganzheitlichen Sinn-Verstehen richtet und fließend vom isolierten Testen zum alltagsnahen Beobachten und Fördern geht, d.h. von der einfaktoriellen Spezialdiagnostik zur multifaktoriellen Allgemeinbeobachtung wechselt,
- vom Entwicklungsstand (Konstanz) zum Entwicklungsverlauf (individuelle Biografie) gleitet,
- von der externen erklärenden Ursachenanalyse und -forschung zur subjektiv plausiblen Lösungsfindung geht,

- vom Urteilen über das Kind zum Sprechen mit dem Kind und seinen Fähigkeiten kommt,
- von der Entwicklungslinearität auf mäandrierende (verschlungene bzw. kurvige) Verläufe bezieht,
- von der Segregation (Ausschluss) zur Integration geht und
- von der normierten Klassifikation zur individuellen Beschreibung (IEP = Individueller Entwicklungsplan) will (Reichenbach 2006; Eggert 2008).

Lern- und Bildungsgeschichten

Das in diesem Sinne in Deutschland gemäß Leu et al. (2007) am weitesten verbreitete Verfahren stellen die **Lern- und Bildungsgeschichten** dar. Die in den 1990er Jahren von Carr (2007) entwickelten Lerngeschichten (engl. learning stories) beziehen sich auf die individuelle Lerngeschichte (Bildungsbiografie) eines Kindes, die sich aus den dokumentierten Beobachtungen der begleitenden Pädagoginnen und Pädagogen ergibt und gemeinsam mit Kind und Eltern besprochen und mit Hinblick auf die Konsequenzen diskutiert werden. Der Blick wird dabei weniger von bis zu einem bestimmten Alter zu erreichenden Fertigkeiten oder *Meilensteine* gelenkt, sondern von fünf grundsätzlichen Lerndispositionen, die das Lernen und die subjektive Bildung generell steuern:

1. interessiert sein,
2. engagiert sein,
3. Schwierigkeiten standhalten und überwinden,
4. sich ausdrücken und mitteilen (kommunizieren) sowie
5. kooperieren und Verantwortung in der Lerngemeinschaft zeigen.

motorische Lerngeschichten

Da die Beobachtung dieser sehr allgemein gehaltenen Grundsatzstrategien ebenso allgemein auf die Entwicklungsbereiche übergreift, ist die spezifische Anwendung auf den motorischen Bereich in Form **motorischer Lerngeschichten** ein vergleichsweise unbesetztes Forschungsfeld. Einen verwandten Ansatz hierzu stellt das „Diagnostische Inventar motorischer Basiskompetenzen (dmb)“ von Eggert (2008) dar, das ebenfalls fünf allgemeine motorische und darüber hinaus drei sensorische Dispositionen definiert. Die Beobachtungsprämisse betont die Erziehung durch Bewegung statt zur Bewegung (vgl. Einleitung dieses Buches) und wird konkret über 20 motorische Kernaufgaben konkretisiert, die stark variiert und den individuellen Möglichkeiten des Kindes angepasst werden können. Ziel ist auch hier, über individuelle Entwicklungspläne (IEP) das individuelle Reservoir an motorischen Basiskompetenzen zu erfassen, wie sie in der Aufgabenbewältigung eingesetzt werden, um die jeweiligen Stärken des Kindes zu entdecken, zu fördern bzw. Schwächen zu mindern.

allumfassender Fokus vs. konzentrierte Teilbeobachtung

Insbesondere die offenen Verfahren weisen darauf hin, dass die Beobachtung von Kindern stets alle Entwicklungsbereiche im Fokus haben sollte. Dies ist vom pädagogischen Standpunkt her zweifelsfrei zu bejahen, aus diagnostischer bzw. testpsychologischer Perspektive allerdings bleibt die Schwierigkeit der großen Datenmenge, die allein mit der ganzheitlichen Erfassung eines einzigen Kindes über einen längeren Zeitraum einhergeht. Ratsam ist deshalb eine konzentrierte Beobachtung aller wichtigen Teilbereiche, die in ihren Besonderheiten bekannt sind und so von der pädagogischen Fachkraft wahrgenommen werden können. Kapitel 3 wird hierzu Orientierung bieten für die Bereiche des kindlichen Körpers und seiner Sinne, der Kognition, der Sprache und der Sozialemotion. Erst wenn diese zentralen Entwicklungsbereiche verstanden sind, können Aussagen zur gezielten Intervention des motorischen Entwicklungsbereiches pädagogisch sinnvoll getätigt werden (Kap. 6).

Vor diesem Hintergrund folgen nun die zusammenfassenden Empfehlungen zur Bewegungsbeobachtung bzw. Erstdiagnostik für die Praxis pädagogischer Fachkräfte in der frühen Bewegungserziehung.

2.3 Empfehlungen für die bewegungserzieherische Praxis

- Die Entwicklung des Kindes kann immer aus der Sicht extern standardisierter Normen (interindividuell) und ihren Ansprüchen ans Kind geschehen oder aus Sicht des jeweiligen Kindes (intraindividuell) und seiner einzigartigen Entwicklung, die nicht normkonform ist und trotzdem gesund sein kann (z. B. bedeutet ein Hinfallen beim Kind nicht gleichermaßen eine entwicklungsgestörte Auffälligkeit).

- Mit der Zunahme an Komplexität eines Bewegungsmusters nimmt die Variabilität ihrer Beherrschung zu, sowohl zeitlich als auch in der Ausführung: Abweichungen von der Norm sind die Regel, nicht die Ausnahme!

- Meilensteine sind keine Grenzsteine. Richtet sich der Blick bei Erstgenannten meist auf die Normmitte, zeigt sich der Blick auf die Normränder bei den Grenzsteinen entspannter. Doch für beide gilt: Nehmen Sie altersbezogene Normtabellen zwar als Orientierung, aber nicht als letzte Wahrheit!

- Die diagnostischen Ressourcen pädagogischer Fachkräfte in der frühen Bildung sind begrenzt. Relativieren Sie Ihre eigenen Ansprüche auf eine Bewegungsbeobachtung bzw. auf eine Erstdiagnostik, die aufmerksam wahrnimmt, präzise dokumentiert, gemeinsam mit Kolleginnen, Kollegen und Eltern interpretiert und dann zu einem begründeten Urteil kommt. Pädagogische Bewegungsbeobachtung legt die Grundlagen einer medizinischen Bewegungsdiagnostik; sie ersetzt sie aber nicht!

- Pädagogische Bewegungsbeobachtung ist primärpräventiv. Die Aufgabe besteht im unaufgeregten Entdecken von nahenden Schwächen und Rückständen. Suchen Sie dabei nicht nur nach den Defiziten, sondern auch und vor allem nach dem, was das Kind im Rahmen seiner Möglichkeiten gut kann. Schwächen Sie Schwächen, stärken Sie Stärken!

- Weder nur Tests noch die bloße Offenheit nützen dem Kind umfassend. Stellen Sie eine ausgewogene Mischung aus ergebnisorientierten Tests mit entstehungsorientierten Begleitverfahren her, da beide Verfahren ihre Berechtigung haben. Kinder wollen selbst Rückmeldung zu Ergebnis *und* Entstehung; es ihnen vorzuenthalten ist pädagogisch fragwürdig. Testen Sie selten, aber kontinuierlich; begleiten Sie immer!

- Tests sind wissenschaftliche Instrumente, deren Güte von Kriterien abhängt. Sie vollständig zu verstehen und kompetent anzuwenden, braucht deshalb Zeit, Wissen und Können. Gute Tests brauchen gute Anwender – lassen Sie sich ausbilden!

- Suchen Sie im Zweifelsfall über den Kinderarzt Rat bei örtlichen Frühförderstellen und/oder kreisübergreifenden sozialpädiatrischen Zentren (SPZ).

1. Grenzsteine sind keine Meilensteine. Worin liegt dann aber der genaue Unterschied zwischen den Begriffen?

2. Warum sind die aus der Neuropädiatrie stammenden Grenzsteine für Pädagoginnen und Pädagogen zunächst einmal wenig zu gebrauchen?

3. Erklären Sie den Unterschied zwischen Variabilität und Plastizität!

4. Definieren Sie den säkularen Trend bzw. die säkulare Akzeleration!

5. Inwiefern kann am Beispiel der DCD (Developmental Coordination Disorder) die Schwierigkeit des Diagnostikbegriffs für Frühpädagoginnen und -pädagogen verdeutlicht werden?

6. In Abbildung 10 wird eine Beobachtungs- und Dokumentationsabfolge empfohlen. Welche Phase sehen Sie Ihrer Meinung nach als die schwierigste an?

7. Tabelle 9 zeigt die wesentlichen Haupt- und Nebengütekriterien von Tests, um deren Wissenschaftlichkeit zu sichern. Welches der drei Hauptgütekriterien dürfte wohl das wichtigste sein?

8. Unterscheiden Sie die drei Begriffe Kategorie, Kriterium und Indikator am Beispiel der Gleichgewichtsfähigkeit!

9. Offene Verfahren (z. B. Lerngeschichten) sind wissenschaftlich betrachtet weniger präzise als geschlossene Verfahren. Wo könnten dennoch auch Vorteile in der Benutzung dieser weniger genauen Verfahren liegen?

Hintergrundinformationen, Statistik und nützliche Links, z. B. wo sich die nächstgelegene Frühförderstelle befindet, zu Frühförderung in Deutschland gibt es unter http://www.fruehfoerderstellen.de, 20.09.2013.

Fachlich und wissenschaftlich fundierte Informationen allgemein zur Entwicklungs- und Leistungsdiagnostik im Kindes- und Jugendalter finden Sie unter http://www.entwicklungsdiagnostik.de, 22.09.2013.

Die Grenzsteine der Entwicklung von Laewen (2008) finden Sie unter http://www.mbjs.brandenburg.de/media/5lbm1.c.107479.de, 22.09.13.

3 Zusammenhang von Bewegung und anderen Entwicklungsbereichen

Frühe Bewegungserziehung besteht nicht im bloßen Training für eine höhere Gesamtkörpergeschicklichkeit im Sinne einer evolutionären Fitness. Vielmehr geht es um die systematische Anregung von Bewegungen, die Lebenssinn stiften, weil sie das ganze Kind herausfordern. Zu dieser Ganzheit gehören körperlich-sinnliche, kognitive, sprachliche und sozialemotionale Anteile, die nicht additiv nebeneinander stehen, sondern synergetisch zu betrachten sind. Die Motorik stellt das Mittel, aber auch den Zweck selbst dar, damit diese Persönlichkeitsanteile optimal entwickelt werden.

3.1 Körper und Sinne

Fassen wir das Wachstum des menschlichen Organismus in Zahlen, wird nicht nur die Größe und Geschwindigkeit seiner Entwicklung klar, sondern auch die immense Bedeutung für Psyche und Verhalten insbesondere bei Kindern: So besteht der erwachsene Mensch aus rund 100 Billionen Zellen (10^{14}), wovon die Nervenzellen aneinandergereiht eine Strecke von der Erde bis zum Mond und zurück ergeben und dabei pro Sekunde 50 Millionen Zellen auf- oder abgebaut werden (Kunsch / Kunsch 2007).

Wachstumswunder Körper

Gemessen an der durchschnittlichen Lebenserwartung in Deutschland (WHO 2012) wachsen wir rund 25 % unseres Lebens, stagnieren für weitere rund 25 %, um danach 50 % abzubauen und zu schrumpfen. Dabei werden wir von der Geburt bis zum Erwachsenenalter im Schnitt rund 23 mal schwerer bei durchschnittlich 75,6 kg und rund 3,5 mal größer bei durchschnittlich 172 cm (Frauen: 68,1 kg bei 165 cm; Männer: 83,4 kg bei 178 cm) (WHO 2006b; destatis 2009). Dieses massive Wachsen (Zunahme) verläuft dabei weder in linearen Kurven noch in zeitlicher Kontinuität. Vielmehr erleben Kinder z. B. bei der Körpergröße starke Schübe, die innerhalb weniger Tage mehrere Zentimeter voranschreiten können, um danach wieder für mehrere Tage bis Wochen zu ruhen (Lampl 1993; Lampl / Johnson 1997).

Wachstum als Stressphase

Ein auch für Eltern meist eindrückliches Beispiel für die Auswirkungen körperlicher Wachstumsprozesse auf die frühkindliche Motorik stellt das Zahnwachstum dar. Die im Zahnfleisch angelegten 20 Milchzähne brechen über den Zeitraum von bis zu zwei Jahren meist mit vielen Schmerzen durch (Lehmann et al. 2012). Der kindliche Körper beschäftigt sich nun sehr stark mit dieser Veränderung in Form von Fieber, roten Backen, Hautpusteln, vermehrter Schleimabsonderung (Sabbern) oder auch Durchfall. Der für diese Veränderung aufgebrachte **Adaptionsaufwand** ist so hoch, dass die Energie oft für andere Entwicklungsbereiche fehlt, was bisweilen zur Stagnation führt.

Auswirkungen auf Verhalten und Motorik

So wird auf psychosozialer bzw. motorischer Verhaltensebene das Kind oft ängstlicher, kuschelt und klammert sich häufig an die Eltern, schreit und weint viel, schläft unruhig und beißt bzw. knabbert an allen in das Greiffeld kommenden Objekte. Die Auswirkungen dieser körperlichen Veränderung auf die Motorik sind also enorm. Das Wachsen stellt bis zum Ende der Pubertät eine komplexe und anforderungsstarke Entwicklungsaufgabe dar, weshalb es als wesentlicher Bestandteil der Bewegungserziehung zu betrachten ist.

Größe und Gewicht

Meist bezieht sich die moderne **Anthropometrie** (Vermessung des Menschen) auf drei Bereiche somatischer Entwicklung, die aufgrund ihrer relativ einfachen Messbarkeit (Baracos et al. 2012) als Indikatoren für körperliche Veränderung dienen:

- Körpergröße (Körperlänge bei Kindern im Alter von 0 bis 2 Jahren im Liegen, Körperhöhe ab 2 Jahren im Stehen),
- Körpermasse (Gewicht sowie Muskel-Fett-Verhältnis),
- Körperbau (Morphologie und Typ) und

- Körperproportionen (Längenverhältnisse) (Fröhner 2009; Neuhauser et al. 2011).

frühe Wachstumsphasen

Das Wachstum der Körpergröße nimmt nach der Geburt bis zum ersten Lebensjahr so stark zu wie zu keinem anderen Zeitpunkt mehr, bis die Pubertät beginnt. Jungen unterscheiden sich hierbei nur wenig von den Mädchen. Nach dem ersten Lebensjahr erhöht sich die Variabilität zwischen sehr großen (> 97. Perzentile) und sehr kleinen Kindern (< 3. Perzentile), d.h. sie fächert sich auf. Mit Ende des siebten Lebensjahres hat ein durchschnittliches Kind im globalen Vergleich (WHO 2006c/2006d/2007) dann eine Körpergröße von ca. 122 cm (Abb. 12), ein deutsches Kind liegt bei ca. 124 cm (124,4 cm bei Jungen, 123,6 cm bei Mädchen, Kromeyer-Hauschild et al. 2001).

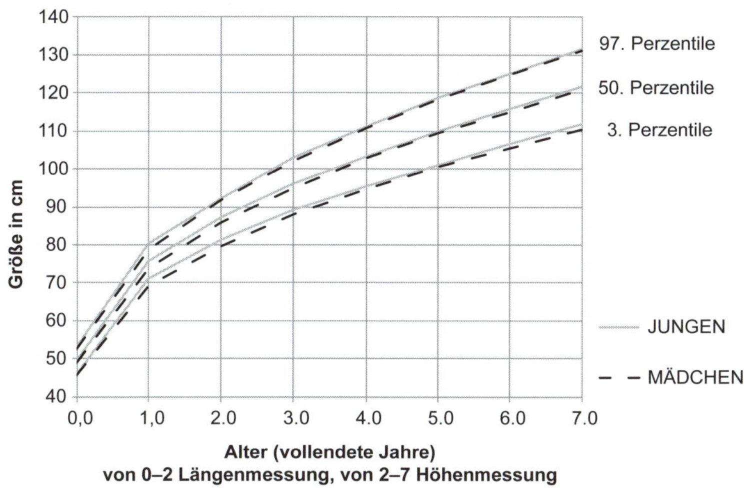

Abb. 12: Größenwachstum im globalen Geschlechtervergleich bei Kindern im Alter von 0 bis 7 Jahren (nach WHO 2006c/2006d/2007)

Bei der Körpermasseberechnung (Gewicht) finden wir einen sehr ähnlichen Verlauf, wenngleich die Auffächerung bis zum siebten Lebensjahr breiter ist und auf die stark variierende Gewichtsverteilung von Vorschulkindern verweist (Abb. 13).

Body-Mass-Index

Aus dem besonderen Verhältnis beider Richtwerte (Körpermasse in kg/Körpergröße in m²) wird der Body-Mass-Index (BMI) gewonnen, der eine annäherungsweise Aussage (Schätzung) zu Übergewicht bzw. zur stärkeren Fettleibigkeit (**Adipositas**) ermöglicht (Abb. 14).

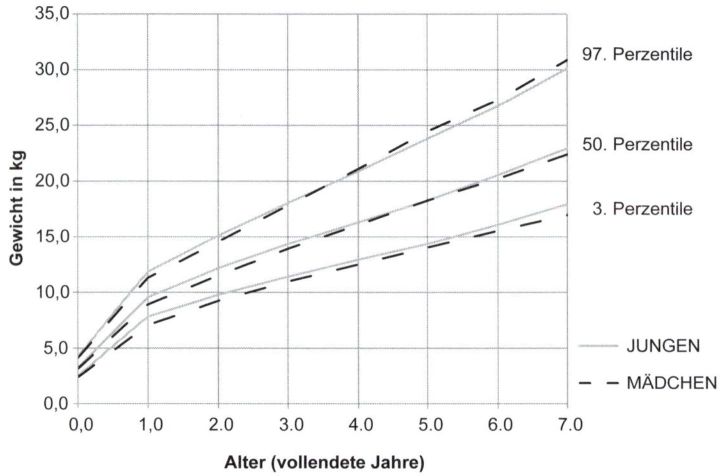

Abb. 13: Gewichtswachstum im globalen Geschlechtervergleich bei Kindern im Alter von 0 bis 7 Jahren (nach WHO 2006c/2006d/2007)

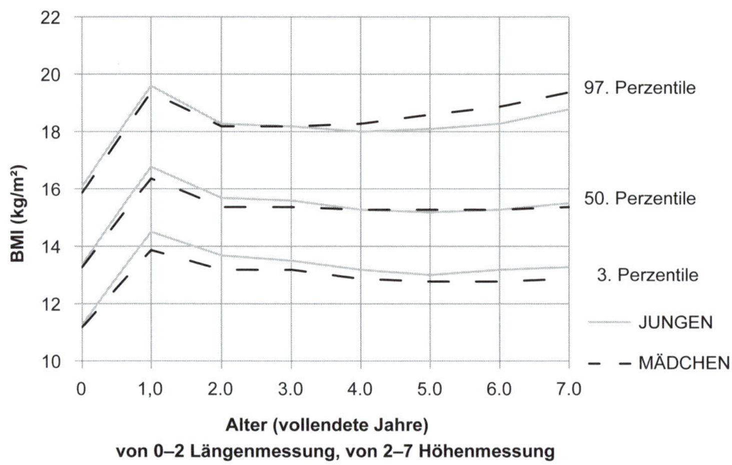

Abb. 14: BMI im globalen Geschlechtervergleich bei Kindern im Alter von 0 bis 7 Jahren (nach WHO 2006c/2006d/2007)

Adipositas

Für Deutschland ermittelten Kurth/Schaffrath Rosario (2006/2007) ein Übergewicht von 8,9% bei Jungen und 9,3% bei Mädchen jeweils im Alter von 3 bis 6 Jahren. Die Adipositas verteilt sich auf 2,5% Jungen und 3,3% Mädchen (2,9% insgesamt) gleichen Alters. Dieser Anteil verdoppelt sich jeweils im Grundschulalter.

Risikogruppen

Als Risikogruppen gelten Kinder mit niedrigem Sozialstatus, mit Migrationshintergrund und Kinder, deren Mütter selbst übergewichtig bzw. adipös sind, was den genetischen Einfluss einerseits, aber auch die ernährungs- und bewegungsbezogene Vorbildfunktion der Mutter andererseits erklären dürfte.

Einflussfaktoren

Die empirisch belegbaren Einflussfaktoren für die starke Auffächerung zwischen den Extremen der Perzentilkurven werden in der Literatur vielfältig diskutiert (Fröhner 2009; Berk 2011):

- **Vererbung** und die damit **einhergehende Hormonsteuerung** (Somatotropin [STH] sowie Thyreotropin [TSH] und Thyroxin), d. h. insbesondere die Körpergröße der Eltern entscheidet über die zukünftige Körpergröße der Kinder mit (sogenannte Körpergrößenrechner, Websiteempfehlung Kap. 3.5);
- **Umweltgifte** (Blei, Bisphenole, Phtalate, aber auch Alkohol und Nikotin), denn neben der Wachstumshemmung werden ihnen auch Fruchtbarkeitsveränderungen zugesprochen;
- **Ernährung** und der damit verbesserten Zugänglichkeit hochwertiger Energielieferanten in Form von Eiweiß und Zucker (Hilbig et al. 2011) wird eine wachstumsbeschleunigende Funktion zugeschrieben;
- **Schlaf**, denn mehr Nachtschlaf und kurze Schlafpausen am Mittag (Nickerchen) erhöhen das Körperwachstum (Lampl / Johnson 2011);
- **sozioökonomischer Status** der Eltern, denn das Einkommen bzw. die Arbeitslosigkeit der Eltern geht mit kleinerer Körperhöhe der Kinder einher (Baten / Böhm 2010);
- **emotionaler Stress** bzw. Wohlbefinden, da psychosozial und somit emotional gestresste Kinder (Gewalt in der Familie, Missbrauch) kleiner sind als emotional wohlbefindliche Kinder (Gohlke / Stanhope 2002);
- **Krankheiten und Infektionen** sowie
- **Bewegungsreize**, denn ihnen wird ein positiver Einfluss insofern bescheinigt, als eine angemessene motorische Reizsetzung die Muskelkraft erhöht und das damit funktionell verbundene Skelettalsystem ebenfalls in Form einer erhöhten Knochenfestigkeit, -masse und verbesserten -geometrie adaptiert (Schönau / Fricke 2006).

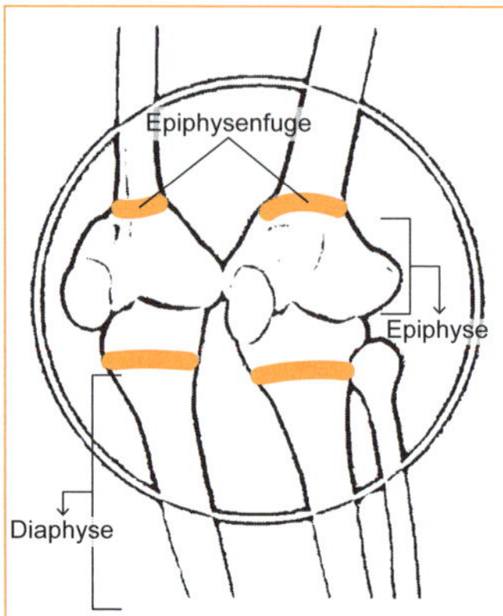

Die Epiphysen- oder Wachstumsfuge bezeichnet die weiche Knorpelfuge zwischen dem Endstück eines Röhrenknochens (Epiphyse) und dem Mittelstück (Diaphyse), im Bild orange gekennzeichnet. Die Epiphysenfugen gehen meist bis ca. zum Ende des 20. Lebensjahres von einem knorpeligen in einen verknöcherten Zustand über und schließen das Ende des skelettalen Längenwachstums ab (Synostosierung). Übermäßige Reizsetzung z.B. durch zu hohe Sprünge auf harten Asphalt schädigen das noch weiche Gewebe.
Dennoch gilt: Entwicklung braucht Reize! Ist der Reiz angemessen stark, verändert sich der Organismus auf zellulärer Ebene, d.h., er passt sich den neuen Umweltbedingungen an, sodass er bei der nächsten auftretenden Last vorbereitet ist. Dieser Vorgang betrifft strukturelle Veränderungen, morphologisch (Baustoffe) und Veränderungen der Arbeitsweise, funktionell (Betriebsstoffe). Die Regel lautet dabei: Muskeladaption binnen Wochen und passive Strukturen binnen Monate und Jahre.

Abb. 15: Die Epiphysenfuge (Wachstumsfuge) als Zone des verletzlichen Knochenlängenwachstums (Jerosch et al. 2002; Kornexl 2009; Paulsen / Waschke 2010)

gezielter Reizeinsatz

Die besondere bewegungserzieherische Konsequenz zeigt sich in Anbetracht des letzten Punktes in der gezielten Reizsetzung für das Muskel- und Skelettsystem. Als dritter Bereich der somatischen Entwicklung kennzeichnet sich der Körperbau von 0- bis 6-Jährigen durch sehr elastische Bänder, Sehnen und weiche Wachstumsfugen / Epiphysenfugen, d. h. es findet sich noch keine abgeschlossene Verknöcherung (Abb. 15).

Wachstumsschmerzen

Zu diesen verletzlichen Bedingungen des passiven Bewegungsapparates (skelettaler Stützapparat) kommt ein noch geringer Muskel- und somit kleinerer Schutzanteil hinzu mit – im Vergleich zum Erwachsenen mittleren Alters – natürlich hohem Fettanteil. Sogenannte Wachstumsschmerzen resultieren häufig von zu starken Belastungsreizen auf die Epiphysenfuge, weshalb die Landeflächen (z. B. Sand, Rindenmulch, Gummi) auf Spielplätzen europaweit durch gut erforschte Normen wie die DIN EN 1176 kindgerecht ausgestattet sein müssen (Agde et al. 2009).

Körperproportionen

Eng verbunden mit dem Längenwachstum sind die Körperproportionen, die bei 0- bis 6-Jährigen generelle Charakteristika zeigen. Dazu gehören im ersten Lebensjahr ein großer Kopf im Verhältnis zu anderen Gliedern und zum Rumpf, ein walzenförmiger und gedrungener Rumpf (gewölbter Bauch), der sogenannte Babyspeck und kurze, meist angewinkelte Extremitäten. Im Kindergartenalter zeigt sich eine zunehmende körperbauliche Differenzierung und Harmonisierung, die unmittelbare motorische Konsequenzen hat. Neben einer ökonomischeren Bewegungsweise kann das Kind nun auch das Gleichgewicht besser halten (kleinerer Kopf im Verhältnis zum Rumpf bei stärkerer Beinmuskulatur) (Abb. 16). Dies ist mitunter ein Grund, warum das Erlernen des Gehens so lange dauert.

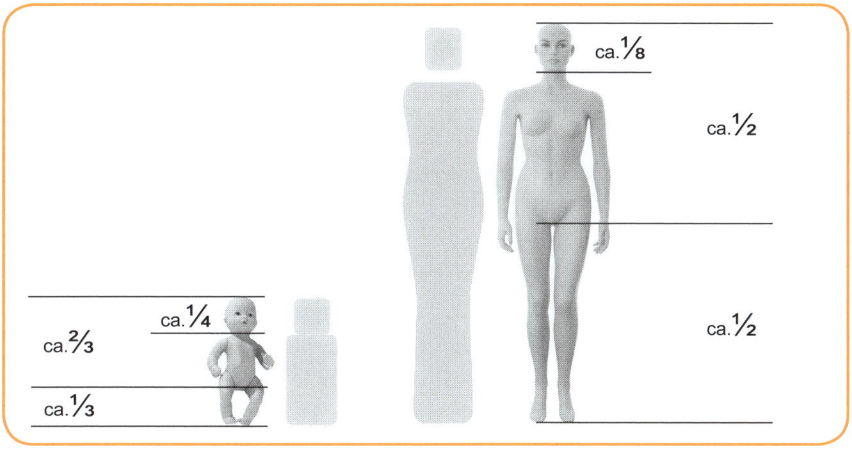

Abb. 16: Körperproportionen im Vergleich von Säugling zu Erwachsenem

säkulare Trends

Wie bei der motorischen gibt es auch bei der körperlichen Entwicklung eine große Streubreite sowohl intra- als auch interindividuell. Die wissenschaftlich strittige Frage ist, ob und falls ja, in welcher Weise die Gesellschaft über die Generationen hinweg Einfluss auf diese Veränderungen nimmt. Dieser vermutete säkulare Trend wird zumindest in zwei Bereichen erhärtet: die zunehmende Körperhöhe und die frühere Geschlechtsreife. Letztgenanntes betrifft sowohl Mädchen mit rund zehn Jahren (Aksglaede et al. 2009) als auch Jungen (Goldstein 2011) mit rund elf Jahren. Bei der Körperhöhe stellen Hirtz und Forschungszirkel (2007) eine Zunahme von 13 bis 16 cm und 6 bis 9 kg bei der Körpermasse in den letzten 130 Jahren fest. Die Prognose von Fröhner (2009) geht von einer anhaltenden Wachstumszunahme von 1 bis 2 cm und 1 bis 2 kg pro Jahrzehnt aus.

Prognose

Linear gedacht, dürfte somit ein im Jahre 2014 in der BRD geborenes

Kind im Durchschnitt seines Lebens auf rund 174 cm Körpergröße bei rund 78 kg Körpermasse kommen.

alltagspraktische Folgen

Einige alltagspraktische Folgen in den nächsten Jahrzehnten sind eine erhöhte Nahrungszufuhr (höherer Kalorienbedarf), veränderte Konfektionsgrößen und nicht zuletzt die Notwendigkeit neuer Perzentilkurven.

Wachsen als Aufgabe

Das kindliche Wachsen als Entwicklungsaufgabe ist nicht nur in Anbetracht numerischer Größen beeindruckend.

Wachstum als kinderliterarisches Thema

Als stark sozialemotionale und körpersinnliche Herausforderung wird sie überdies und genau deshalb in vielen Geschichten, die als Weltliteratur viele Menschen bewegen, zur besseren Bewältigung für Kinder thematisiert: Gullivers Reisen, Pettersson und Findus, Alice im Wunderland u. a. erzählen von der großen Bedeutung des Wachsens für Verhalten und Psyche. Eine besondere Moral der genannten Kindergeschichten wird dabei stets gezogen, nämlich einerseits die durch das Wachstum oder Schrumpfen veränderte Wahrnehmung der Welt und andererseits die damit meist einhergehenden erweiterten bzw. verhinderten Handlungsmöglichkeiten.

kindliche Wahrnehmung eigenen Wachstums

Kinder erleben die Konsequenzen des Wachsens von klein auf bis zur Pubertät manchmal als eine Art Scheitern, da die von mehrfach größeren Erwachsenen gestaltete Welt dem kleineren Kinderkörper oft das eigene Unvermögen aufzeigt. Kleinkinder regulieren die motorische Verhinderung einer Zielerreichung (z. B. aufgrund der Kürze der Arme nicht an den gewünschten Gegenstand kommen) deshalb oft mit Trauer (Weinen) und / oder Wut (Kap. 3.4). Im umgekehrten Fall schafft das erfolgreiche sinnliche Einholen von Information aus der Umwelt (z. B. durch das gelungene Erfassen (Tastsinn) eines Gegenstandes) große Befriedigung.

Rolle der Sinne

Die evolutionäre Erklärung hierfür liegt in der essenziellen Funktion der Sinne für unseren Organismus. Die Rolle der Sinne liegt in der aktiven Einholung oder beiläufigen Aufnahme potenziell überlebensdienlicher Information sowohl von außen als auch von innen (körperinterne Vorgänge) zur Kontrolle und Überprüfung des aktuellen organismischen Zustandes (Ray 2013).

schützende Prozesse

Als lebender Organismus mit den damit einhergehenden **permanenten Auf- und Abbau-, Versorgungs- und Entledigungsprozessen** sind wir aus Selbstschutzgründen existenziell auf die stetige Beantwortung der Frage angewiesen: Werden die Lebensbedürfnisse gefährdet, gestillt oder gefördert? Das Ergebnis dieser Auswertung wird in Form von *E-Motionen* verstärkt und setzt uns zielgerichtet in Bewegung (Motion) (Sun / Wilson 2011).

Notwendigkeit von Sinnesförderung

Deshalb liegt die pädagogische Legitimation von Sinnesförderung nicht in der bloßen Aktivierung von Sensoren und ihren Nervenleitungen, sondern in der bewussten Schaffung der Möglichkeiten für Kinder, ihr eigenes Bewegungshandeln als sinnvoll zu erleben (Kap. 5).

Bewegung als Zweck

Bewegungslust ist der Ausdruck inneren Lebenssinns, der sich über die sinnlich geprüfte Sicherheit des eigenen organismischen Status einstellt: Der menschliche Körper stellt Fragen an sich und die Umwelt, die Sinne liefern über den bewegten Körper die Information hierfür, gleichzeitig überwachen die Sinne die Bewegungsausführung und die Antwort darauf ist wiederum eine angepasste Bewegung. Bewegung kann also nicht nur das Mittel, sondern auch der Zweck für die Wahrnehmung sein.

wahrnehmungspsychologische Ansätze

Als **unauflösliche Wechselbeziehung von Wahrnehmung und Bewegung** wurde dieser fundamentale Vorgang von Weizsäcker (1947) als sogenannter *Gestaltkreis* beschrieben. In der modernen Wahrnehmungspsychologie wird von Perception-Action-Cycle (Cutsuridis et al. 2011) bzw. von Action-for-perception-and-perception-for-action-Paradigma gesprochen (Thelen 2000; Zwickel 2007; Witt 2011).

Experiment nach Bexton

Ein drastisches Beispiel dafür, wie sehr der Mensch auf seine Sinne angewiesen ist, liefert die Pionierforschung von Bexton et al. (1954). In von der Außenwelt abgeschirmten Kammern sollten 22 männliche Probanden mehrere Tage verbringen. Ihnen wurden währenddessen stark Licht dämmende Brillen aufgesetzt sowie Handschuhe und Manschetten angezogen, welche den Tastsinn eindämmen sollten. Der Hörsinn wurde durch Schalldämmung nach außen sowie monotone Hintergrundgeräusche im Inneren reduziert. Die Gesamtheit aller Maßnahmen zur Minimierung der Sinnesinformation führte bei einigen Probanden zum vorzeitigen Abbruch des Experiments. Allgemein zeigten sich eine hohe Ruhelosigkeit und die ständige Suche nach Reizen und Aktivität (z. B. Selbstgespräche, vermehrtes Herumlaufen, Singen und Pfeifen). Neben der wachsenden Zunahme körperlicher Aktivität im Laufe des Experiments zeigt sich eine erhöhte emotionale Labilität, starker Konzentrationsverlust sowie das Abdriften in Tagträume bis hin zu Halluzinationen. Schließlich berichteten einige Probanden von körperlichen Dissoziationen, d. h. dem Abspalten eines zweiten Körpers vom eigenen und somit den Verlust des Körperschemas (Abb. 17).

Folgen von Deprivation

Die von Bexton et al. erforschte **sensorische Deprivation** (Sinnesentzug/-verlust), die in Deutschland vor allem im Pflegebereich zur Verbesserung der Pflegebedingungen aufgegriffen wurden (Buchholz et al. 1998; Rosenberg 2005), zeigt auf extreme Weise, was geschieht, wenn Sinne nicht mehr ihrer evolutionären Funktion gemäß arbeiten dürfen: Da das Hirn nach Informationen verlangt, aber keine erhält, schafft sich das Hirn selbst welche, indem es die verbliebenen Daten aus dem Gedächtnis verwendet und daraus neue kreiert und mit sich selbst beschäftigt (z. B. in Form von Selbstgesprächen oder als Halluzinationen).

Auswirkungen bis ins Erwachsenenalter

Dieses Prinzip des Zusammenhangs von sinnlicher Informationsaufnahme und gesunder Hirnaktivität stellt die bewegungserzieherische Norm zur vielsinnlichen, also *sinnvollen* Bewegung von Kindern dar. Dies gilt umso mehr, als sich die Ausreifung der Sinne in den ersten Lebensjahren am schnellsten und empfänglichsten vollzieht (Eliot 2010; Jovanovic / Schwarzer 2011). Auf extreme Weise zeigt sich die veränderte Einflussnahme auf die natürliche und in „vulnerablen Phasen“ (Handwerker 2006, 192) verlaufende kindliche Hirnentwicklung bei Frühgeborenen: Das noch nicht auf die postnatalen Umweltbedingungen vorbereitete Hirn Frühgeborener ist verletzlicher und damit gegenüber Störungen empfänglicher, was in einer Vielzahl von körperlichen, psychischen und das Verhalten betreffende Störungen im späteren Jugend- und Erwachsenenalter münden kann (Friese 2000; Sarimski 2000).

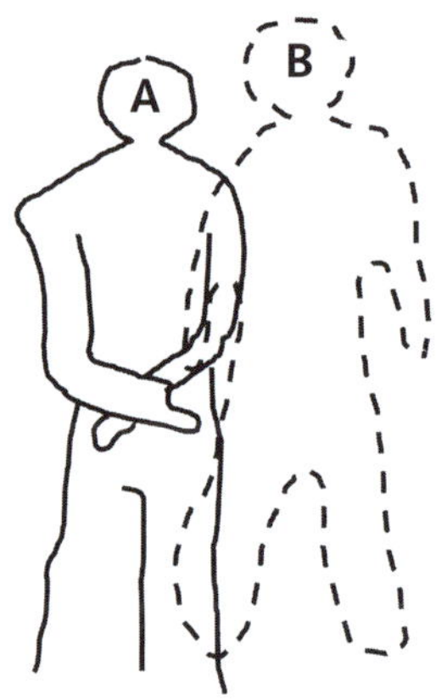

Abb. 17: Verlust des Körperschemas nach mehrtägiger, fast vollständiger Ausschaltung sinnlicher Informationsaufnahme; Selbstdarstellung eines Probanden (Bexton et al. 1954)

Aufbau des Sinnsystems

Ein leichteres Verständnis über den untrennbaren Zusammenhang von Wahrnehmung, Bewegung und geistigen Prozessen liefert das Wissen über den Aufbau und die Prozesse unseres Sinnsystems. Bei fast allen Sinnen, mit Ausnahme des Riechsystems, können wir eine bestimmte funktionell-anatomische Abfolge der Informationsverarbeitung beobachten (Abb. 18).

Objektivität vs. subjektive Bewertung

Mithilfe unserer sieben humanspezifischen und über Jahrmillionen entwickelten Sinne nehmen wir die Umwelt und unseren eigenen Körper höchst individuell wahr. Zwar gibt es wie beschrieben objektive funktionell-anatomische Strukturen; allerdings ist die Ver- und Bewertung der Impulse

Der Impuls:
Eintreffen chemophysikalischer Impulse aus der äußeren Umwelt (exterozeptiv) sowie dem eigenen Körperinneren (interozeptiv) auf die verschiedenen Sensoren

Die Sensoren: Empfangsstation
Qualitative Filterung der Impulse mithilfe von vier Typen humanspezifischer Sensoren (früher: Rezeptoren), da der Mensch z. B. keinen Sinn für das Erdmagnetfeld wie viele andere Tiere hat (ein Großteil der Welt bleibt uns sensorisch verborgen!):

- mechanisch (z. B. Schallwellen, Zug / Druck)
- photonisch (Licht)
- chemisch (z. B. Duftmoleküle)
- thermisch (Wärme).

Die Sensoren: Nervenzelle als Verarbeitungsstation
Quantitative Filterung: Impulsstärke (Intensität), -geschwindigkeit und -dauer entscheiden nun, ob ein Impuls einen Sensor reizen kann oder nicht, d. h., ob aus dem zunächst nichtssagenden Impuls ein relevanter Reiz wird. Ist der Impuls stark genug, ändert sich in der Nervenzelle die elektr. Spannung (Depolarisation), d. h., der Impuls überschreitet eine Reizschwelle bzw. Sensorschwelle / -potenzial.

Die Organe:
Die Sensoren und Nervenzellen sind Teil eines jeweils in Aufbau und Funktion spezifisch zusammenhängenden Zellsystems (Organ), zu dem Nervenzellen und -fasern aber auch Binde- / Stützgewebe sowie die Blutversorgung gehören (Auge, Ohr, Nase, Innenohr, Zunge / Gaumen, Muskeln / Sehnen, Haut).

Die Nervenfaser / Das Axon: Weiter- / Zuleitung (primäre Afferenz) ans ZNS
Die Größe der Depolarisation (Amplitude) wirkt als Signal der Zelle auf das Axon und wird als Aktionspotential elektrisch weitergeleitet (Transformation).

Der Thalamus: Verteilerstation („Relais“) und Bewusstseinsinstanz
Der Reiz wird über sekundäre Neurone (z.B. im Rückenmark) an Kerne des Thalamus weitergeleitet, mithilfe der Formatio reticularis bewertet (wichtig vs. unwichtig) und von dort in die entsprechenden kortikalen Bereiche verteilt, mit der Möglichkeit bewusster Verarbeitung.

Die Großhirnrinde mit den sensorischen Rindenfeldern (Projektionsfelder):
Jeder Sinn hat einen eigenen kortikalen Bereich, der (a) funktional getrennt ist, (b) hierarchisch aufgebaut ist und (c) parallel sowie integrativ mit anderen arbeitet (kein Sinn arbeitet allein).

Die sieben Sinnesmodalitäten und ihre Qualitäten (Teilmodalitäten)

Modalität	visuell	auditiv	haptisch	vestibulär	olfaktorisch	gustatorisch	propriozeptiv
Qualitäten	Farbe, ...	hoch / tief	warm / kalt	oben / unten	blumig, ...	süß, sauer, ...	ge-/entspannt

Abb. 18: Verarbeitungsprozess und -strukturen innerer und äußerer bzw. von unten nach oben kommender (engl. bottom up) chemophysikalischer Impulse (Wahrnehmung)

eine sehr subjektive Angelegenheit. Dies gilt umso mehr, als mit dem starken körperlichen Wachstum in den ersten Lebensjahren nicht nur ständig veränderte Signale aus dem sich fortwährend wandelnden Körperinneren kommen. Es gilt auch für die äußere Wahrnehmung, da sich die Sensoren selbst im Rahmen körperlicher Veränderungen mitentwickeln und der kindliche Organismus dadurch die Welt immer wieder neu entdeckt. Bewegung ist für Kinder deshalb das natürliche Mittel, diese Neugier zu stillen und über *echte* Erlebnisse zu bestätigen und einzuordnen.

Beispiel: Körperwahrnehmung

Am Beispiel der Körperwahrnehmung (Somatosensorik) soll stellvertretend für andere Sinne gezeigt werden, wie die Wahrnehmung das Bewegungsverhalten beeinflusst und welche praktische Konsequenz das für den frühpädagogischen Alltag hat. Die **Somatosensorik**, also der Wahrnehmungsbereich aller für das Körperinnere und Körperäußere zuständigen Sensoren, setzt sich aus den drei Bereichen der

1 **Exterozeption** (Körperaußenfläche und -oberfläche bzw. Oberflächensensibilität),

2 der **Interozeption** (Wahrnehmung des Körperinneren) mit den beiden Teilbereichen

   a der **Propriozeption** (Tiefensensibilität des Bewegungsapparates) und

   b der **Viszerozeption** (Eingeweide / innere Organe) sowie der

3 **Nozizeption** (Schmerzsensibilität) zusammen.

Letztgenannte beeinflusst sowohl die Extero- als auch die Interozeption (Abb. 19).

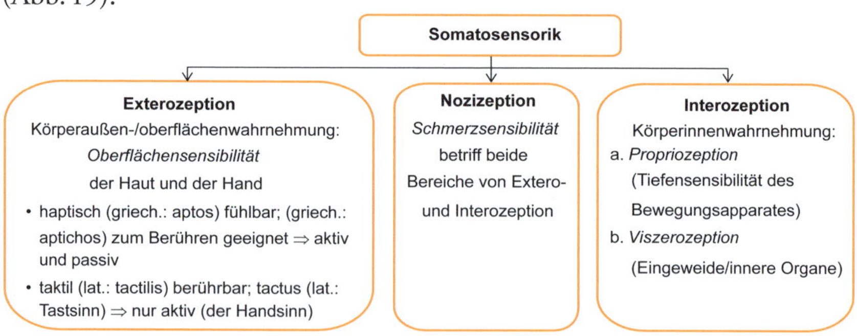

Abb. 19: Bereiche der Somatosensorik

drei Grundtypen mechanischer Sensoren

Alle drei somatosensorischen Teilbereiche erhalten ihre Signale aus drei Grundtypen mechanischer Sensoren, die sich hinsichtlich der Modalitäten des Drucks (engl. slowly adapting = SA), der Berührung (engl. rapidly adapting = RA) und der Vibration (Vater-Pacini = VP- oder PC- Beschleunigungssensoren) unterscheiden. Innerhalb der drei Sensortypen finden wir wiederum fünf verschiedene Zelltypen, welche die entsprechenden Modalitäten vermitteln (Tab. 12).

Tab. 12: Mechanische Sensoren der Haut mit Zelltypen und Modalität

Sensor und Zelltyp	Hautschichten	Anpassungsform	Modalität
SA I → Merkel-Zellen (Scheibe)	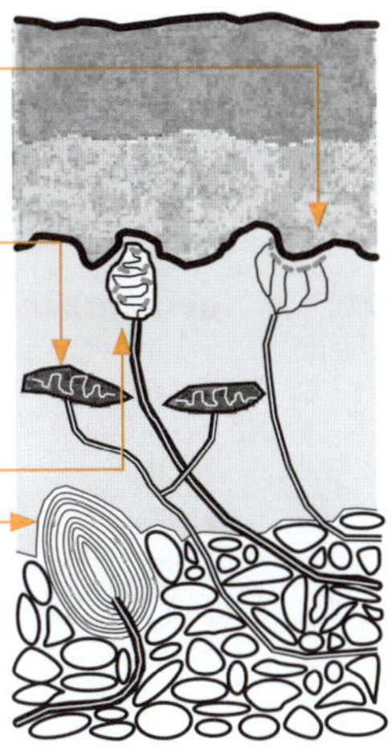	slowly adapting (langsam adaptierend) → tonisch und phasischer PD-Sensor	Druck
SA II → Ruffini-Kolben (Endigung)		slowly adapting (langsam adaptierend) → tonisch-statischer P-Sensor (Reizdauer)	Druck
RA → Meissner-Zellen (Körperchen) → Haarfollikelzellen		rapidly adapting (schnell adaptierend) → phasisch-dynamischer D-Sensor (Geschwindigkeit der Reizänderung)	Berührung
VP/PC → Vater-Pacini (Körperchen)		Beschleunigung	Vibration

Mit Blick auf die Komplexität exterozeptiver Impulsverarbeitung wird gleichzeitig die große Bandbreite an Möglichkeiten der Haut deutlich, die Welt und ihre potenziellen Reize wahrzunehmen. Dazu bedarf es aber des Einsatzes dieses besonders feinfühligen Organs, was in vielen zivilisierten Gesellschaften aufgrund einer im Laufe der soziohistorischen Genese zurückgedrängten Hautkultur (z. B. Verhüllung durch Kleider, sogenannte Kleidungsintimität) insbesondere Kindern schwerfällt. Selbst das gesunde Barfußlaufen steht mittlerweile unter einer normativen Beschränkung, sodass Bette (1999) auf die zunehmende Entfremdung vom Körper einerseits und einer gleichzeitig kompensierenden Körperextremisierung andererseits in den westlichen Gesellschaften hinweist.

Feinfühligkeit der Hand

Am eindrücklichsten zeigt sich die Feinfühligkeit menschlicher Haut an der Hand. Die Hand (Tastsinn) besitzt im Vergleich zu anderen somatosensorischen Außenbereichen (z. B. Rücken), eine äußerst hohe mechanosensorische Diskriminationserkennung. Hiermit ist die Unterscheidung mehrerer (> 2) gleichzeitig einwirkender Impulse gemeint, weshalb sie auch Zweipunktschwelle genannt wird. Die präzise Diskrimination von lediglich wenige Millimeter hohen Papierauswölbungen durch die Fingerspitzen blinder Menschen (Brailleschrift) verdeutlicht diese herausragende Sensorleistung. Verantwortlich hierfür ist die Dichteverteilung der verschiedenen Sensortypen über die Handinnenfläche, die aufgrund ihres Wechselspiels von breitflächig-unscharfen Erkennungsfeldern mit einer Art engmaschig-scharfen Hot Spots synergetisch wahrnehmen (Abb. 20).

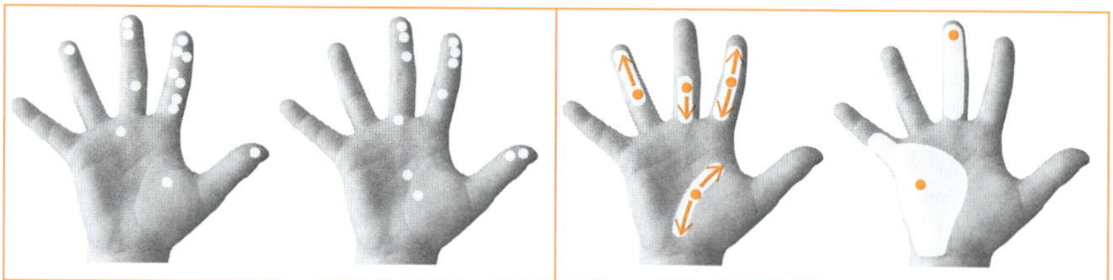

hohe Sensordichte (Sensor*punkte* als Stellen maximaler Empfindlichkeit: enge und scharfe Erkennung)		***geringe Sensordichte*** (Sensor*felder* als Stellen geringerer Empfindlichkeit: breite und unscharfe Erkennung)	
SA I	RA	SA II	VP/PC
Merkel	Meissner	Ruffini	Vater-Pacini
Druck	Berührung	Druck	Vibration

Abb. 20: Mechanosensorische Hot Spots und Felder der Handinnenfläche (Handwerker 2006; Schandry 2011)

weitreichende Funktion des Tastsinns

Die Benutzung der Hand ist also weit mehr als nur die instrumentalisierte Hinführung einer Greifextremität zum Zwecke der Manipulation eines Gegenstandes. Mit der Hand und dem Ergreifen von Objekten versinnlichen wir die Umwelt, geben ihr durch individuelle Verarbeitung persönlichen Sinn und legen bedeutsame Tasterlebnisse als Erfahrung in unserem Gedächtnis ab. Dadurch formt die Hand nicht nur das ergriffene Objekt, sondern formt die Funktion und Anatomie der Gehirns, *begreift* die Welt durch neuronale Begriffsbildung und baut Umweltimpulse in unseren Körper ein, d. h. der kindliche Organismus inkorporiert die externe zu einer inneren, subjektiven Welt.

Kapitel 3.2 wird den engen Zusammenhang von Wahrnehmung, Bewegung und Vorgängen des Gehirns am Beispiel des Greifens verdeutlichen.

3.2 Kognition

Der kulturelle Geist des modernen Europas liegt im philosophischen Erbe des antiken Griechenlands. Seine Denker beeinflussen bis heute Kunst, Bildung und Rechtsstaatlichkeit. Aber was hat das mit Bewegung zu tun?

Philosophen in Bewegung

Einer der größten Denker dieser Zeit, Aristoteles (ca. 335 v. Chr.), gründete eine Schule namens „Peripatos", die in einer sogenannten Wandelhalle angesiedelt war (griech. peripatein = umherwandeln). Die dortigen Schüler und Lehrer riefen ihre kognitiven Fähigkeiten also nicht alleine durch das Denken an sich ab, sondern unterstützten dies, indem sie umhergingen und in den Gängen wandelten – der *Gedankengang* war geboren.

Aristoteles wusste folglich bereits vom Zusammenhang von Bewegung und Kognition in Form des peripatetischen Philosophierens. Die geistige Wiedergeburt dieses Prinzips erfolgte in der Renaissance durch eines der bedeutendsten Gemälde des Abendlandes, Raffaels „Schule von Athen" (Abb. 21).

Abb. 21: Schule von Athen mit Platon (links in der Mitte), der auf das göttliche Ideenreich verweist und Aristoteles (rechts), der auf die irdische Werdewelt zeigt; beide wandelnd in der Halle

Neben dem bedeutsamen Zusammenhang von Bewegung und Kognition wusste Aristoteles überdies von der Vermittlerrolle der Wahrnehmung und ihrer Sinne (Sensorik). In Kapitel 3.1 wurde dieses Dreiecksverhältnis von Bewegung, sinnlicher Wahrnehmung des Körpers und dem Gehirn aus neurophysiologischer Sicht verdeutlicht: Der Aufbau kognitiver Leistungen ist nicht nur von der neuronalen Reifung, sondern auch von Umfang und Qualität der Bewegung, insbesondere der damit einhergehenden Impulsverarbeitung der Sinne unseres Körpers abhängig. Thomas von Aquin fasste diese wechselseitige Abhängigkeit wie folgt zusammen:

> *„Nichts ist im Sinn, was nicht vorher in den Sinnen war." (q.2, a.3 ad 19; Stein 2008, 60)*

komplexes Hirn durch komplexe Bewegung

Übertragen wir diese Grundannahme auf die Phylogenese des menschlichen Gehirns selbst, so lässt sich folgern, dass dem Zuwachs von Hirnleistung ein Zuwachs sinnlich-motorischer Anforderungen der Umwelt vorausgegangen sein muss. Denn warum sollte so ein energieaufwendiges Organ wie das Hirn mehr Kapazitäten erhalten, wenn es motorisch nicht mehr leisten muss?

motorische Entwicklung zum aufrechten Gang

Die paläoanthropologische Forschung bestätigt dies anhand der motorischen (R)Evolution. Mit dem Übergang vom Quadrupeden zum Bipeden passten sich die Vorfahren des heutigen Homo sapiens (der vernunftbegabte Mensch) mittels der aufrechten Fortbewegung an veränderte Umweltzwänge an und verschafften sich zudem die Möglichkeit zum freien Handgebrauch. Erst durch das Freiwerden der Hände wurde die notwendige Bedingung des Aufrechtgehens zur hinreichenden Bedingung komplexer Manipulation der Umwelt mithilfe des multifunktionalen Instruments namens Hand, womit sich eine bevorteilte Stellung in der Natur ergab. Denn es ist diese feinmotorisch-technische Zunutzemachung der Ressourcen der Natur, die dem heutigen Menschen seine Sonderstellung unter den tierischen Organismen verleiht, da sie eine relative Unabhängigkeit vom täglichen und energieaufwendigen Überlebenskampf bietet.

Erfindung Faustkeil

Als erste belegbare Konsequenz erfanden Menschen der Oldowan-Kulturstufe grobe Faustkeile (engl. chopper/pebble tools) vor ca. 2,6 Millionen Jahren (Schick/Toth 2006). Mit ihnen war es möglich, Nahrung aufzubereiten, z. B. einen Knochen aufzuschlagen, um an das wertvolle Knochenmark zu gelangen oder Tierhäute abzuschälen, um das proteinhaltige Fleisch verwerten zu können. Beide Voraussetzungen, eine komplexere Feinmotorik in Form des multiplen Handeinsatzes (höhere neuronale Anforderung) sowie die damit zusammenhängende proteinreichere Nahrung (Hochenergielieferant) waren Teil der Grundlage für eine stetige Zunahme des Hirnvolumens.

Dabei geht chronologisch das rasche Hirnwachstum weniger mit dem Auftreten des aufrechten Ganges einher, als vielmehr mit dem Auftreten des ersten Werkzeuggebrauchs (Carroll 2003) (Abb. 22).

Hirnwachstum und Werkzeuggebrauch

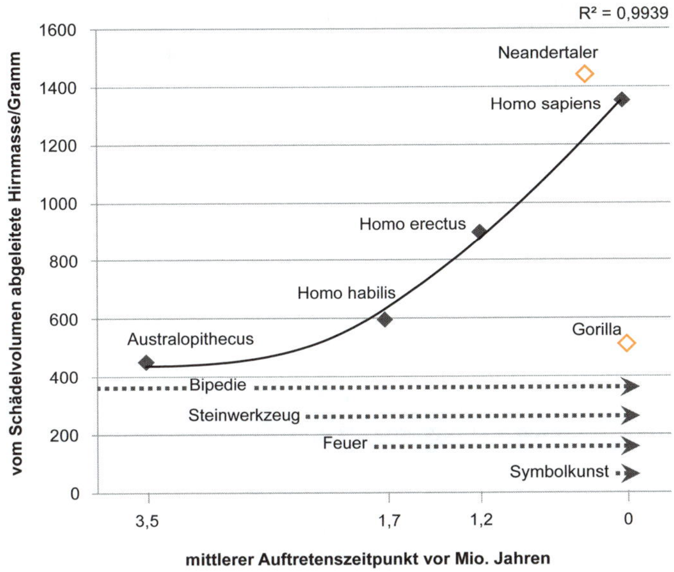

Abb. 22: Exponentielle Zunahme des Schädel- und Hirnvolumens im chronologischen Vergleich zu motorischen und kulturellen Entwicklungssprüngen (Grüsser 1988; Falk 2007; Pike et al. 2012)

Auffallend am Verlauf der Volumenzunahme sind zwei sogenannte Ausreißer, der Gorilla und der Neandertaler. Der Gorilla zeigt im Mittel seiner Unterarten eine dem Mitteleuropäer vergleichbare Körpergröße von ca. 169 bis 175 cm und ein mehr als doppelt so hohes Gewicht von ca. 150 bis 170 kg, bei einem Hirnvolumen von ca. 500 bis 550 cm³. D. h. Gorillas müssen ihre Energiezufuhr für nur wenig Hirn im Verhältnis zum Körpergewicht aufbringen (Quotient: 3,28), weshalb ihnen auch überwiegend pflanzliche Nahrung mit geringem Brennwert reicht. Dafür brauchen sie zwar keine feinmotorisch elaborierten Werkzeuge, allerdings müssen sie sich ständig zur Futtersuche bewegen (Milton 1976).

Ausnahmen: Gorilla und Neandertaler

Beim modernen Mitteleuropäer ergibt sich ein Quotient aus Hirnvolumen (cm³) pro Gesamtkörpergewicht (kg) von 17,76. D. h. hier muss in Anbetracht der Körpermasse vergleichsweise viel Energie fürs Gehirn aufgebracht werden. Der naheliegende Supermarkt und das Auto vereinfachen gleichwohl die moderne Energieverfügbarkeit massiv.

Beim Neandertaler (Carretero 2012) erhöht sich nun dieses Verhältnis nachteilig: Bei einer Körpergröße von ca. 160 cm und einem Hirnvolumen von ca. 1300 bis 1700 cm^3 ergibt sich ein Quotient von 19,08 (Quotientenberechnungen, Stephan et al. 1988; Dongen 1998). Ergo: Der Neandertaler hatte mit weniger technischen Hilfsmitteln in einer von langen Kaltphasen erschwerten Umwelt mehr Energie für sein Gehirn aufzubringen, als der moderne Mensch. Da es aber das Gehirn ist, das ca. 20 % aller hochwertigen Energie des Körpers verbraucht, könnte hier ein Grund für das Aussterben des Neandertalers liegen.

Überlebensvorteil

Die **progressive Enzephalisation** (zunehmende *relative* Verhirnung) stellt also an sich noch keinen Überlebensvorteil dar, sondern erst das harmonische Zusammenspiel von motorischer Komplexleistung, der daraus resultierenden Nutzbarmachung natürlicher Ressourcen sowie einer Umwelt, die dies klimatisch und energieökologisch zulässt. Kommt dann noch eine durch komplexe Sprache ausgeklügelte Kommunikation hinzu, kann sich das Hirn explosionsartig entfalten, wie beim Homo sapiens geschehen (Abb. 23). Die spannende Frage ist, ob und wie dies enden wird.

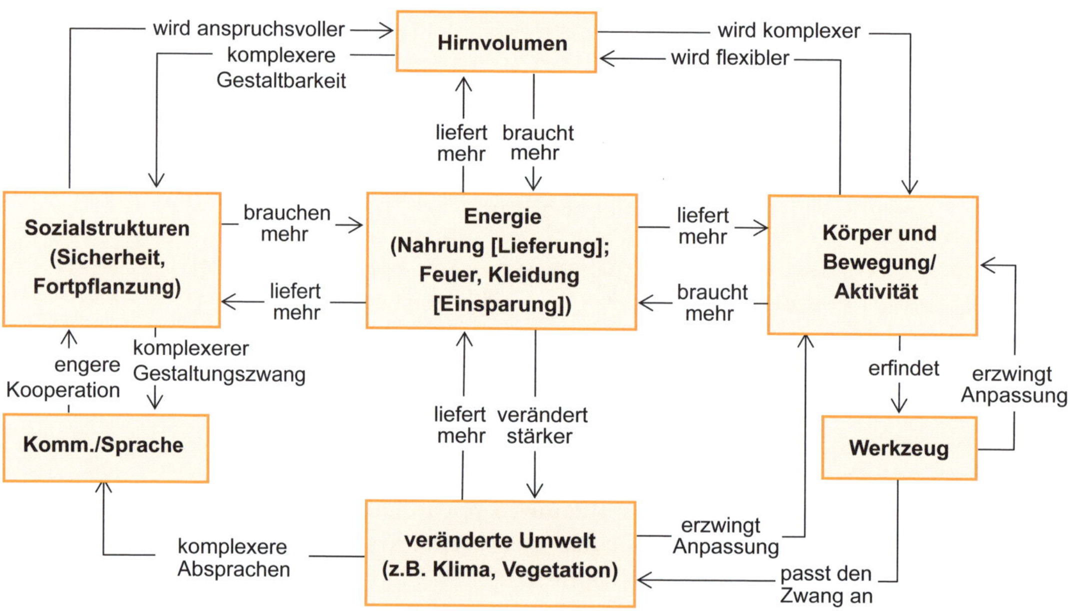

Abb. 23: Multifaktorieller Regelkreis der progressiven Enzephalisation (zunehmende relative Hirnvergrößerung) mit der Energiebereitstellung als zentrale Stellgröße

Forschungsbedarf

Die große phylogenetische Bedeutung der Bewegung für die Hirnentwicklung des Menschen steht aktuell in keinem angemessenen Verhältnis zur Forschungsleistung in der frühen Kindheit. Nur 2,3 % aller Studien zum ontogenetischen Zusammenhang / Einfluss von körperlicher Aktivität mit / auf psychische(n) Prozesse(n) decken diesen Altersbereich ab (Rhodes / Nasuti 2011). Überdies sind die wenigen vorliegenden narrativen Überblicksartikel (**Reviews**) sowie statistischen Zusammenfassungen (Meta-Analysen) selten und können nur den sehr heterogenen Stand der Befunde berichten. Im Bereich der Reviews können Hinkley et al. (2008) nur von drei eindeutigen Korrelationen berichten:

1. ein Zusammenhang mit dem Geschlecht (Jungen sind aktiver als Mädchen),
2. Kinder aktiver Eltern sind tendenziell selbst aktiver und
3. Kinder, die sich vermehrt draußen aufhalten, haben auch den höheren Bewegungsumfang.

Relevanz sinnhafter Tests

Alle anderen Faktoren – auch die Kognition – zeigen inkonsistente Daten. Tomporowski et al. (2011) berichten von allgemein leichten positiven Zusammenhängen und Einflüssen zwischen kognitiven Funktionen – insbesondere der exekutiven Funktionen – mit körperlicher Aktivität. Sie weisen aber auch darauf hin, dass Tests, in denen sinnvolle Probleme zu lösen waren, im Vergleich zu weniger sinnvollen Aufgabenstellungen bessere Ergebnisse ergaben. Mit anderen Worten: Keine Konzentration ohne Motivation bzw. langweilige (und dadurch sinnlose) Testaufgaben ergeben schlechtere Ergebnisse.

Meta-Analysen

Vor diesem Hintergrund sind auch statistische Destillate, sogenannte Meta-Analysen, zu betrachten, deren Hauptaufgabe die Berechnung vergleichender und zusammenfassender Effektstärken ist. Hierbei wird nicht nur nach der statistischen Bedeutsamkeit bzw. Verallgemeinerbarkeit gefragt (**Signifikanz**), sondern auch und vor allem nach der sogenannten Höhe und Richtung der Wirkung bzw. nach der praktischen Relevanz des Einflusses.

Beispiel: Bewegungs- vs. Regelkindergarten

Ein Beispiel: Bei vielen Tausend Kindern wird nach einer 2-jährigen längsschnittlichen Untersuchung zur Wirkung einer Bewegungsintervention (z. B. Bewegungskindergarten im Vergleich zum Regelkindergarten) sehr wahrscheinlich aufgrund der großen Stichprobe ein rechnerisch signifikanter Unterschied bei der Intelligenz zugunsten der Bewegungskindergärten gemessen. Beträgt dieser Unterschied aber z. B. nur einen einzigen IQ-Punkt, so ist die praktische Relevanz, also der Effekt, äußerst gering. Je kleiner die Effektgröße, desto geringer die praktische Bedeutung (Cohen 1988). In einer der ersten Meta-Analysen konnten so Etnier et al. (1997) mithilfe von N=134-Studien einen über fast alle Altersschichten hinweg reichenden Einfluss der körperlichen Aktivität auf kognitive Funktionen (z. B. das Rechnen, Sprechen, Gedächtnis, den IQ) von 0.29 (korrigierte Effektstärke nach Hedges) berechnen, was einem kleinen Effekt entspricht. Die 0- bis 5-Jährigen fehlten allerdings in der Analyse. Auch bei der jüngsten Berechnung des Effektes von kleinen 0.32 nur aus Kinderstudien (N=44) wurden Vorschulkinder nicht berücksichtigt (Sibley / Etnier 2003). Letztlich liefert Everke (2009) als eine der wenigen Veröffentlichungen auch mit Bezug auf den deutschen Sprachraum einen Überblick zu Daten verschiedener Studiendesigns von 1970 bis 2007, Vorschulkinder überwiegend inklusive.

Fazit

Das Fazit: eine diffuse Forschungslage. Die Gründe hierfür sind vielfältig und liegen einerseits in den teilweise stark abweichenden Untersuchungsarten (Quer- oder Längsschnitt, Pseudo-Längsschnitt / cross-sectional, Misch-Längsschnitt / sequenzielle Studie), den verwendeten Instrumenten (Bös 2001 findet rund 200 verschiedene Motoriktests und über 700 Testaufgaben) aber auch unterschiedlichen inhaltlichen Ausgangslagen (Fähigkeiten oder Fertigkeiten messen? Was ist Intelligenz?). Im Bereich kognitiver Zusammenhänge und Einflüsse hat die Forschung zur motorischen Entwicklung von Kindern noch keine gemeinsame Sprache gefunden.

Motorik im Hirn

Einen ganz anderen Ansatz, den ontogenetischen Zusammenhang von Kognition und Bewegung zu untersuchen, stellen neurobiologische Zugänge dar. Hier wird zunächst weniger nach Korrelationen theoretischer Konstrukte geschaut, als vielmehr nach objektiv messbaren und auf konkreter zellulärer Ebene stattfindenden Ursache-Wirkung-Zusammenhängen.

Steigerung neuronaler Kapazität

Hier findet sich zum einen der positive Einfluss der Bewegung auf das neuronale Wachstum aufgrund der Ausschüttung von anregenden Faktoren wie BDNF (engl. brain-derived-neurotrophic factor) (Neeper et al. 1996; Broocks et al. 2007). Die Hypothese lautet, dass dadurch die neuronale Kapazität quantitativ gesteigert wird und zu potenziellen Leistungszuwächsen führt. Im potenziellen Zustand bleiben sie allerdings auch so lange, wie sie nicht genutzt werden, d. h. mehr Neurone und Synapsen bedeuten an sich keine Steigerung; nur durch ihre Nutzung werden sie aktiv.

Endorphin, Serotonin und Dopamin

Ein zweiter Zusammenhang wird zwischen gesteigerter Bewegung und der vermehrten Ausschüttung beruhigender, schmerzlindernder und stimmungsaufhellender Stoffe wie z. B. Endorphine (Hollmann / Strüder 2000) und Serotonin (Meeusen et al. 2001; Hollmann et al. 2006) sowie belohnend-anregender Stoffe wie Dopamin (Ahlskog 2011; Lin / Kuo 2013) gesehen.

erhöhte Durchblutung

Auch der Durchblutungssteigerung durch intensive körperliche Aktivität wird ein kognitiver Leistungszuwachs zugesprochen (Neumann / Frasch 2008), wobei die vermutete Sauerstoffmehrversorgung weit weniger eine Rolle spielen dürfte, als die hormonelle Versorgung durch vermehrte regionale Blutzufuhr (Hollmann et al. 2003).

Studienrelevanz für Kinder

Allerdings ist der überwiegende Teil dieser Studien entweder an Tieren oder an Erwachsenen mit oder ohne einer geistigen Krankheit (z. B. Depression, Parkinson, Alzheimer) erfolgt. Der Transfer auf Kinder ist also nicht 1:1 leistbar, zumal deren Hirn sich stark verändernden Strukturen und Prozessen unterliegt.

hohe Wirkung

Doch genau deshalb wird in gegenteiliger Weise die Selbstverständlichkeit eines Transfers angenommen, indem mit dem Entwicklungsprinzip der Plastizität argumentiert wird. Hüther (2007) weist auf die besondere Formbarkeit kindlicher Gehirne hin und betont, dass Einwirkungen durch Bewegung auch und vor allem in dieser außerordentlich sensiblen Entwicklungsphase von hoher Wirkung sind. Eben weil der Mensch in keiner anderen Phase seiner Ontogenese aufgrund der synaptischen Explosion (Abb. 24) neuronal derart lernfähig ist, findet jedes wiederholte,

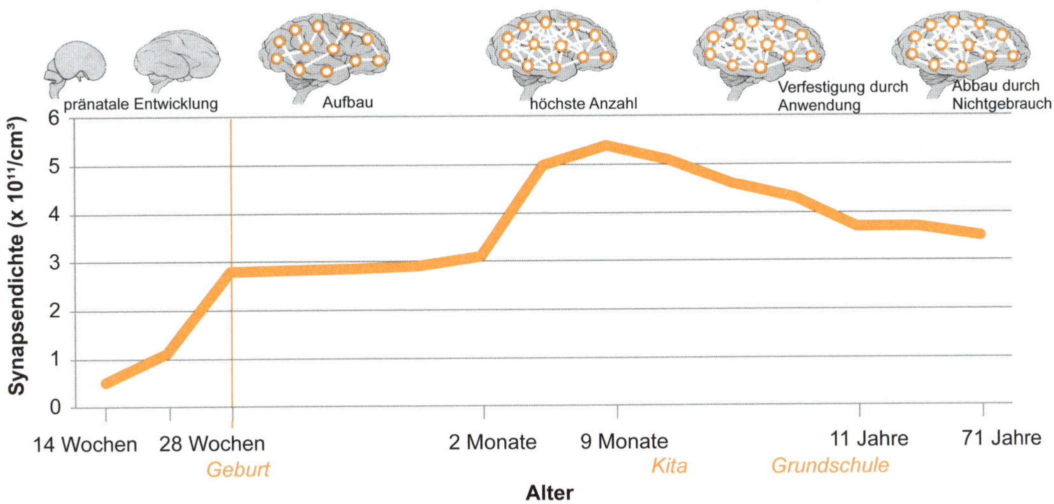

Abb. 24: Zunahme der Synapsendichte im Laufe der Ontogenese am Beispiel des visuellen Kortex und der Abbau der Synapsen durch Nichtgebrauch (Pruning) (Pauen 2006, verändert durch d. Verf.)

neuartige und emotional geprägte Bewegungserlebnis seinen langfristigen Niederschlag, womit das vierte Argument erfolgt: das ökonomischere Zusammenspiel innerhalb des Hirns sowie mit der äußeren Umwelt durch strukturell-funktionale Anpassungen. Je komplexer die neuronalen Verschaltungsmuster aufgrund vielfältiger Bewegungserlebnisse werden, desto leichter kann der menschliche Organismus Zusammenhänge der Umwelt erkennen und Beziehungen herstellen und desto größer ist das Spektrum an Lösungen und Antworten auf Anforderungen der Umwelt.

Hierfür bedarf es aber erneut der Tatsache, dass nur jene Nervenleitungen gut funktionieren, die häufig gebraucht werden. Werden darüber hinaus nicht nur viele Netzwerke, sondern selbige auch vielfältig gebraucht, so entstehen hochaktive *und* hochflexible Schaltkreise, vergleichbar einer langjährig eingespielten Fußballmannschaft, wo jeder den Laufweg des anderen kennt, genau die Passstärke einschätzen kann sowie Geschwindigkeit und Umfang eines Spielzugs zu variieren vermag.

Komplexbewegungen als Teil von Kognitionen

Der fünfte Zusammenhang schließlich ist einerseits der offensichtlichste und andererseits der streitbarste, da er sowohl biologisch als auch geistig vermutet wird: Weil willentlich-komplexe Bewegungen nicht vom Rückenmark, sondern nur vom zu Kognitionen fähigen Gehirn koordiniert werden können, sind Komplexbewegungen immer auch Teil der Kognitionen. Oder: Motorik ist anatomisch *und* psychologisch fester Bestandteil des Gehirns. Hier tritt das philosophische Problem zutage, wie aus biologischen Zellen geistige Prozesse werden und ob deshalb die Ausführung von Bewegungen an sich als eine geistige Leistung zu werten ist.

Zur Differenzierung dieser Annahme ist zunächst der Blick auf die anatomische Verortung der an Entwurf, Abruf und Ausführung beteiligten motorischen Hirngebiete (Abb. 25) und ihrer spezifischen Funktionen (Tab. 13) hilfreich.

begleitende psychische Funktionen

Wie aus der funktionellen Anatomie der Motorik zu sehen ist, nehmen die äußerlich sichtbaren Bewegungen des Körpers auch innerlich im Gehirn ein sehr großes Volumen ein. Alleine aus quantitativer Hinsicht wäre unser Hirn im Falle einer bewegungslosen Existenz, vergleichbar mit stehenden Bäumen, auf ein Minimum reduziert, wenn überhaupt vorhanden. Maßgeblich ist aber nicht nur das zelluläre Volumen, welches die direkt für die Motorik zuständigen Hirnbereiche einnehmen. Für menschliche Bewegungen entscheidend sind die an der Bewegung parallel hinzukommenden kognitiven Funktionen, ohne die komplexe Bewegungslösungen gar nicht möglich wären (z. B. das geplante Verhaltensziel, die Aufmerksamkeit, das Gedächtnis, die gleichzeitige Verarbeitung von Sinnessignalen, die Aufrechterhaltung der Motivation, Kreativität bei auftauchenden Problemen,

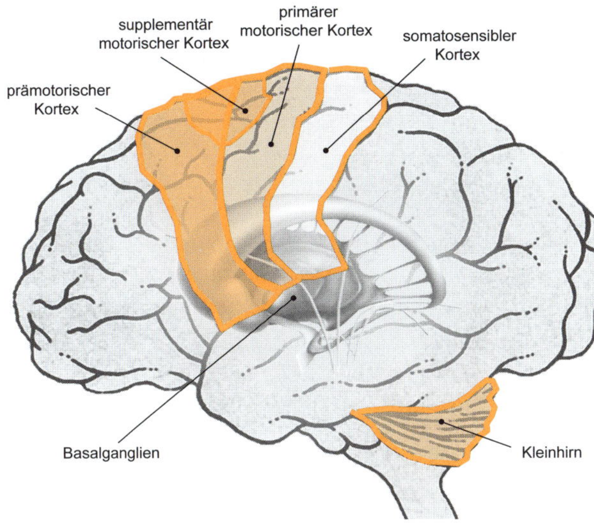

Abb. 25: Motorische Rindenfelder (motorische Kortizes) mit Basalganglien und Kleinhirn als grundlegende motorische Teilsysteme (Trepel 2004; Illert / Kuhtz-Buschbeck 2006)

der interaktive Abgleich mit Sozialregeln und eine etwaige moralische Reflexion des Tuns). Ohne diese begleitenden psychischen Funktionen wären unsere Bewegungen willenlos, kurzsichtig und trivial. Aus diesem Grund steht Motorik grundsätzlich *immer* im Zusammenhang mit der Kognition.

Einbezug der Begleitfunktionen

Bedeutsamer ist die Frage, wie sehr die kognitiven Begleitfunktionen in die Bewegung eingebaut werden. Sie machen den Unterschied, ob aus einem tagtäglich tausendfach ausgeführten Bewegungsmuster wie dem Greifen (Tab. 14) ein bloßes Instrument zur raumzeitlichen Überbrückung und Erlangung eines einfachen Annäherungsziels wird, oder ob daraus ein kreatives, lustvolles, sozialsprachlich eingebettetes und die körperlichen Kräfte forderndes Spiel erfolgt.

systematische Anregung von Bewegungen

Genau diese Aufgabe obliegt der Bewegungserziehung. Ihre besondere Verantwortung liegt also nicht im bloßen Training zu einer höheren Gesamtkörpergeschicklichkeit im Sinne einer evolutionären Fitness. Vielmehr geht es um die systematische Anregung von Bewegungen, die Lebenssinn stiften, weil sie das ganze Kind herausfordern. Am Beispiel für die Entwicklung besonders wichtiger kognitiver Funktionen, den exekutiven Funktionen, soll dies verdeutlicht werden.

Tab. 13: Funktionen motorischer Rindenfelder und ihrer subkortikalen motorischen Ko-Systeme

Hirnregion (Abkürzung)	**Funktion**
motorische Rindenfelder (Kortizes)	
prämotorischer Kortex (PM, PMA oder PMC)	– Entwurf und Abruf kompletter Bewegungen (Bewegungsskripte) – Verortung der Spiegelneurone und somit grundlegend beim Nachahmungslernen (Imitation, bzw. Lernen am Modell)
Motorkortex (MC) *hier: primärer motorischer Kortex* (M1)	– feinmotorische Steuerung der Zielbewegung durch die koordinierte Zusammenstellung komplexer Bewegungsabfolgen (Kopplung) – willentliche Steuerung von Bewegungen über das pyramidale System
supplementär motorischer Kortex (SMA oder SMC)	– Ko-Aktivierung bei Bewegungsbeobachtungen (Antizipation) und bewegungsvorbereitend durch mentale Vorstellung der Bewegung – Speicherung ganzer Abläufe von Bewegungen (Bewegungsmuster), die erst über den MC zur Ausführung gelangen
somatosensibler Kortex (SSC oder S1, wenn primär)	– haptische (Taktile) Reizverarbeitung sowie Schmerz, ebenso propriozeptive Reizverarbeitung (Muskeln, Gelenke) – somatotoper Aufbau (den Körper spiegelnd) als *Homunculus*
tiefer liegende Hirnregionen (subkortical)	
Basalganglien (Netz aus Kernen: z.B. – Striatum [nucleus caudatus, Putamen und nucleus accumbens] – Substantia nigra, u.a.)	– sind grundlegend an der Regulation der gesamten Motorik beteiligt: Zu- (Afferenzen) und Ableitungen (Efferenzen) überwiegend gehemmt und teilweise verstärkt – Beeinflussung von Annäherungs- (motorisch aktivierend) und Vermeidungsverhalten (motorisch hemmend) durch Dopaminregulation (Motivationssystem) und Steuerung des Muskeltonus
Kleinhirn (Cerebellum; Cb)	– Beteiligung an der Steuerung/Kontrolle (und Korrektur) der feinen Willkürmotorik (Differenzierungsfähigkeit) sowie generell der Feinabstimmung (Stabilisierung, Haltung, Gleichgewicht) – entscheidende Rolle beim motorischen Lernen durch den Abgleich alter und neuer Bewegungsstrategien – Beteiligung am prozeduralen Gedächtnis

Tab. 14: Handmotorik und kognitive Begleitfunktionen

Lichtsignale werden von den Sensoren des Auges empfangen und bei ausreichender Dauer und Intensität an den Thalamus als Relais-Station weitergeleitet. Der prüft in Abgleich mit der Formatio reticularis die Bedeutsamkeit des Signals, leitet es erst dann mit erhöhter Aufmerksamkeit zur primären Sehrinde im Hinterhaupt, wo der Ball nach Größe und Farbe spezifiziert wird. Dieser Vorgang ist meist unbewusst.	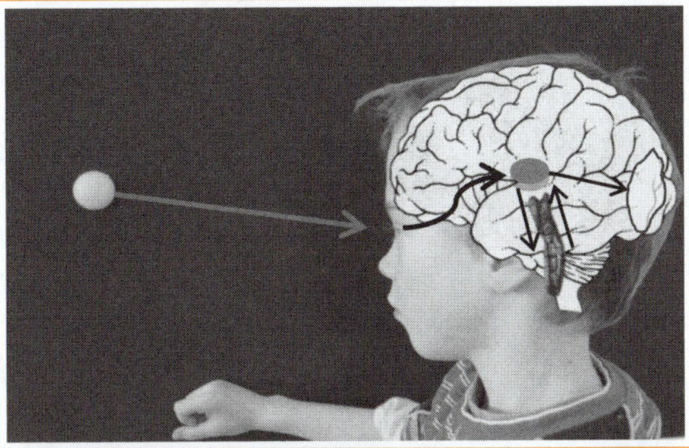
Nach der Verarbeitung in der primären Sehrinde wird das aufbereitete Signal an den posterior-parietalen Kortex (PPC) gesendet. Dieser verbindet (assoziiert) die Sehdaten mit den Impulsen aus dem somatosensiblen Kortex (SSC; „Wie ist die Stellung meine Armes und meiner Hand?“), sodass sie zuerst vom prämotorischen und danach vom primärmotorischen Kortex für eine angemessene Zielbewegung genutzt werden können.	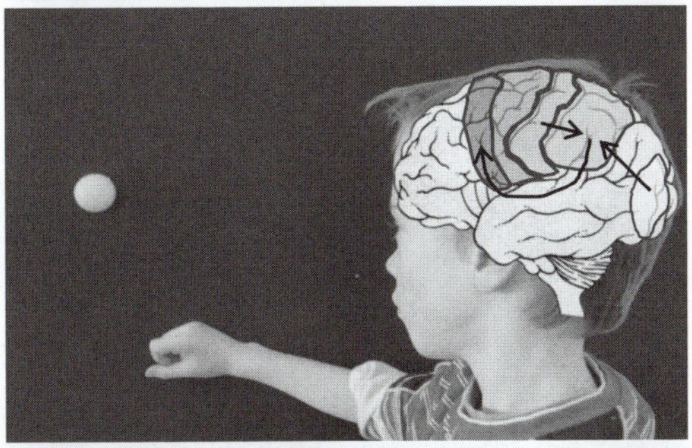
Der prämotorische und supplementär motorische Kortex wählen im Zusammenspiel die geeignete Zielbewegung aus und stellen sie sich mental vor, weshalb sich die Hand bereits vor Berühren des Balles in genau der richtigen Weite öffnet (Abruf des Bewegungsgedächtnis) und danach das Planungsergebnis über die Pyramidenbahn ins Rückenmark an die Schulter- und Arm-/Handmuskulatur sendet; das Kleinhirn überwacht nun.	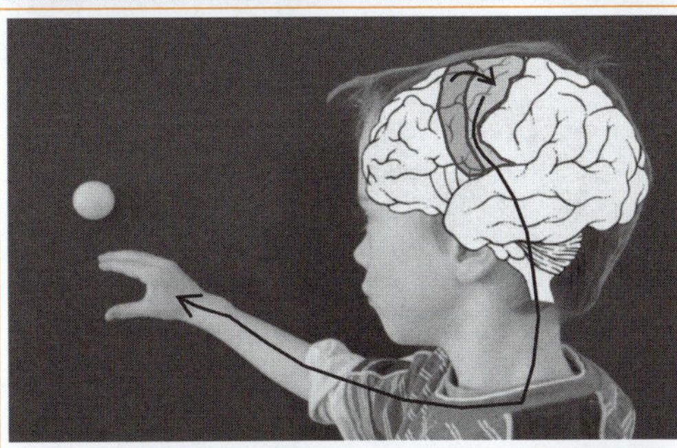
Mit Ergreifen des Balles wird die Hand nicht mehr nur zum Werkzeug der Ausführung, sondern auch zum Einholen taktiler Sinnessignale. Die Gleichzeitigkeit afferenter sensorischer und efferenter motorischer Signalverarbeitung macht das Greifen zu einem hochkognitiven Prozess. Auge und Kleinhirn überprüfen nun ständig die Angemessenheit der Bewegung nach Kraft und Richtung; bei Bedarf wird nachjustiert.	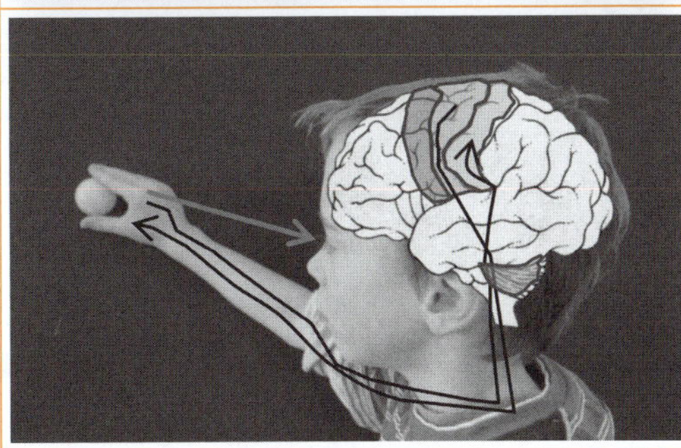

exekutive Funktionen

Exekutive Funktionen (EF) haben seit Beginn des 21. Jahrhunderts eine verstärkte Aufmerksamkeit erfahren, da ihre massive Bedeutung für die Ontogenese des Menschen erkannt wurde. Weil sie stärker als der IQ, das Geschlecht oder die familiären Umstände den schulischen und beruflichen Erfolg (Duckworth / Seligman 2005), die geistige und physische Gesundheit, die sozialkognitiv-moralische Entwicklung sowie die Lebensqualität allgemein vorhersagen (Diamond 2013), gelten sie als einer der wichtigsten Prognosefaktoren (Prädiktoren) für die menschliche Ontogenese.

drei Funktionsfamilien

Exekutive Funktionen bestehen aus drei Familien mit den jeweiligen kognitiven Funktionen:

- **Inhibition** (Hemmung der Erregbarkeit von Nervenzellen) wie
  - Selbst- (Emotionen / Impulse) und Verhaltenskontrolle,
  - Aufmerksamkeitskontrolle (selektiv und fokussiert),
  - kognitive Kontrolle (Gedanken);

- **Arbeitsgedächtnis** wie
  - Infos aufrechterhalten und sie mental bearbeiten und

- **kognitive Flexibilität** in Form von
  - räumlich die Perspektive wechseln,
  - die Perspektive anderer Personen einnehmen sowie
  - ein schlechtes zugunsten eines besseren Ziels aufgeben.

Entscheidend für die Bewegungserziehung ist, dass eine zunehmende Anzahl an Studien (Diamond 2013) das Indiz erhärten, dass sich Bewegung förderlich auf die exekutiven Funktionen auswirkt. Für den schulkindlichen Bereich stehen einige, für den frühkindlichen Bereich allerdings nur wenige Studien zur Verfügung (Livesey 2006; Kubesch 2008; Kempermann 2012). Im Kapitel 3.5 gibt es daher Empfehlungen für die bewegungserzieherische Praxis.

3.3 Sprache

Informationsaustausch

Jeder lebende Organismus ist autonom bestrebt, seine aktuelle Situation durch Einholen von Information nach möglichen Gewinnen (**entwicklungsfördernd**) und / oder Verlusten (**entwicklungsgefährdend**) einzuschätzen (Baltes 1990; Ray 2013). Diese permanente Umwelt- und Selbstanalyse gelingt dem Menschen durch sein Sinnessystem, das nach innen (Interozeption) und gleichzeitig nach außen (Exterozeption) (Kap. 3.1) gerichtet ist. In Anbetracht ihrer hochkomplexen gemeinschaftlichen Lebensweise ist es für Menschen deshalb äußerst gewinnbringend, untereinander eine sehr gut funktionierende Form des Einholens und somit auch Austauschens von Information (z. B. über Wissen, Meinungen, Gefühle, Absichten) zu besitzen.

humanspezifische Kommunikation

Im Laufe seiner Stammesgeschichte hat der Mensch dieses Problem in Form humanspezifischer Kommunikation (lat. communicare = mitteilen) mit einer ebenso komplexen wie ausgesprochen motorischen Ausdifferenzierung gelöst. Menschliche Kommunikation zeigt sich in ihren entwicklungsgeschichtlich älteren Anteilen durch

- Gesichtsbewegungen (mimisch),
- Handbewegungen (gestisch),
- Körperbewegungen der Haltung und Körperdistanz (proxemisch) sowie
- tanzen und zeichnen (Schrift).

Letztgenannte sind Teil einer noch jungen Form der Kommunikation, die wir Sprache nennen und in der wir die Information als Sprechen mundmotorisch-akustisch und Schreiben handmotorisch-visuell zwischen Individuen austauschen. Hierbei tritt die besondere Eigenschaft auf, die zugleich die allgemeine Schwierigkeit des Sprachlernens kennzeichnet, dass weder das gesprochene noch geschriebene Wort selbst dasjenige konkret darstellt, was es meint, sondern nur *stellvertretend für* etwas / jemanden steht.

Symbole

Als **Symbol** stellen Worte jeweils ein Gefäß dar, in dem Gefühle, Absichten und Wissen über reale Gegenstände und Personen zum Kommunikationspartner akustisch bzw. visuell (und taktil bei der Blindenschrift) transportiert werden, ohne dabei selbst konkret im Moment ihrer Besprechung anwesend sein zu müssen. Das bedeutet:

Sprache ist somit zunächst ein abstraktes Medium zur orts- und zeitunabhängigen Speicherung und Weitergabe von Information.

Sprache der Kinder: Bewegung

Die abstrakte Trägerschaft ist in Anbetracht der geistigen Fähigkeiten eines Kleinkindes der Grund, warum erfolgreiches frühkindliches Sprachlernen zuvorderst über konkrete, real erlebbare Wahrnehmungsinhalte verläuft und nicht über sinnfernes Vokabellernen.

Beispiel: Ball

Ein Ball wird für ein Kind zuallererst nicht zum Ball, weil er vom Erwachsenen so benannt wird, sondern weil er sinnlich wahrnehmbar ist und sich bewegt: Er hüpft, fliegt, rollt, ist hart oder weich, rund und leicht oder schwer, groß oder klein, bunt, riecht nach Gummi, liegt unter oder auf einem Tisch, fliegt hoch oder runter sowie schnell oder langsam. Das dafür traditionell gebrauchte Wort Ball ist lediglich das mündlich-schriftliche Symbol der zuvor erlebten Funktions- und Erscheinungsweise des Gegenstandes. Dazu muss ein Kind aber auch die Gelegenheit haben, so viele Sinne und so viele Gegenstände wie möglich einsetzen, bewegen und erleben zu dürfen. Durch das häufige, vielsinnliche Greifen wird der Ball zum Begriff, erst danach folgt das benennende Wort (Szagun 2010; Video 6 – Beispiel Löffel). Ein bewegtes und sinnlich gegründetes Denken und Verständnis von Welt ist rudimentär also schon lange vor dem ersten Wortverstehen und der ersten Sprachproduktion vorhanden (Pauen 2002). Insofern sind phylogenetisch alte Kommunikationskanäle der Körpersprache bereits für Säuglinge z. B. in Form der Stimme (Melodie) verständlich.

Aufbau der Sprache

Hierbei ist die Leistung des Kindes, einerseits aus dem breiten Sprachstrom der Umwelt die vom Absender gemeinte Bedeutung zu entschlüsseln (**Rezeption**) und andererseits für den gegenseitigen Austausch selber Sätze zu entwerfen (**Produktion**), eine gewaltige Entwicklungsaufgabe. Dies gilt umso mehr, wenn die einzelnen Sprachbereiche bzw. -ebenen in ihrem komplexen Zusammenspiel betrachtet werden (Abb. 26).

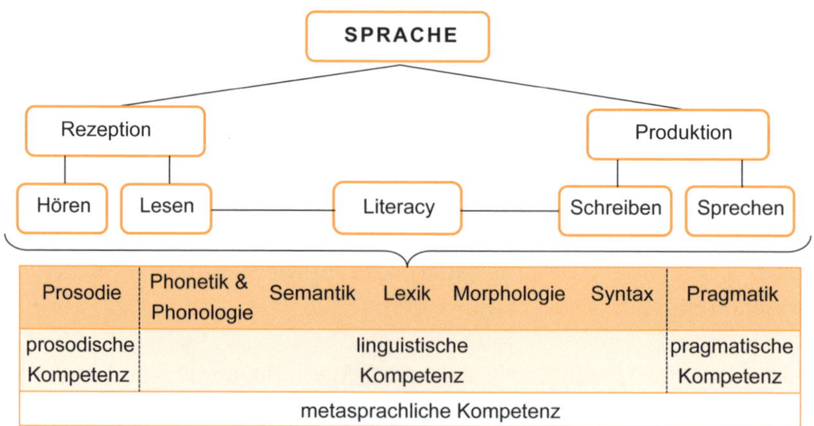

Abb. 26: Ebenen der Sprache und Teilbereiche (Grimm 2012; Ehlich et al. 2008; Weinert/Grimm 2008; Kany/Schöler 2010)

Für Sprachforscher ist dieses akademische Analysesystem die angemessene Art, Sprache besser zu verstehen und ihre Förderung zu didaktisieren. Für Kinder allerdings stellt diese deduktive Vorgehensweise, wie gerade verdeutlicht, genau das Gegenteil ihres natürlichen, da bewegten und sinnlich explorativen Spracherwerbs dar.

akademische Analyse vs. kindliche Natur

Zimmer (2009b / 2009c) entwirft infolgedessen motorische Äquivalenzen für die jeweiligen Sprachbereiche. Die Hypothese ihrer didaktischen Ableitung lautet: Bewegungsmuster beinhalten Sprachmuster. Werden diese Bewegungsmuster bewusst umgesetzt, können synchron dazu die sprachlichen Entsprechungen gefördert werden (Tab. 15).

motorische Äquivalenzen

Erkenntnistheoretisch setzt diese Hypothese voraus, dass Sprache durch Bewegung überhaupt beeinflussbar ist. Genauer: Bewegung dient als unabhängige Einflussvariable auf die abhängige Variable der Sprache; sie ist somit *von außen* förderbar. Als „Outside-In"-These (Weiner / Grimm 2008, 523) ist sie die notwendige Grundlage, um überhaupt bewegte Sprachförderung im Rahmen der didaktischen Bemühungen der Bewegungserziehung sinnvoll anzuwenden. Träfe der umgekehrte Fall zu, dass Sprache ein relativ eigenständiger, genetisch mehr oder weniger vorbestimmter Reifungsprozess ist (Inside-Out), dann wäre dieses Kapitel an dieser Stelle sinnvollerweise zu Ende.

Bewegung als unabhängige Einflussvariable

Was wissen wir nun empirisch-analytisch über den Zusammenhang von Sprache und Bewegung in der frühen Kindheit? Aus pädagogischer und interventionstheoretischer Sicht: kaum etwas. Die wenigen, bei gesunden Kindern durchgeführten standardisierten Studien hierzu finden signifikante Korrelationen speziell zwischen der Feinmotorik und einer höheren Sprachkompetenz zwischen r=–.38** und r=.42** (Mandler / Zimmer 2006). Konkret betrifft das die motorisch stärkeren Kinder, die den größeren Wortschatz besitzen, sich verständlicher ausdrücken und deutlicher sprechen zu können. Zur Erklärung: Der Korrelationskoeffizient (r) identifiziert lineare Zusammenhänge und gibt dessen Stärke in einer einzigen zwischen –1 und +1 liegenden Maßzahl an (positiver Wert entspricht positivem, negativer Wert negativem linearen Zusammenhang; kein linearer Zusammenhang bei null). Je größer dieser Koeffizient ist, desto stärker ist der lineare Zusammenhang. Da Korrelationsstudien zu einem einzigen Messzeitpunkt keine Aussagen über Einflüsse und somit auch nicht über die Entwicklung zulassen, sind sie vor allen Dingen von Hypothesen generierendem Wert. Aussagekräftiger sind längsschnittliche, kontrollierte Interventionsstudien.

Forschungsdefizit

Tab. 15: Sprachbereiche und ihre Bewegungsäquivalente

Sprachbereich	weitere Bereichsteile	Bewegungsäquivalent
Prosodie (Tempo, Sprachrhythmus, Tonhöhe, Lautlänge/-stärke)	Intonation (Satzmelodie)	Bewegungslieder, Frage-Antwort-Spiele
	Stimmeinsatz (hoch vs. tief)	Körpereinsatz: hohe vs. tiefe Bewegungen
	laut vs. leise Sprechen	schnelle vs. langsame Bewegungen
	Rhythmik	rhythmische Verse in Bewegung umsetzen
Phonetik und Phonologie (Lautbildung und -unterscheidung als Phoneme: Entwicklung der phonologischen Bewusstheit, d.h., lautsprachliche Einheiten differenzieren können)	Artikulation	Spiele zur Übung der Mundmotorik
	Verse mit Endreimen	Fingerspiele
	Silben sprechen	Silben klatschen, stampfen, springen
	Laute produzieren, damit experimentieren	Tierbewegungen, Stimmimitationen
Semantik und Lexik (Semantik: Wortbedeutung; Lexik: Wortschatz)	Wortschatz Verben	Bewegungsformen (gehen, hüpfen, rennen)
	Begriffskategorien bilden	Tennis-, Wasser-, Fußball = Kategorie Ball
	Präpositionen	sich im Raume bewegen (auf, unter, hinter)
Syntax und Morphologie (Syntax: Wortstellung, Satzbildung; Morphologie: Wortformen, Wortbildung)	Pluralbildung	ein Ball, zwei Bälle; ein Spieler, zwei Spieler
	Aktiv- und Passiv-Formen	„Ich fange.", „Ich bin gefangen worden."
	Verbflexionen	„Ich bin geklettert."
	Wortstellung	„Ich krieg den Ball.", „Den Ball krieg ich."
Pragmatik (sich austauschen, in Diskurs treten, Herstellung und Gestaltung von sozialen Beziehungen)	eigene Absichten verdeutlichen	Regeln neu einbringen und erklären
	Kontaktaufnahme	Partner auswählen, Gruppenbildung
	Perspektivenübernahme	verschiedene Rollen einnehmen (Fänger und Jäger)

Beispiel: Nachsprechen von Kunstwörtern

Als Teil eines Projektes zur Gesundheits- und Bewegungsförderung in Kindertagesstätten wurden über zehn Monate 379 Kinder (N = 244 Intervention aus 10 Kitas; N = 135 Kontrolle aus 3 Kitas) auf die Sprachfördereffekte hin untersucht (Zimmer 2009c). Neben der generellen motorischen Verbesserung bei den geförderten Kindern zeigte sich im Sprachbereich eine signifikante Zunahme des *phonologischen Arbeitsgedächtnisses für Nichtwörter* (Kunstwörter nachsprechen wie „maluk“, „vominlapertust“) und ebenso beim *Satzgedächtnis*, das gleichermaßen zum Nachsprechen unsinniger Sätze auffordert.

Leistung des Arbeitsgedächtnisses

Auffällig an den Befunden dieser Studie ist, dass statistisch bedeutsame Differenzen zu Sprachbereichen berichtet werden, die keinen semantischen und stattdessen einen hohen allgemein-kognitiven Anteil in Form des Arbeitsgedächtnisses haben. Hier wurde folglich weniger die sinnverstehende Sprachkompetenz gemessen, als vielmehr die allgemeine kognitive Funktion, Lauteinheiten im Arbeitsgedächtnis kurzfristig zu speichern.

Fazit

Welche Schlussfolgerungen lassen sich nun ziehen? Die Hypothese liegt nahe, dass Bewegung keinen vorwiegend spezifischen Direkteinfluss auf die Sprachentwicklung hat, sondern überwiegend eine allgemeine, grundlegend positive Stimulation auf die Kognition von Kindern erbringt, die Anteile des Arbeitsgedächtnisses, der Konzentration und sehr wahrscheinlich auch den Neurotransmitterhaushalt und somit die Psychohygiene befördert (Kap. 3.2). Motorik ist wahrscheinlich ein Motor für die kognitive Entwicklung allgemein, indes die Sprache größtenteils indirekt davon profitiert (Abb. 27). In welcher Richtung und Stärke die Zusammenhänge existieren, bleibt eine wichtige Forschungsfrage in den nächsten Jahren.

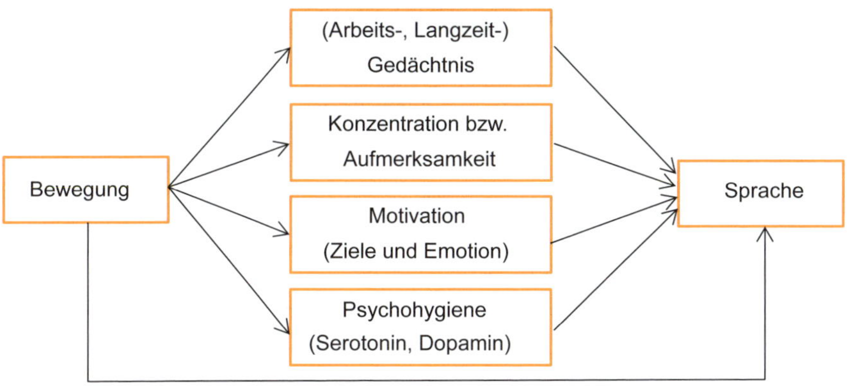

Abb. 27: Bewegung als überwiegend indirekter Einflussfaktor auf die Sprache über die Mittlerrolle kognitiver Funktionen

Forschung zu Sprachstörungen

Unterstützt wird diese Annahme von den weitaus in höherer Anzahl vorliegenden Befunden aus der Forschung zu Sprachstörungen (DGKJP 2007; AWMF 2011). Hier liegt in den meisten Fällen eine begleitende kognitive Retardierung vor, die sowohl mit der Sprache als auch mit der Motorik zusammenhängt (Moser 2008). Dabei zeigen sich auf neurologischer und neuropsychologischer Ebene die stärksten Zusammenhänge (Irmischer / Irmischer 1993, Kap. 1; Vigneau et al. 2006), da Sprache und Motorik auf neuronaler Ebene eng zusammenhängen und Sprechen selbst ein motorisch gesteuerter Akt ist. Ebenso auf zellulärer Basis wird aufgrund von Zwillingsstudien eine genetische Verbindung evident (Bishop 2002). Deshalb ist auch der weitere Befund aus der Studie von Zimmer einsichtig, dass vor allen Dingen die Schwachen am stärksten von einer bewegten Sprachförderung profitieren, da über die Einbindung aller Sinnesmodalitäten im Förderprogramm die Grundlagen allgemeiner Lernprozesse geschaffen werden.

Wahrnehmung, Bewegung, Sprachentwicklung

Normale Sprachenwicklung ist abhängig von der allgemeinen Sinnestätigkeit; eine gestörte Wahrnehmung würde eine gestörte Sprachentwicklung bedeuten, weshalb Bewegung als Mittel zur Förderung von Wahrnehmung wiederum indirekt die Sprache fördert (Frühwirth / Meixner 1998; Werning et al. 2012).

Programme zur Sprachförderung

Die Frage ist nun, wie aus den spärlichen Befunden zum Zusammenhang von Bewegung und Sprache gezielte und systematische Förderprogramme für den vorschulischen Bereich entwickelt werden können, die darüber hinaus einen motorischen Schwerpunkt beinhalten. Die Antwort darauf muss zurückhaltend gegeben werden, da die bisher in Deutschland erprobten Konzepte nicht den erhofften Durchbruch ergeben haben. So können am Sprachförderprogramm „Sag' mal was", das 90.000 Kinder betreute und für 39 Millionen Euro umgesetzt wurde (BaWü-Stiftung 2011), beispielhaft die bedingt Erfolg bringenden Bemühungen frühkindlicher Sprachförderung in Deutschland gezeigt werden. Weder können Gasteiger-Klicpera et al. (2011) für „Sag' mal was" insgesamt noch Schöler / Roos (2011) beim differenziellen Vergleich der drei zugrunde liegenden Teilförderprogramme von Penner (2003), Tracy (2003) und Kaltenbacher / Klages (2006 / 2008) jeweils hervorstechende Unterschiede finden. Tatsächlich waren nicht die Sprachfördermaßnahmen, sondern die Effekte von Kovariaten (Drittvariablen) wie die Intelligenz, der sprachliche Hintergrund (Deutsch vs. andere Erstsprache) sowie der Sozialstatus der Eltern statistisch bedeutsam.

Maßnahmen zur Sprachförderung

Was bleibt, ist die praktische Notwendigkeit und der politische Wille, trotzdem fördern zu müssen, da die Vielzahl bedürftiger Kinder insbesondere mit Migrationshintergrund (Dubowy et al. 2008; Kiziak et al.

2012) nicht einfach auf die nächsten Studienergebnisse warten kann. Die in Kapitel 3.5 anschließenden Erkenntnisse stammen folglich zu großen Teilen auch aus den gemachten Fehlern und stellen häufig gegenteilige Ableitungen von zuvor erdachten Maßnahmen und begrenztem empirischen Wissen dar. Vorschläge zu Maßnahmen der (bewegten) Sprachförderung kommen also derzeit nicht über den Status einer Heuristik hinaus. Erfolgversprechende Maßnahmen für die bewegungserzieherische Praxis im Bereich der Sprachförderung im Vorschulalter gibt es dennoch (Kap. 3.5).

3.4 Sozial-emotionale Entwicklung

Das gesunde Wachsen und Reifen des Kindes ist nur möglich, wenn es in einer sozialen Umwelt lebt, die **emotionale Wärme** spendet, **körperliche Nähe** zulässt und das biopsychologische **Grundbedürfnis nach Sicherheit** befriedigt. Innerhalb dieses sozial-emotionalen Schutzraumes dient Bewegung für das Kind als das Mittel zur Erkundung unsicherer Umwelten, in denen es Risiken eingehen, Mut aufbringen und Grenzen erfahren kann. Eine vertrauensvolle Bindung ist somit Grundlage für bewegte Nähe und Distanz zugleich.

Mensch als physiologische Frühgeburt

Vergleichen wir den Menschen mit anderen Tieren, so fällt aus bewegungswissenschaftlicher Sicht auf, dass er nicht wie andere Säuger von Beginn an gehen oder rennen kann (Nestflüchter), auch kein „Nesthocker", sondern ein *Tragling* ist (Hassenstein 2001, Kap. II, C2). Trotz vergleichsweise langer Entwicklungszeit im Mutterleib sind menschliche Säuglinge von Geburt an existenziell auf Hilfe von außen angewiesen. Diese starke Bedürftigkeit mündet in der Beschreibung vom Menschen als sogenannte physiologische Frühgeburt (Portmann 1953/1956), deren erste Lebenskompetenz nicht dem Komplexitätsgrad menschlicher Leistungen entspräche und die der Schätzung Portmanns nach um rund ein Jahr verzögert sei. Als sensomotorisch früh Geborene holen wir diesen Aufschub in einem sozialemotional gesicherten Umfeld im Laufe unserer Ontogenese nicht nur auf, vielmehr ergibt sich durch die ausführliche soziale Zuwendung eine kulturelle Beschleunigung biologischer Prozesse.

Wagenhebereffekt

So könnte zunächst von einem evolutionären Nachteil einer verfrühten Geburt ausgegangen werden. Stattdessen erweist sich eben diese Verletzlichkeit gleichzeitig als große Entwicklungschance. Gerade weil der Mensch mit seiner Geburt noch so unfertig und auf seine soziale Umwelt angewiesen ist, besitzt er ein hohes Maß an Offenheit und Veränderbarkeit, an Lernpotenzial und neuronaler Plastizität. Er ist in hohem Maße empfänglich für die einströmenden Reize, weshalb die Weitergabe sozialkultureller, kognitiv-emotionaler und motorisch-instrumenteller Techniken und Wissensbestände durch Erziehung und Bildung auf fruchtbaren Boden fällt. Da die über viele Generationen entwickelten Lebenskompetenzen überwiegend nicht mehr selbst erfunden werden müssen und in einem kollektiven Gedächtnis konserviert wurden, können sie dem Säugling mittels ausgiebiger sozial-emotionaler Zuwendung auf dem nächst höheren Niveau zur Verfügung gestellt werden. Aus anthropologischer Sicht fängt der Mensch mit der Geburt also nicht bei null an, sondern wird sozial beschleunigt und wie mit einem Wagenheber auf die bereits nächst höhere Ebene gestellt (Tomasello 2002).

3.4.1 Bindung

Sicherheit durch Bindung

Vor diesem Hintergrund einer stark umweltbezogenen Bedürftigkeit einerseits bei gleichzeitig vorhandenem Entwicklungspotenzial andererseits antworten wir Menschen im Normalfall sozial: mit bewegt-körperlicher Zuwendung, emotionaler Wärme, sprachlich-stimmlicher Interaktion sowie pflegerischer Versorgung mit dem Notwendigsten (Nahrung, Schutz, Hygiene). Die **soziale Abhängigkeit** ist derart existenziell, dass sie nicht dem Zufall überlassen, sondern von unserer Phylogenese mit einer besonderen Form zwischenmenschlicher Beziehung gesichert und stabilisiert wird: der Bindung.

Das moderne Verständnis von **Bindung** (engl. attachment) kennzeichnet sich durch die hohe emotionale Stärke und Intensität der Beziehung, eine positive Definition von und Freude an der Beziehung, die aktive Suche nach einer und der Orientierung an der Bindungsperson, der Bindung als Stärkungsressource in belastenden Situationen und Bindung als eine relativ dauerhafte Beziehung (Bierhoff 2006; Berk 2011; Lengning/Lüpschen 2012).

Qualität von Bindungen

Die Qualität der Bindung im Säuglings- und Kleinkindalter entscheidet maßgeblich über die Qualität

- der Beziehung zu anderen Kindern/Peers (z.B. in Form von Aggression, Angst- und Rückzugsverhalten, Denham et al. 1991; NICHD 1993/1998),

- der Bindung zum eigenen späteren Kind (Tradierung eigener Bindungserlebnisse, Heim et al. 2009) und
- der eigenen Partnerbeziehung (Brisch 2007).

sichere Bindung

Zusammengefasst haben sicher gebundene Kinder mit zunehmendem Alter meist weniger Angst bzw. zeigen weniger Aggression in belastenden Situationen (angemessene Emotionsregulation), besitzen eine höhere Übereinstimmung von Selbst- und Fremdwahrnehmung, haben ein stabileres Netz an Freundschaften, eine überwiegend symmetrische Beziehung zu den Eltern, eine realistischere Selbsteinschätzung und höhere Selbstsicherheit sowie einen insgesamt höheren Selbstwert (Grossmann / Grossmann 2012; Video 7).

Bindungsverhalten und Umwelteinflüsse

Diese Beobachtungen bleiben in Abhängigkeit bestimmter **Umwelteinflüsse** (z. B. negative Lebensereignisse wie die frühe Scheidung der Eltern) und **Bindungsstile** zeitlich betrachtet relativ stabil (Weinfield et al. 2004). Zwar gibt es einerseits bestimmte kulturelle Unterschiede (Keller 2008), allerdings zeigen sich über die Kulturen hinweg ebenso viele Übereinstimmungen (van IJzendoorn / Kroonenberg 1988). Bindungen können sich also auch noch nach der kritischen Phase innerhalb der ersten 6 bis 24 Lebensmonate sowohl positiv aufbauen als auch negativ entwickeln. Die Aufgabe der Bewegungserziehung in der frühen Kindheit ist es nun, Art und Ausmaß der Bindung einerseits über das Explorationsverhalten zu beurteilen, um es andererseits durch das fein abgestimmte Wechselspiel von körperlicher Nähe und motorischer Freiheit zu fördern. Die Eltern müssen hierzu eingebunden werden.

Beispiel: körperliche Nähe vs. Nahrung

Wie bedeutsam der bewegungserzieherische Aufbau und die Gestaltung von Bindung ist, zeigt sich vor allem dann, wenn sie komplett abgebrochen oder nur spärlich wahrgenommen wird. Dies verdeutlicht das berüchtigte Experiment, das dem Stauferkaiser Friedrich II. (1194–1250 n. Chr.) zugeschrieben wird. In der Bestrebung, herausfinden zu wollen, welches die Ursprache der Menschheit sei, sollten Säuglinge ohne mundsprachliche oder sensomotorische Zuwendung in ihrer Sprachentwicklung beobachtet werden. Trotz pflegerischer Versorgung durch die Ammen mit Milch, Kleidung und Hygiene, starben sämtliche Kinder aufgrund der mangelnden Gelegenheit zum Aufbau einer sozial-emotionalen Bindung. Da dieses Experiment nur eine anekdotische Glaubwürdigkeit besitzt, wurde es in einem klassischen Experiment von Harlow / Zimmermann (1959) im Rahmen moderner ethischer Forschungsrichtlinien wiederholt. Um die unterschiedliche Bedeutung von körperlicher Nähe, Sensorik und Wärme versus einem biophysiologischen Bedürfnis (hier: Nahrung) zu klären, wurde Makakensäuglingen entweder eine Ersatzmutter aus bloßem Drahtgestell oder das gleiche Gestell mit einem weichen Frotteeüberzug angeboten. Beiden Versuchsbedingungen wurde jeweils im Wechsel noch eine Milchflasche hinzugegeben, sodass sowohl die Draht-Mutter als auch die Frottee-Mutter jeweils getrennt Milch anboten. Das überraschende Ergebnis: Selbst in dem Fall, wo nur die bloße Drahtgestellmutter die Flasche hatte, zogen die Affensäuglinge eine weitaus längere Kuschelzeit mit der Frotteemutter der blanken Drahtmutter mit dem Milchangebot vor. Nicht der Hunger machte also primär den Unterschied im Aufbau der Bindungsstärke aus, sondern der enge, wohltuende äußerliche Körperkontakt (exterozeptive Somatosensorik). Der sensorische Umgang mit dem Körper – als eine zentrale pädagogische Kategorie der Bewegungserziehung – spielt folglich eine wesentliche Rolle für Aufbau und Ausmaß erfolgreicher Bindung.

Rolle der Gene

Wir haben gesehen, wie wichtig soziale Umwelteinflüsse auf die frühe Bindung sind und wie sie sich auf die weitere Verhaltensentwicklung des Kindes auswirken. Bewegung (z. B. Massage, Streicheln) und Körper spielen hierbei für den positiven Aufbau eine bedeutende Rolle. Wie sehr, das zeigen Forschungsergebnisse aus der neuen Disziplin der Social Neuroscience, die den Einfluss von Genen auf die Bindungsfähigkeit sowie umgekehrt von sozialen Einflüssen auf die Gene und damit einhergehender Hirnentwicklung untersucht.

Oxytozin als Bindungshormon

Einen entscheidenden Akteur in diesem Zusammenspiel stellt das Hormon (Neuropeptid) Oxytozin dar, dessen Wirkungen physiologisch betrachtet z. B. die Wehen auslöst und den Milchfluss begünstigt. Generell auch als Anti-Stress-Hormon bekannt, ist es ein Gegenspieler von Kortisol, senkt den Blutdruck, dämpft Angstgefühle und hebt die Stimmung (Kirsch et al.2005; Ehlert / von Känel 2011). Deshalb erweist sich auf Seiten der Eltern und Erwachsenen eine hohe Ausschüttung dieses Neuropeptids als positive Einflussvariable auf ein stärkeres Bindungsverhalten (Feldman et al. 2007; Meyer-Lindenberg et al. 2011; Feldman 2012; Kumsta / Heinrichs 2012). Umgekehrt spielt grundsätzlich bei Primaten der motorisch-körperliche Kontakt in Form von Streicheln, Kitzeln oder Massage eine große Rolle bezüglich der Hormonausschüttung beim Aufbau und / oder der Festigung von Bindung auf beiden Seiten der Bindungspartner (Dunbar 2010). Dies gilt sowohl für Mütter (Matthiesen 2001), Väter (Cullen 2000) als auch für das Kind selbst (Fries 2005; Underdown et al. 2009).

Bindungsaufbau und -gestaltung

Die zuvor beschriebene sensomotorische Zuwendung haben Ainsworth et al. (1978) als Teil der Feinfühligkeit (engl. sensitivity) beschrieben. Hiermit ist eine zärtliche, gefühlsbetonte Hinwendung zum Kind gemeint, weiterhin die genaue Wahrnehmung und die zutreffende Interpretation des kindlichen Verhaltens sowie die schnelle und zutreffende Beantwortung kindlicher Bedürfnisse (Meta-Analyse, de Wolff/van IJzendoorn 1997). Ergänzende Fördermaßnahmen sind die Kontinuität und somit Verlässlichkeit der Beziehung sowie eine ermutigende und lobende Mutter/Vater-Kind-Interaktion. Generell sind Interventionen und Präventionsprogramme zur Bindung dann am erfolgreichsten, wenn sie kurz und inhaltsdicht direkt auf die verbesserte Feinfühligkeit bei der Mutter abzielen (Bakermans-Kronenburg et al. 2003). So betrachtet ist eine gute bewegungspädagogische Intervention in der frühen Kindheit nicht nur ein rein motorischer, sondern auch und vor allem ein sozial-emotionaler Prozess, bei dem sich Frühpädagogin bzw. Frühpädagoge und Kinder körperlich nahe kommen dürfen und sogar sollen. Entspannung durch Massage, Bewegungsspiele oder Übungen zur Körperwahrnehmung (Kap. 3.5) bieten hier einen idealen Anlass.

Kita als besondere Umwelt

Aufgrund des Verlaufs emotionaler Entwicklung (Holodynski 2006) stellen die Monate bis zum 2. Lebensjahr die fundamentalen Weichen für die Bindung und das spätere Bindungsverhalten. Umso schwerer wiegt der Einfluss von Umweltbedingungen, die durch eine Vielzahl fremder und heterogener Sozialkontakte die Stabilität der Bindung auf die Probe stellen. Eine solche Umwelt bieten Kinderkrippe, -hort und -tagesstätte. Mit dem Übergang (Transition) aus familiärer Vertrautheit in die Konventionen und Erwartungen öffentlicher Erziehungs- und Bildungseinrichtungen begegnen dem Kind in kürzester Zeit sehr viele unbekannte Kinder und Erwachsene. Damit trifft es ebenso auf eine Vielzahl neuer Regeln, konkurrierender Wünsche und Bedürfnisse, eine höhere (und anstrengende) Kommunikationsaktivität, neue und längere Bewegungsradien, kompetentere Bewegungsvorbilder, ungewohnte Verhaltensweisen und emotionale Regungen, das Erlebnis der längeren Trennung von den Eltern usw. Die sozial-emotionalen Anforderungen steigen folglich exponentiell und gipfeln in sozial standardisierten Alltagsanforderungen (z. B. teilen, helfen, hinten anstellen, andere ausreden lassen, beim Spiel abwechseln, tauschen, Kompromisse schließen oder Konflikte lösen).

Entwicklungsaufgaben

Als notwendige Entwicklungsaufgaben arbeiten sich die Kinder Schritt für Schritt mithilfe von Pädagoginnen und Pädagogen daran ab. Aus ihnen erwachsen als Folge Erziehungsaufgaben für die pädagogischen Fachkräfte, die maßgeblich im Aufbau, der Aufrechterhaltung sowie angemessenen Auflösung von Beziehungen bestehen, innerhalb derer die Solls, das Du-Must und Du-Darfst ausgehandelt werden. Somit stellt sich auch grundsätzlich die Frage, ob in Anbetracht von mehreren Kindern pro Fachkraft (und somit der Aufteilung emotionaler Ressourcen), der normativen Überladung des expliziten Erziehungssettings sowie des befristeten zeitlichen Überdauerns überhaupt eine Bindung als besondere Form der Beziehung aufgebaut werden kann.

3.4.2 Emotion

Emotionen und soziale Interaktion

Die soziale Entwicklung des Menschen ist weder phylogenetisch noch ontogenetisch zu verstehen, ohne den Beitrag der Emotionen zu kennen. Wer seine und die Emotionen anderer nicht kennt, sie unzutreffend wahrnimmt, sie deshalb auch unangemessen ausdrückt und sie nicht in Art und Intensität regulieren kann, dessen soziales Handeln ist auffällig bis gestört (Niedenthal / Brauer 2012).

Emotionen als Bewegung

Emotion (lat. e oder ex = heraus und motio = Bewegung, Wallung, Regung) bedeutet aus etymologischer Sicht die **Herausbewegung innerer Zustände und Prozesse**. Aus zunächst nur innerlich entstandenen Regungen werden – vor allem bei Kindern – äußerliche Verhaltensweisen, die stimmlich, verbal, mimisch, gestisch oder postural (Körperhaltung) wahrnehmbar sind. Emotionen sind also per se eine bestimmte Art von Bewegung innerer wie äußerer Vorgänge. Emotionalisierte Kinder sind infolgedessen immer auch bewegte Kinder, weshalb der Umgang mit Emotionen ein integraler Bestandteil der Bewegungserziehung ist. Die entscheidende Frage ist nun, was diese Vorgänge auslöst bzw. was oder wer die Bewegung des Organismus veranlasst.

Emotionen als Antwort

Die evolutionstheoretische Erkenntnis hierzu lautet, dass Emotionen Antworten der Evolution auf entsprechende Anforderungen der Umwelt sind (LeDoux 2006). Als ausgeklügeltes Anpassungsverhalten dienen sie einerseits dem Subjekt, die Interpretation von Reizen der Umwelt zu verstärken, wie z. B. bei einer wahrgenommen Gefahr Angst zu haben, damit schneller gerannt werden kann (Vermeidungsantwort) oder wahlweise die Gefahr zu bekämpfen, indem wir Menschen wütend werden (Annäherungsantwort). Dieses grundlegende Muster hat bereits Thorndike (1914 / 1930) mit Bezug auf die Möglichkeiten der Erziehung beschrieben und nannte sie flight (Flucht) und fight (Kampf). Andererseits dienen Emotionen als schnell zu sendende, äußere Botschaft für die soziale Umwelt, welche Absichten gehegt werden und welche innere Befindlichkeit vorliegt. Im positiven Falle (engl. friend, wohlwollendes Annährungsverhalten Schwarz 2010) wird die emotional-kooperative Absicht z. B. gesichtsmotorisch in Form von Lachen ausgedrückt (Video 4).

3.4.3 Emotionale Kompetenz

Emotionen haben also eine innere und äußere Komponente, die subjektiv wahrgenommen und intersubjektiv (sozial) gedeutet wird, z. B. über die Interpretation des Gesichtsausdrucks. Holodynski fasst diesen Umstand kompakt zusammen:

> *„Eine Emotion ist ein psychisches System, das interne bzw. externe kontextgebundene Anlässe in ihrer Bedeutung für die eigene Motivbefriedigung bewertet, adaptive emotionsspezifische Ausdrucks- und Körperreaktionen auslöst, die über das Körperfeedback als Gefühl subjektiv wahrgenommen und mit dem Emotionsanlass in Zusammenhang gebracht werden, so dass motivdienliche Bewältigungshandlungen ausgelöst werden (können), sei es durch die Person selbst oder durch den Interaktionspartner." (Holodynski 2006, 83)*

emotionale und soziale Kompetenz

Kommt es bei diesem Ausdrucks- und Interpretationsvorgang zu Störungen, ergibt sich konsequenterweise auffälliges bis gestörtes Sozialverhalten. Ohne emotionale Kompetenz kann es folglich keine soziale Kompetenz geben. Auf dieser Basis entwirft Saarni (1999 / 2008) ein Modell emotionaler Kompetenz, das aus acht Fertigkeiten besteht:

- Emotionen bei sich wahrnehmen können,
- Emotionen bei anderen erkennen können (z. B. im Gesicht),
- Emotionen versprachlichen / verbalisieren sowie nonverbal ausdrücken können,
- Verständnis für die Gefühle anderer und Mitgefühl haben,
- Verstehen, dass innere Zustände nicht dem äußeren Verhalten entsprechen müssen (z. B. innerlich Fluchen und äußerlich Gelassenheit zeigen),
- negative Emotionen annehmen, aushalten und bewältigen können,
- wissen, wie Emotionen Beziehungen beeinflussen und

- emotionale Selbstwirksamkeit besitzen, d.h. Emotionen sozialverträglich einsetzen können.

Ohne Berücksichtigung dieses Wissens können Bewegungsspiele und -übungen noch so ausgeklügelt geplant sein: Sofern die Frühpädagogin oder der Frühpädagoge diese emotionalen Fertigkeiten selbst nicht besitzt oder sie im Rahmen der Bewegungserziehung nicht thematisiert, kann emotionale Kompetenz nicht systematisch erworben werden.

3.4.4 Motorik, Emotion und Sozialverhalten

Emotionserkennung und -verständnis

Vermeintliche wissenschaftliche Abhilfe für das emotionale Erkennungsproblem haben im Falle der Gesichtsinterpretation Ekman / Friesen / Oster (1972 / 1978 / 1999) geschaffen. Das von ihnen entwickelte Facial Action Coding System (FACS) bietet die Möglichkeit, grundlegende, kulturübergreifende Emotionen mithilfe der Analyse von Gesichtszügen der 43 menschlichen Gesichtsmuskeln (Gesichtsmotorik) zu bestimmen. Grundlage hierfür waren die Untersuchungen von Charles Darwin (1872) zum „Ausdruck der Gemütsbewegungen bei den Menschen und den Tieren“.

Koordinations- und Wahrnehmungsstörung

Wesentlich für die Bewegungserziehung ist, dass die Erkennung der zutreffenden Emotion nicht nur abhängig vom Alter, sondern auch von der Qualität motorisch-koordinativer Fähigkeiten ist. Der empirische Zusammenhang stellt sich wie folgt dar: Kinder mit entwicklungsbedingter motorischer Koordinationsstörung (engl. DCD, Developmental Coordination Disorder, Geuze et al. 2001) besitzen häufig auch eine visuell-räumliche bzw. visuell-motorische Wahrnehmungsstörung (Wilson / McKenzie 1998). Eben diese Schwierigkeit in der Wahrnehmung visumotorischer Reize geht einher mit einer schlechteren emotionalen Gesichtererkennung (Erickson / Schulkin 2003).

auffälliges Sozialverhalten

Da wir gesehen haben, dass ohne angemessene Interpretation emotionalen Verhaltens keine angemessene Einschätzung der Intention des Sozialpartners möglich ist, scheint die Störung in der Beziehung in Form auffälligen Sozialverhaltens vorprogrammiert. Als Folge der selbst wahrgenommenen sozialen Auffälligkeit wird bei tendenziell intraversiven (zurückhaltenden) Kindern die Hemmung bis hin zu Sozialängsten verstärkt (Schoemaker / Kalverboer 1994; Skinner / Piek 2001) und Kinder mit überwiegend extraversiv-impulsivem Charakter können Aggressionen aufbauen. Die emotionale Hemmung wiederum führt zu motorischer Hemmung, sodass diese Kinder auch seltener auf andere Kinder zugehen,

Kontakte knüpfen und über Bewegung und Spiel Freundschaften anbahnen. Hingegen führt eine aggressive Emotion zu motorischem Hyperverhalten, bei dem die Kinder anecken und gemieden werden (Abb. 28).

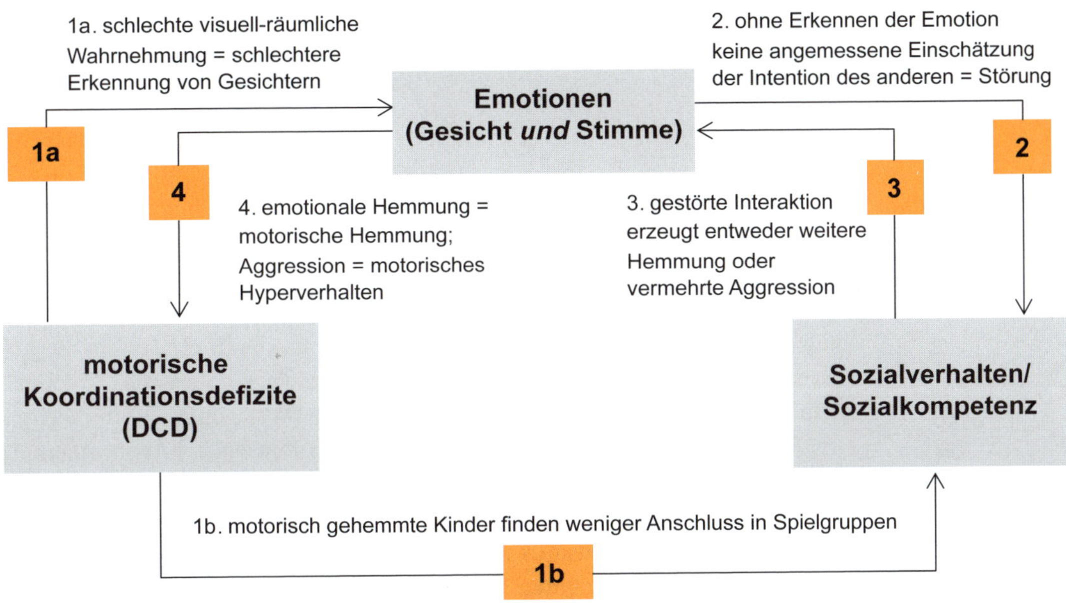

Abb. 28: Zusammenhang von motorischer Koordinationsstörung, Emotionen und Sozialverhalten als wechselseitiges Wirkungssystem

Forschungsnotstand

Der genaue empirische Zusammenhang von Motorik und Sozialverhalten in der frühen Kindheit ist jedoch weder im englischsprachigen (Bart, Hajami und Bar-Haim 2007; Piek et al. 2008) noch im deutschen Sprachraum (Zimmer 1981 / 1996; Everke et al. 2009; Schwarz 2013) zufriedenstellend untersucht. Forscher sprechen hier von einer erst noch zu schließenden Forschungslücke bzw. einem *Desiderat*. Dies ist vor dem Hintergrund der tatsächlichen Auftretenshäufigkeit (Prävalenz) sozial-emotionaler Störungen dringend notwendig. So berichten Tröster und Reineke (2007) von Auffälligkeiten bei rund jedem fünften Kind gemäß emotional-intraversivem Verhalten (z. B. Zurückgezogenheit, Unglücklichsein) sowie fehlenden Positivkompetenzen (z. B. andere mitspielen lassen, Konflikte konstruktiv lösen) bei rund jedem sechsten Kind. Hölling et al. (2007) finden einen sozial-emotionalen Gesamtproblemwert (SQD-Elternbericht) bei 3- bis 6-Jährigen von 13,6 % (grenzwertig bis auffällig). Hierbei liegen die Jungen mit 15,8 % über den Mädchen mit 10,6 %. Insbesondere Migrantenkindern wird ein rund doppelt so hoher Problemwert zugesprochen im Vergleich zu Nicht-Migrantenkindern. Ein sozioökonomisch niedriger Status wird ebenfalls mit hohen Problemwerten verbunden (24,1 %).

bewegungserzieherischer Handlungsbedarf

Damit diesem steigenden Trend bewegungserzieherisch frühzeitig vorgebeugt werden kann, sind die genaue Beobachtung der emotionalen Entwicklung sowie die Kenntnis des Verlaufs die Grundlagen.

3.4.5 Emotionsregulierung durch Bewegung

Angemessenheit emotionaler Antworten

Mit dem Zuwachs an emotionalen Ausdrucksmöglichkeiten und -formen wächst synchron dazu die Wahrscheinlichkeit sozialer Verstöße. Um Konflikte, Missverständnisse oder Ausgrenzung zu vermeiden, braucht es deshalb einerseits die Fertigkeit, zu heftige Intensitäten abzumildern oder eine zu geringe Ausdrucksstärke hochzufahren. Andererseits ist es wichtig, die Art der situativ entstandenen Emotion auf ihre generelle soziale sowie subjektiv-gesundheitliche Angemessenheit hin zu bewerten. Wer sich bei Kleinigkeiten stets ärgert, sollte nicht nur den Ärger z. B. über Bewegung herunterfahren, sondern ein grundsätzlich anderes emotionales Verhaltensmuster ausbilden, da die Wahl der negativen Emotion als solche nicht dauerhaft zur gesunden Entwicklung des Organismus passt. In der Endphase der Entwicklung zeigen sich die beiden Komponenten als aktive und komplexe Leistung willentlicher Einflussnahme auf die emotionale Regulation des Selbst.

Emotionale Regulation bedeutet die Einflussnahme auf Art, Dauer und Intensität von Emotionen, um ihnen nicht ausgeliefert zu sein, sondern sie sowohl für die eigene Person als auch sozial zielführend einzusetzen.

Regulationsformen

Dabei können grundsätzlich drei Formen der Regulation unterschieden werden, die sich nach Herkunft (Wer initiiert die Regulation?) und Zielperson (Wem gilt die Regulation (außerdem)?) abgrenzen lassen:

- von anderen mit anderen (exogen-interpersonal),
- von sich aus bei / mit anderen (endogen-interpersonal) und
- von sich aus und mit sich selbst (endogen-intrapersonal) lenken / gelenkt werden (Petermann / Wiedebusch 2003; Holodynski 2006).

Generell gilt, dass der hohe Anteil der interpersonalen Regulation beim Säugling mit zunehmendem Alter abnimmt und der Beitrag der eigenen, intrapersonalen Einflussnahme stetig zunimmt. Im späteren Kindesalter treten gleichwohl immer noch Regulationsformen früherer Phasen auf (Abb. 29).

emotionale Ko-Regulation

Die von außen kommende Form der Einflussnahme auf Art und Intensität des Umgangs mit den eigenen Emotionen wird *exogen-interpersonale Regulation* genannt. Sie betrifft vor dem Hintergrund der starken Außenlenkung primär die Säuglingszeit. In den ersten Lebensmonaten übernehmen die Eltern aufgrund der kognitiv-motorischen Gebundenheit stellvertretend für den Säugling die Erfüllung seiner angeborenen und unabhängig vom bewussten Willen geäußerten Bedürfnisse. *Endogen-interpersonal* stellt sich die Bedürfnisäußerung z. B. als regulatives Weinen, Schreien, Klammern, Saugen aber auch zufriedenes Glucksen und Lächeln dar. Von den primären Bezugspersonen wird dieses Verhalten exogen durch stimmliche, mimische, gestische und sensomotorische Resonanz begleitet. Wir haben es hier also mit einer beidseitigen bzw. *Ko-Regulation* zu tun, die trotz rudimentärer Vorläuferemotionen (Sroufe 1996) auf Seiten des Säuglings funktionieren kann, weil beide Kommunikationspartner *prä-adaptiert* sind, d. h., beide Seiten weisen eine unwillkürliche Form gegenseitiger Zuwendung auf, die im Falle der Eltern als intuitive elterliche Didaktik bezeichnet wird (Papousek / Papousek 1987; Video 5 – vielfältiges regulatives Verhalten beim Erklimmen eines Stuhls).

Emotionsrepertoire

Somit kann sich aus einfachen physiologischen Regungen und Ausdrucksformen des Säuglings mithilfe der Bezugspersonen ein differenziertes Repertoire an Emotionen und ihrer Regulation herausbilden (Holodynski / Oerter 2008).

Erweiterung des kindlichen Handlungsspielraums

Die zeitlich daran anschließende zweite Phase bringt mit zunehmenden kognitiven und motorischen Fertigkeiten eine stärkere Intentionalität der Regulation mit sich. Mit Beginn des Drehens, Kriechens und Krabbelns und anschließendem Gehen (Kap. 1) erweitert sich der Handlungsspielraum massiv. Die Folge davon sind zunehmende Umweltanforderungen, die wiederum höhere kognitive Leistungen bedingen. Zwischen 6 und 18 Monaten benutzt der Säugling / das Kleinkind nicht mehr nur prä-adaptiert, sondern zunehmend intentional und willentlich erste emotional-regulative Techniken zur Beeinflussung der sozialen Umwelt (endogen-interpersonal), um die eigenen Ziele zu erreichen, motorisch verwirklicht z. B. auf dem Arm sitzend, um dann den Oberkörper in eine bestimmte Richtung zu drehen und dabei freudig zu strampeln und zu lachen. Oder das Kind sucht sich motorisch durch aktives Zugehen auf die Mutter deren sensorische Zuwendung durch Umarmen und Kuscheln.

Erweiterung des elterlichen Handlungsspielraums

Umgekehrt wirken exogen die Eltern zunehmend sprachlich-emotional

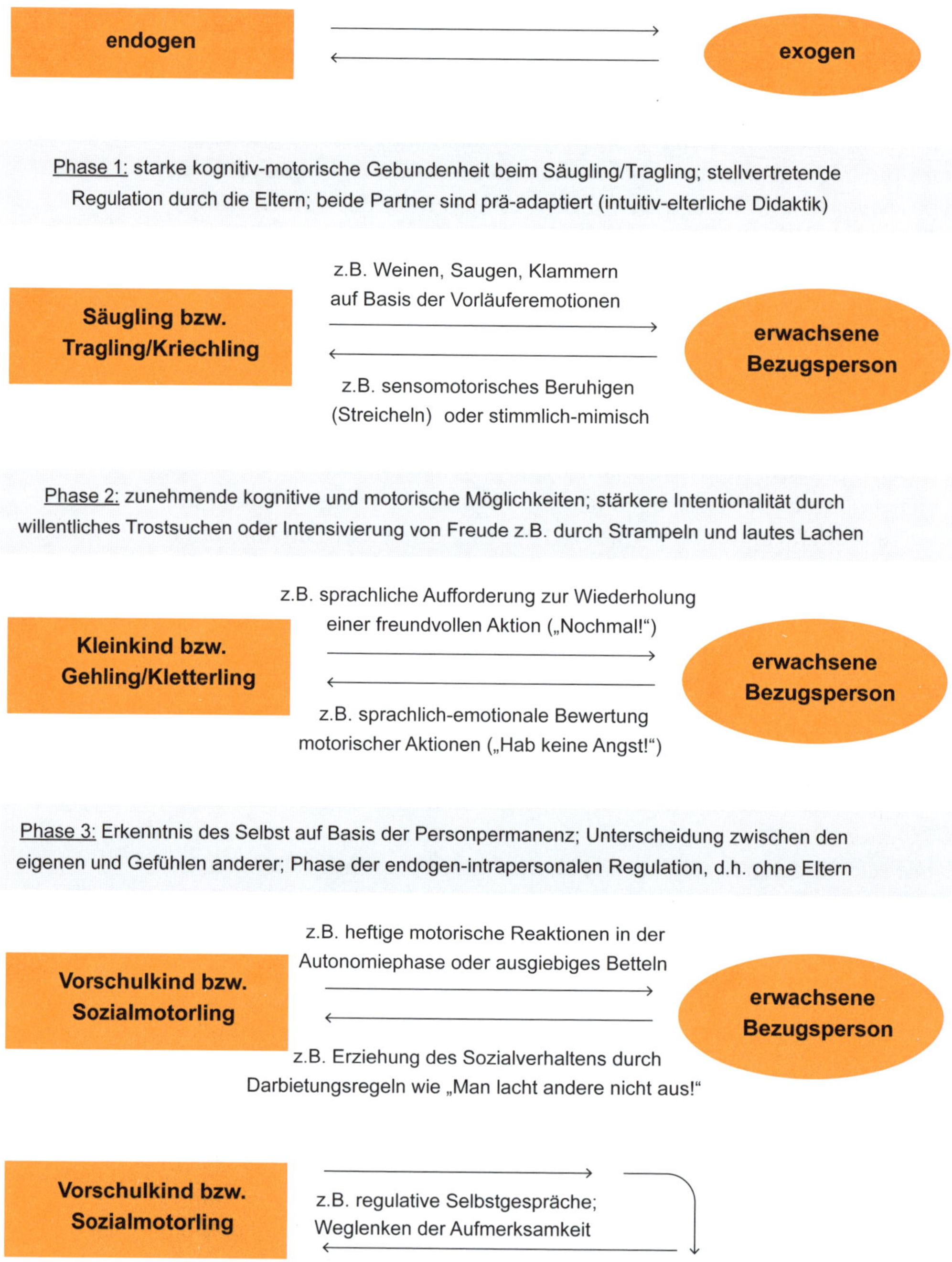

Abb. 29: Entwicklung und Qualität sozial-emotionaler Regulation bei Kindern im Alter von 0 bis 6 Jahren

auf die Kleinkinder ein, indem sie motorisch relevante Situationen emotional bewerten, z. B. nach einem Sturz mit „Ist doch nicht so schlimm“ oder vor einem Sprung aus großer Höhe mit: „Brauchst keine Angst zu haben! Trau Dich!“

Ich-Verständnis

Im breiten Zeitkorridor von 18 bis 30 Monaten setzt dann eine dritte wichtige Phase ein, die als *endogen-intrapersonal* bezeichnet wird und einen Meilenstein in der Entwicklung des Menschen voraussetzt. Diese Voraussetzung ist ein vorhandenes Bewusstsein vom Ich als eigenständiger Entität (Erkennen des Selbst) und somit die Erkenntnis, dass die eigene Person eine Permanenz besitzt (Personenpermanenz), das Selbst also als stabil identifiziert wird (Eisenberg et al. 2010). Dies ermöglicht bis zum Kindergartenalter das Wissen, dass die eigene Emotion nicht jene des sozialen Gegenübers sein muss und mit sich selbst ausgemacht werden kann, ohne der Wahrnehmung des Beziehungspartners anteilig zu werden. In diesem Stadium braucht das Kind nicht mehr notwendig die regulative Hilfe von außen und setzt die ehemals externe (Bewegungs-)Erziehung in ersten einfachen Schritten als Selbsterziehung um, z. B. in Art emotionaler Selbstgespräche oder Rollenspiele (Wygotski 1934 / 1964).

Zusammenspiel aller Regulationsformen

Dennoch bleiben in dieser dritten Phase sowohl exogen- als auch endogen-interpersonale Regulationsformen vorhanden. Erstgenannte in Form von sozialen Anpassungsregeln (Darbietungsregeln, Holodynski 2006), z. B. die Freude über einen Sieg nicht auf Kosten anderer ausschlachten, nicht zu lautes Lachen oder der Aufruf, sich zu schämen oder die Bedürfnisspannung aufzuschieben („Stell dich bitte hinten an!“). Beim endogen-interpersonalen Fall tritt in dieser dritten Phase besonders die sogenannte *Autonomiephase* (früher: *Trotzphase*) hervor, in der das Kind intensiv und bisweilen motorisch massiv auf das seine gewünschten Handlungen regulierende elterliche Verhalten reagiert.

Bewegungserziehung als Regulation

E-Motionen sind Bewegungen des menschlichen Organismus, die entworfene Ziele in ihrer Richtung intensivieren (Motivation) und als beobachtbares Verhalten subjektiv sinnvolle Botschaften an die soziale Umwelt senden. Wer folglich mit und zur Bewegung erzieht, der *bewegt* (reguliert) grundsätzlich immer auch die beteiligten Emotionen mit. Bewegungserziehung ist damit aber gleichzeitig auch Erziehung des Sozialverhaltens, da emotionale Regungen, sofern sie äußerlich wahrnehmbar sind, immer auch Wirkungen auf das soziale Umfeld haben. Wie können nun Frühpädagoginnen und -pädagogen konkret bewegungserzieherisch auf die sozial-emotionale Entwicklung einwirken? Erzieherisch wirkende Regulation findet grundsätzlich betrachtet in jeder Alltagssituation statt, die sehr intensive und / oder nicht zweckdienliche Emotionen beinhaltet. Dies betrifft das Spiel mit den Bauklötzen, in denen es nicht so klappt, wie das Kind es sich vorstellt und zur Verärgerung führt, ebenso Ex- und Inklusionsprozesse beim gemeinsamen Spiel, in denen neben Freude auch Frust und Trauer auftauchen. Ebenso beispielhaft bezeichnend sind die Trennungsangst beim morgendlichen Verabschieden und die Wiedersehensfreude beim nachmittäglichen Abholen des Kindes aus der Kita.

3.5 Empfehlungen für die bewegungserzieherische Praxis

Praxistipps: Körper und Sinne

Der Körper ist der Boden, auf dem die Kognition wächst und gedeiht. Je besser wir den Körper pflegen, im Sinne taktiler und sozialemotionaler Zuwendung, desto besser kann sich die sogenannte Pflanze Hirn entwickeln. Deshalb gilt:

- Zur Bewegungserziehung gehört neben der Anspannung immer auch die Entspannung. Als zweifache Spannungsregulation sollte sie in täglichen freien oder gelenkten Phasen möglich sein (z.B. im Bewegungsraum oder separat im Ruheraum).

- Ein gutes Körperverständnis geht mit einer kompetenteren Handhabung (Bewegungskönnen) einher. Spielen Sie gezielt Körperkennenlernspiele (z.B. Körper zeichnen lassen, den Körper mit geschlossenen Augen berühren und Körperglieder erraten, Körperfiguren aus Knete basteln).

- In einer durch Medien stetig monotoneren Sinneswelt (Auge-Ohr-Schwerpunkt) ist die tägliche Zeit im Freien Pflicht!

- Sinne sind die Pforten zum Körper: Öffnen Sie diese, indem Sie jede sich bietende Möglichkeit nutzen, dass die Kinder *alle* Sinne einsetzen (z.B. beim Essen, aber auch beim Handwerkern. Motivieren Sie: „Riecht mal kräftig an dem Holz, streicht mal zart über die Oberfläche!“ etc.)

Praxistipps: Kognition

Sehen Sie als Frühpädagogin bzw. Frühpädagoge die Bewegung nicht nur als Zubringer und Mittel zum Zweck kognitiver Leistungssteigerung, sondern machen Sie Bewegung über sinnvolle Umweltarrangements selbst zum Zweck. Genau dann wird immer auch die Kognition mitbeansprucht.

Sollten aber tatsächlich spezifische didaktische Bestrebungen vorhanden sein, empfehlen sich in der Tat nachfolgende neurodidaktische Leitsätze:

- Schöpfen Sie Vernetzungsressourcen aus, denn Sinn macht, was in die Sinne kommt. Lassen Sie viele und vielfältige Materialien ausprobieren, gehen Sie so oft es geht hinaus in die Natur, um die ganze Breite natürlicher Impulse aufnehmbar zu machen. Intersubjektivieren Sie die subjektive Sinneswahrnehmung („Das ist mir zu hart, das finde ich zu schwer.") durch den Austausch mit anderen Kindern (Sprechen Sie über Empfindungen, Gefühle, Eindrücke) und zwangsobjektivieren Sie nicht erzieherisch.

- Visualisieren Sie Ziele, versprachlichen und reflektieren Sie: Ordnen Sie das Chaos, denn ordnen ist verorten und schafft Antworten. Kindliches Bewegen ist fließend, ungestüm, teilweise wild, aber immer kreativ. Kindern mangelt es, wenn ihnen die Erlaubnis gegeben wird, meist nicht an Bewegungslösungen. Was sie *nach* Phasen großer Exploration brauchen, sind Struktur und Orientierung. Kleine sprachliche Impulse („Achte mal auf deinen Kopf beim Rollen: In welcher Stellung geht es leichter?") machen das Handeln bewusst und helfen bei der Auswahl relevanter Lösungen. Nennen Sie Bewegungsziele und lassen Sie diese überprüfen.

- Konzentrieren Sie sich auf das Wichtige, denn wer sprichwörtlich zwei Hasen jagt und nicht einen, fängt keinen. Kinder müssen in Anbetracht beschränkter neuronaler Kapazitäten lernen, sich auf das Wesentliche zu konzentrieren und ihre Aufmerksamkeit zu steuern. Stellen Sie Rückfragen („Was willst du jetzt im Moment erreichen? Tust/Hast du, was du dafür brauchst oder machst du noch andere Sachen nebenher?")!

Fazit

Schließlich gilt: Viele Tätigkeiten des Alltags (z. B. das Puzzeln) sind schon ein sehr gutes Training exekutiver Funktionen. Binden wir sie allerdings in Bewegungsspiele ein (z. B. Puzzeln als Pendelstaffel), bekommen sie einen zusätzlichen motoenergetischen Mehrwert, das Hirn erachtet dies als bedeutsam. Sprache kann hier als interaktiver Verstärker dienen.

Praxistipps: Sprachförderung

- Bilden Sie sich weiter! Eignen Sie sich neben praktischen Übungen auch sprachwissenschaftliche und -didaktische Inhalte an.

- Überprüfen und vertiefen Sie das Gelernte durch eine begleitende Beratung und Supervision im Alltag, damit die Fortbildungsinhalte nicht verpuffen.

- Schaffen Sie so viele Sprachanlässe wie möglich und gestalten Sie die Kommunikation bewusst (Didaktik)! Verwickeln Sie die Kinder in Gespräche mit situativen, alltagsnahen und somit sinnvollen Inhalten (Video 8).

- Kinder sprechen bewegt, d.h. unabhängig von spezifischen Sprachgewinnen ist Bewegung zur Aufrechterhaltung von Konzentration und Motivation unabdingbarer Bestandteil von Sprachförderung. Hierzu gehören: das Singen, Tanzen, Basteln, Theater/Pantomime, Hand-/Finger-/Klatsch- und Bewegungsspiele.

- Verringern Sie die Gruppengröße und schaffen Sie dadurch einen höheren Sprechanteil für das einzelne Kind. Vermeiden Sie, Kinder mit Sprachproblemen und anderen Auffälligkeiten vor anderen bloßzustellen. Jedes Kind sollte zum Sprechen ermuntert werden.

- Erstellen Sie eine individuelle Förderplanung, die prozessorientiert den Spracherwerbsstand sowie die Förderbedürfnisse nach Stärken und Schwächen unterscheidet.

- Räumen Sie der Kommunikation selbst mehr Zeit ein und wenden Sie sich mit selektiver Aufmerksamkeit dem Kind zu.

- Sprechen geht vor Besprechen: Heben Sie weniger die Grammatik hervor, sondern bauen Sie sie in die Alltagssprache ein.

- Arbeiten Sie strukturiert! Setzen Sie so früh wie möglich mit den Maßnahmen an und halten Sie sie so lange wie möglich aufrecht, auch und vor allen in Übergangsphasen bis in die Schulzeit hinein.

- Binden Sie interkulturelle Vereine und Gruppen in Ihre Arbeit ein! Pflegen Sie Kontakte zu scheuen Migranteneltern und klären Sie sie wenn nötig über eine Sprachförderung ihres Kindes auf.

- Gestalten Sie Infoabende und gemeinsame Aktivitäten unter aktiver Einbindung der Eltern.

- Beachten Sie, größere Zeitressourcen für die pädagogischen Fachkräfte zur Vor- und Nachbereitung bereitzustellen.

E-Motionen sind Herausbewegungen innerer Befindlichkeiten. Wer folglich mit und zur Bewegung erzieht, der bewegt (reguliert) grundsätzlich immer auch die beteiligten Emotionen mit. Probieren Sie daher folgende Übungen aus:

Praxistipps: sozial-emotionale Entwicklung

- Für das Ausdrucksverhalten eignen sich Rollenspiele (z.B. Tiere darstellen), Pantomime (z.B. vor einem Spiegel) und Puppenspiele. Emotionen können stellvertretend in der symbolisierten Form ausagiert werden. Denken Sie daran, im Anschluss die erlebten Gefühle, ihre Ursachen und Konsequenzen zu reflektieren („Wie hat sich das gerade angefühlt, diese Traurigkeit?" etc.)!
- Physiologische Regungen werden über Körperreisen (Beruhigung von Atmung und Herzschlag und anschließende Erinnerung an freudige bzw. traurige Ereignisse) erzeugt. Reflektieren Sie mit den Kindern gemeinsam, wie sich ihr Körper jetzt anfühlt (z.B. feuchte Hände, flaues Gefühl im Magen, Änderung Herzschlag)! Diese Reflexion kann auch visuell als Ganzkörperbild dargestellt werden, in dem die Kinder die körperlichen Regungen farblich lokalisieren.
- Emotionen selbst sind nicht schlecht oder gut, sondern es sind die Konsequenzen der Handlung, die sozial verträglich oder unverträglich sind bzw. krank machen oder gesund erhalten. Lassen Sie Kinder bestimmte Emotionen (z.B. das Zeigen der roten Karte nach einem Foul in einem Fußballspiel) mit der Geste des erhobenen oder nach unten zeigenden Daumens bewerten und reflektieren Sie gemeinsam!

1. Das kindliche Körperwachstum unterliegt massiven Veränderungen. Warum ist gerade deshalb eine systematische Bewegungserziehung so wichtig?
2. Warum darf Sinnesförderung nicht in der bloßen Aktivierung von Sensoren enden? Mit welchem Begriff kann dies zusammengefasst werden?

3 Greifen ist mehr als nur das Führen von A nach B mit nachfolgendem Schließen einer Hand. Erklären Sie den motosensorischen Mehrwert!

4 Nennen Sie Faktoren, die phylogenetisch die stetige Zunahme des Hirnvolumens begünstigten!

5 Der Zusammenhang von Bewegung und Kognition in der frühen Bildung ist weit weniger genau erforscht als man vermuten könnte. Woran liegt das?

6 Nennen Sie die Hauptgründe, warum die exekutiven Funktionen (EF) sowohl allgemein als auch speziell von der Bewegungserziehung eine hohe Aufmerksamkeit erhalten sollten!

7 Kommunikation ist mehr als Sprache. Belegen Sie diese Aussage mithilfe der verschiedenen Kommunikationsanteile des Menschen!

8 Wie eng und verlässlich sehen Sie den Einfluss der Bewegung auf die Sprachförderung?

9 Der Mensch wird aus reifungstheoretischer Sicht als sogenannte Frühgeburt bezeichnet. Warum ist dies trotz der großen Verletzlichkeit menschlicher Säuglinge aber auf lange Entwicklungssicht betrachtet von großem Vorteil?

10 Bindung zeigt sich im Sinne der Bewegungserziehung als ein optimales Wechselspiel aus Nähe und Distanz. Wie viel Nähe sind Sie selbst bereit, an sich und mit sich zuzulassen? Diskutieren Sie diese Frage am Beispiel des Tröstens: Würden Sie ein Kind, wenn es weint, umarmen? Eruieren Sie alle Begleiterscheinungen!

11 Ohne emotionale Kompetenz kann es keine soziale Kompetenz geben. Welche Rolle spielt nun die Motorik in diesem Dreiecksverhältnis?

12 Wie würden Sie die Autonomiephase (früher: Trotzverhalten) vor dem Hintergrund des Regulationsbegriffes bewerten: Handelt es sich hier um eine Störung?

Einen umfassenden und wissenschaftlich fundierten Entwurf zum Zusammenhang von Gehirn und Verhalten bietet Roth, G. (2003): Fühlen, Denken, Handeln. Wie das Gehirn unser Verhalten steuert. Suhrkamp, Frankfurt a. M.

Körpergrößenrechner unter http://www.kinderaerzte-im-netz.de/bvkj/tools/groesse, 23.09.2013.

Eine Broschüre des Robert-Koch-Instituts zum Thema Körperliche Entwicklung und Gesundheit gibt es zum kostenlosen Download unter http://www.rki.de/DE/Content/Gesundheitsmonitoring/Gesundheitsberichterstattung/GBEDownloadsB/KiGGS_SVR.pdf?__blob=publicationFile, 23.09.2013.

Hintergrundinformation zum Thema Sprachbildung sowie praktische Tipps und Praxiswissen finden Sie unter http://nifbe.de/schwerpunktthema-sprachbildung-und-sprachfoerderung, 23.09.2013.

Ein Beispiel eines Liedes, in dem Emotionen thematisiert werden finden Sie unter http://www.ardmediathek.de/swr2/swr2-kinderlieder?documentId=9252212, 23.09.2013.

Emotionen und ihre Erkennung durch Gesichter, plus Trainingsvideos gibt es unter http://www.paulekman.com, 23.09.2013.

4 Bewegung und Inklusion

Von Timm Albers

Mit dem Inkrafttreten der UN-Konvention zum Schutz der Rechte von Menschen mit Behinderung in der Bundesrepublik Deutschland am 26.03.2009 stehen Kindertageseinrichtungen vor der Aufgabe, die Forderung nach einem inklusiven Bildungssystem in die pädagogische Praxis umzusetzen. Nicht mehr die Frage danach, ob ein Kind mit einer Behinderung aufgenommen werden kann, sondern vielmehr die Frage danach, wie sich eine Einrichtung verändern muss, um ein Kind mit seinen individuellen Bedürfnissen aufnehmen zu können, bestimmt das frühpädagogische Handeln.

4.1 Grundlagen inklusiver Pädagogik

Inklusion ist ein Prozess, der die größtmögliche Teilhabe aller Kinder von Anfang an ins Zentrum der pädagogischen Arbeit rückt.

Auftrag der Inklusion

Inklusion verfolgt dabei nicht den Anspruch auf Perfektion, ist aber mit einem klaren Auftrag verbunden: Jedem Kind soll unabhängig von Herkunft, Status oder Zuschreibung der Besuch einer Kindertageseinrichtung oder Schule in seiner wohnortnahen Umgebung ermöglicht werden (Albers 2012). Zur Umsetzung einer inklusiven pädagogischen Praxis bedarf es keiner besonderen Didaktik, sondern einer auf die individuellen Bedürfnisse des Kindes ausgerichteten Bewegungserziehung.

In diesem Kapitel sollen zunächst theoretische Grundlagen der inklusiven Pädagogik formuliert werden; in einem weiteren Schritt werden dann die Heterogenitätsdimensionen Behinderung und Migration im Kontext einer inklusiven Bewegungserziehung konkretisiert.

Ursprung Inklusionsbegriff

Von keinem anderen Begriff geht innerhalb der frühpädagogischen Praxis derzeit so viel Dynamik aus, wie vom Begriff der Inklusion. Die Ursprünge der aktuellen Diskussion gehen dabei auf die Integrationsbestrebungen der 1970er Jahre zurück, die sich zum Ziel gesetzt hatten, die gemeinsame Bildung von Kindern mit und ohne Behinderung in Kindergarten und Schule voranzutreiben. Im Unterschied zu der damals üblichen Praxis, Kinder mit Behinderung in dafür spezialisierten Sondereinrichtungen unterzubringen, waren es insbesondere Eltern, die auf die Umsetzung einer wohnortnahen, gemeinsamen Erziehung von Kindern mit und ohne Behinderung im pädagogischen Alltag von Regeleinrichtungen drängten (Albers 2012).

integrative Prozesse

Ein Meilenstein der theoretischen Auseinandersetzung mit der Integration von Kindern mit Behinderung kann in den Ergebnissen der Forschergruppe um Helmut Reiser gesehen werden, die in der Begleitung des Modellversuchs zur Integration von Kindern mit Behinderung in Frankfurt (Klein et al. 1987) Voraussetzungen für das Gelingen des gemeinsamen Aufwachsens auf verschiedenen Ebenen formuliert haben, die auch in aktuellen Positionen (Prengel 2010; Kron 2011) aufgegriffen werden und in der Diskussion um Inklusion von hoher Aktualität sind. Die soziale Integration eines Kindes wird im Verständnis von Reiser nicht allein dadurch gewährleistet, dass dem Kind ein Integrationsplatz in einer Regeleinrichtung bereitgestellt wird. Integration stellt vielmehr einen Prozess dar, der sich auf mehreren Ebenen vollzieht:

> *„Als integrativ im allgemeinsten Sinn bezeichnen wir diejenigen Prozesse, bei denen ‚Einigungen' zwischen widersprüchlichen innerpsychischen Anteilen, gegensätzlichen Sichtweisen, interagierenden Personen und Personengruppen zustande kommen. Einigungen erfordern nicht einheitliche Interpretationen, Ziele und Vorgehensweisen, sondern vielmehr die Bereitschaft, die Positionen der jeweils anderen gelten zu lassen, ohne diese oder die eigene Person als Abweichung zu verstehen." (Klein et al. 1987, 38)*

Bildung, Betreuung und Erziehung

Nach dieser Definition von integrativen Prozessen reicht also der Kontakt eines Kindes mit Behinderung zu Kindern ohne Behinderung allein nicht aus. Vielmehr müssen integrative Prozesse auf verschiedenen Ebenen ineinandergreifen, um gemeinsame Bildung, Betreuung und Erziehung ohne Aussonderung ermöglichen zu können (Kron 2006):

- auf der subjektiven, der **innerpsychischen Ebene** durch Reflexion der eigenen Einstellung und Haltung gegenüber Vielfalt,
- auf der **interaktionellen Ebene** durch Herstellung von gemeinsamen Spielsituationen und Handlungen innerhalb der Peergruppe, aber auch die Zusammenarbeit im (multiprofessionellen) pädagogischen Team,
- auf der **institutionellen Ebene** durch Bereitstellung einer angemessenen Lernumgebung in der Kindertageseinrichtung, Öffnung gegenüber Familien, Fachdiensten und Stadtteil bzw. Kommune; Barrierefreiheit und
- auf der **gesamtgesellschaftlichen Ebene** durch Positionierung gegenüber Diskriminierung, Öffentlichkeitsarbeit als bedeutsame Aufgaben einer inklusiven Kindertageseinrichtung.

Integration und Inklusion

Mit dem Inkrafttreten der UN-Konvention zum Schutz der Rechte von Menschen mit Behinderung in der Bundesrepublik Deutschland am 26.03.2009 stehen Bildungsinstitutionen vor der Aufgabe, die Forderungen nach Veränderungen im Bildungssystem umzusetzen. Der Begriff *inclusive education* aus der englischsprachigen Originalfassung des Dokuments wurde in der deutschen Fassung mit *integrative Erziehung* übersetzt, was zu möglichen Fehldeutungen innerhalb der pädagogischen Handlungspraxis und einer weiteren Stagnation in der Entwicklung von Bildungsangeboten für alle Kinder führt. Hier ist es von großer Bedeutung, dass ein fachliches Verständnis entwickelt wird, welches Inklusion nicht mit der derzeitigen Praxis der Integration gleichsetzt, sondern Veränderungen in der Institution fokussiert.

folgenreicher Übersetzungsfehler

In der Übertragung des englischen Fachbegriffs *inclusion* ins Deutsche gibt es eine Tradition fehlerhafter Übersetzungen, die von der deutschen Fassung der Salamanca Erklärung über Prinzipien, Politik und Praxis der Pädagogik für besondere Bedürfnisse der UNESCO (1994) zur 2009 ratifizierten UN-Behindertenrechtskonvention reicht: Der im Deutschen für die Eingliederung von Menschen mit einer Behinderung ins Bildungssystem etablierte Begriff der Integration wird synonym mit dem Begriff der Inklusion verwendet, der aus fachlicher Perspektive mit einem gesellschaftlichen und bildungspolitischen Paradigmenwechsel verbunden ist und damit weit über die Zielvorgaben der Integration von Menschen mit Behinderung hinausgeht. Denn:

- Integration will den Menschen mit Behinderung in ein bestehendes System einpassen, Inklusion hingegen betrachtet den Menschen von Anfang an als Teil der Gesellschaft. Heterogenität bezieht sich dabei nicht nur auf die Dimension Behinderung, sondern auf Geschlecht, Alter, sozioökonomischen Status, Migrationshintergrund, Herkunftssprache, sexuelle Orientierung etc.;

- Inklusion nimmt keine Unterteilung in Gruppen vor, sie will das System (z.B. Krippe, Kindergarten, Schule, Arbeit, Wohnen) an die Bedürfnisse der Menschen anpassen und

- Inklusion basiert auf dem *Diversity*-Ansatz – die Unterschiedlichkeit aller Menschen ist kein zu lösendes Problem, sondern eine Normalität; an diese Normalität wird das System angepasst und nicht umgekehrt.

Ansatz: Anpassung der Kitas

Also nicht mehr die Frage danach, ob ein Kind mit Behinderung aufgenommen werden kann, sondern vielmehr die Frage, wie sich Kindertageseinrichtungen verändern müssen, um ein Kind mit seinen individuellen Bedürfnissen aufnehmen zu können, sollte im Vordergrund einer Pädagogik stehen, die Heterogenität als Chance für die Gestaltung von Unterrichtsprozessen versteht.

Inklusion in der Frühpädagogik

Während die Frühpädagogik zwar stets darauf ausgerichtet war, „Passungen zwischen den heterogenen Lebenslagen von jungen Kindern und deren Familien sowie den Angeboten für Bildung, Betreuung und Erziehung der Kinder herzustellen“ (Sulzer / Wagner 2011, 8), wurde die in der Sonder- und Integrationspädagogik bekannte Diskussion um Integration und Inklusion in der frühpädagogischen Fachöffentlichkeit lange Zeit nur vereinzelt wahrgenommen. Prengel (2010) arbeitet bildungstheoretische, empirische und pädagogische Grundlagen für die Theoreme Heterogenität und Inklusion in der Frühpädagogik heraus und liefert damit eine bedeutende Grundlage für die Diskussion um Anforderungen an eine inklusive Frühpädagogik.

Pädagogik der Vielfalt

Es wird dabei deutlich, dass der Begriff der Inklusion die **komplexen Ausgangslagen** von Kindern in den Blick nimmt. Annedore Prengel benennt in diesem Zusammenhang soziokulturelle Lebenslagen einschließlich soziokultureller Milieus sowie (noch stärker) die Akteursperspektive und die informelle Ebene akzentuierender Lebensstile und Biografien. Dazu kommen die auf Bildungsprozesse im engeren Sinne bezogenen leiblichen, emotional sozialen und kognitiven Lernausgangslagen, die u.a. Lernprofile, Lernniveaus, Lernstile und ökosystemische Lernkontexte umfassen. Die Autorin entwickelt eine Definition von Heterogenität, welche sie mit dem Begriff der „egalitären Differenz" (Prengel 2010, 2) konkretisiert: Grundlage des Zusammenlebens ist demnach die Gleichheit aller Menschen im Sinne der gleichen Ausgangsvoraussetzungen auf der Grundlage der Menschenrechte (**Egalität**).

Wertschätzung der Heterogenität

Differenz wird in diesem Verständnis als freiheitliches und gleichberechtigtes, nicht hierarchisches Zusammenleben von Individuen verstanden. Diese Wertschätzung von Heterogenität wird im Deutschen insbesondere im Wort **Vielfalt** deutlich und prägt in diesem Verständnis auch das Konzept der Pädagogik der Vielfalt (Prengel 2010).

4.2 Gestaltung inklusiver Prozesse

Ein **inklusives Bildungssystem** basiert auf dem Recht aller Lernenden auf eine qualitativ hochwertige Bildung, die grundlegende Lernbedürfnisse identifiziert und auf das Potenzial jedes Einzelnen ausgerichtet ist (Kap. 4.1).

Inklusion und frühe Bewegungserziehung

Die Ziele inklusiver Bildung werden dabei von der **Abkehr von Diskriminierung und der Herstellung gleichberechtigter Partizipation an Bildungsprozessen** geleitet. Inklusion als Perspektive einer gemeinsamen Bildung für alle Kinder – unabhängig von individuellen Merkmalen oder Zuschreibungen – erfordert daher auch Veränderungsprozesse auf der pädagogischen Handlungsebene im Kontext der frühen Bewegungserziehung.

Fokus: Veränderungspotenziale der Lernumgebung

Bei der Gestaltung von bewegungsorientierten Bildungsangeboten stehen frühpädagogische Fachkräfte dabei in der Verantwortung, Möglichkeiten zu identifizieren, die nicht primär die Schwächen oder Abweichungen der Kinder, sondern Veränderungspotenziale in der aktuellen Lernumgebung fokussieren. Damit steht das Konzept der Inklusion der bis in das Jahr 2013 hinein reichenden Homogenisierungstendenz des deutschen Bildungssystems gegenüber, welches auf frühe Selektion ausgerichtet ist und überproportional Kinder nichtdeutscher Herkunftssprache und Kinder aus Familien in Armutslagen benachteiligt.

Unabhängig von den Organisationsformen werden dabei die hohen Ansprüche einer inklusiven Bildung, die an die fachliche Qualität in Kindertageseinrichtungen zu stellen sind, betont: Inklusion braucht Professionalität, die mit einem veränderten Verständnis individueller Förderung und Unterstützung einhergeht. Eine inklusive Frühpädagogik setzt Veränderungsprozesse auf individueller, interaktioneller, institutioneller und gesamtgesellschaftlicher Ebene voraus: Sie fasst die Unterschiedlichkeit und Vielfalt aller Kinder ins Auge, fordert ihre individuelle pädagogische Unterstützung ein und arbeitet auf ein Umfeld hin, in dem der Heterogenität in jeder Gruppe Rechnung getragen werden kann.

Zugang zum gemeinsamen Spiel

Um die soziale Integration eines Kindes mit Behinderung in der Kindertageseinrichtung zu unterstützen, ist es nötig, den Blick auf die Interaktionsprozesse innerhalb der Peergruppe zu richten, da sich das Spielgeschehen und Bewegungshandeln von Kindern oftmals dadurch kennzeichnet, dass andere Kinder bewusst von der Interaktion ausgeschlossen werden.

Schwierigkeiten in einer Spielsituation treten dabei unabhängig von der Diagnose einer Behinderung auf und können ebenso für Kinder mit Deutsch als Zweitsprache, Kinder aus Familien in Problemlagen, Kinder mit ungesteuertem Verhalten und entwicklungsgefährdete Kinder gelten. Pädagogische Unterstützung wird dann nötig, wenn Kinder nicht in der Lage sind, aufgrund ihrer Kompetenzen befriedigende Interaktionsprozesse zu etablieren oder aufrechtzuerhalten (Kron 2011). Die Aussage einer Heilpädagogin (Albers et al. 2011, 20) verweist dabei auf das Potenzial, das in einer vorurteilsfreien Interaktion von Krippenkindern mit einem Kind mit Behinderung liegt:

> *„Das war der erste Besuch eines zukünftigen Kindes in unserer Kita. Wir haben so bedruckte, beklebte Dosen. Die einen sind mit Wasserfolie beklebt, die anderen mit Steinen, und dann sind welche mit Blättern beklebt. Und die Kinder waren gerade dabei, diese Dosen einzuräumen, und zwar sortiert, jede Art in ein Fach. Und das Kind saß da – das kannte ja keiner von den Kindern – die saß da auf den Knien. Sie kann kein Wort reden, nur lautieren. Und sie hat irgendwie verstanden, dass die anderen Kinder diese Dosen da immer hintragen. Und dann hat sie eine Dose genommen und mitten in den Lauf der Kinder gehalten. Dann hat ein Kind angehalten, diese Dose mitgenommen und eingeräumt. Und das hat sie dann immer wieder gemacht. Dann haben die Kinder plötzlich umgeschaltet und haben die Dosen, die noch überall im Raum rum lagen, zu ihr geschleppt. Dann wurden sie wiederum von ihr zu denen gegeben und danach ins Regal geräumt. Und da habe ich gedacht: Das gibt's doch gar nicht, das ist so genial: Das Kind hat sich selber eingebunden und die Kinder haben es verstanden: Ja so funktioniert das da, und dann haben sie sie eingebunden. Ich war völlig baff. Und die Mutter war auch baff, weil sie das noch nie erlebt hatte mit ihrem Kind, dass sie so eine Spielsituation überhaupt überblickt. Und das ist das, was Integration erreichen soll: Sich einfach auf jemanden, so wie er ist, einstellen zu können."*

Rolle der frühpädagogischen Fachkraft

Bei der Unterstützung der sozialen Integration von Kindern mit Behinderung in der Gruppe kommt der frühpädagogischen Fachkraft insbesondere bei Kindern, die aufgrund mangelnder sprachlicher Kompetenzen Schwierigkeiten haben, sich Zugang zu einer Spielsituation zu verschaffen, eine sehr anspruchsvolle Aufgabe zu: Das Eingreifen eines Erwachsenen in das Spiel der Kinder kann sich zwar kurzfristig als eine erfolgreiche Strategie erweisen, wenn aufgrund neuer Rollenzuweisungen neue Spielpartner in die Spielgruppe einbezogen werden können; jedoch zeigen Beobachtungen in Freispielphasen, dass in vielen Fällen eine von außen forcierte Aufnahme eines neuen Gruppenmitglieds zum Zusammenbruch des Spielmotivs und zur Auflösung der ursprünglichen Gruppe führen.

Zurückhaltung und Unterstützung

Entsprechend wird in diesem Zusammenhang ein zurückhaltendes Verhalten der frühpädagogischen Fachkraft als hilfreich im Umgang mit der Problematik des Zugangs zu Spielprozessen herausgestellt: Erst wenn deutlich wird, dass Kinder nicht in der Lage sind, untereinander einen Lösungsweg zu finden, greifen Fachkräfte unterstützend ein (Albers 2012). Diese pädagogische Unterstützung wird dann nötig, wenn Kinder nicht in der Lage sind, aufgrund ihrer Kompetenzen befriedigende Interaktionsprozesse zu etablieren oder aufrecht zu erhalten. Casey (2011) verweist in diesem Kontext auf die Rolle der Erwachsenen als empathische Spielgefährten und Mittler, wenn diese bemerken, dass sich ein Spiel aufzulösen droht oder Prozesse der Exklusion offensichtlich werden. Die Autorin nennt dabei „subtile und effektive Strategien“, um die Kommunikation zwischen den Kindern zu ermöglichen oder zu erleichtern. Durch gezieltes Eingreifen oder durch die Einführung neuer Rollen und Spielobjekte kann die pädagogische Fachkraft bspw. die Weiterentwicklung eines Spiels so beeinflussen, dass Kindern die Teilhabe am Spiel ermöglicht wird, die ansonsten vom Spielprozess ausgeschlossen werden würden. Ytterhus (2011, 127) bezeichnet in diesem Zusammenhang „die Membran zwischen inkludierendem und exkludierendem Umgang“ in der Peergroup als sehr dünn; die Instabilität der Struktur im sozialen Umgang der Kinder kann von kompetenten pädagogischen Fachkräften jedoch durchaus „in die gewünschte Richtung justiert werden“.

professionelles Handeln

Professionelles Handeln im Kontext von Inklusion zeichnet sich dadurch aus, dass Formen der Beobachtung und Dokumentation der Fähigkeiten und Bedürfnisse der Kinder als ein Ausgangspunkt für die Formulierung individueller Bildungsziele gesehen werden. In engem Austausch mit der Familie und in Abstimmung mit begleitenden Maßnahmen wie Therapien und Frühförderung kann dies zu mehr Sicherheit im Umgang mit dem Kind führen und zur Grundlage einer vertrauensvollen Bildungspartnerschaft werden.

4.3 Empfehlungen für die bewegungserzieherische Praxis

Inklusion im Sinne einer Pädagogik der Vielfalt (Kap. 4.1) bedeutet also nicht eine unrealistische Forderung nach der Gleichheit aller Kinder, sondern akzeptiert die Andersartigkeit von Interaktionspartnern, ohne diese als Abweichung zu verstehen und als Anlass zur Ausgrenzung zu nehmen. Das Modell der integrativen Prozesse bietet vielmehr einen Analyserahmen für die Reflexion der eigenen pädagogischen Arbeit in der Kindertageseinrichtung (Albers 2011), der folgende Fragen beinhalten kann:

Reflexionsfragen

- Wie ist meine eigene Einstellung gegenüber Heterogenität?
- Wie gestalte ich die Interaktion mit Kindern und Erwachsenen und welche Bedeutung spielen dabei Hierarchien in der Elternarbeit?
- Kann in diesem Zusammenhang von einer echten Erziehungs- und Bildungspartnerschaft gesprochen werden?
- Welche Vorurteile werden in der Arbeit offensichtlich?
- Wie kann ein pädagogisches Setting geschaffen werden, das sich an den Bedürfnissen aller Kinder orientiert und entwicklungsangemessene Impulse zur Förderung gibt?

Werden auf den dargestellten Ebenen integrative Prozesse in Gang gesetzt, kann davon ausgegangen werden, dass damit positive Effekte auf die Entwicklung aller Kinder erzielt werden können, und nicht nur auf die der Kinder mit Behinderung.

1. Welche Konsequenz hat die UN-Behindertenrechtskonvention für Bildungsprozesse in Kindertageseinrichtungen?
2. Welches sind die zentralen Unterschiede zwischen Integration und Inklusion?
3. Welche Aufgabe kommt der frühpädagogischen Fachkraft bei der Gestaltung pädagogischer Prozesse zu?

Inklusion und „Fachforum Mensch“, Aktion Mensch unter http://www.aktion-mensch.de/inklusion/was-ist-inklusion.php?et_cid=28&et_lid=86206, 24.09.2013.

Praxisbeispiel Inklusion im Kindergarten als Online-Powerpoint unter http://de.slideshare.net/Regionalverband/inklusion-in-kindergaerten-und-schulen, 24.09.2013.

5 Funktion und Bedeutung von Bewegung

Funktionen sind keine Bedeutungen. Funktionen der Bewegung stellen das beobachtbare Bewegungsverhalten als Ergebnis der speziellen Beziehung zwischen Mensch und Umwelt und der sich daraus ergebenden Lebensvorteile dar (das Ist). Bedeutungen von Bewegung hingegen sind Interpretationen und Auslegungen, welche Einsatzmöglichkeiten der Bewegung für die kindliche Entwicklung normativ zugeschrieben werden (das Soll). Diese Trennung ist maßgeblich für das Verständnis, dass die Ziele der Bewegungserziehung Deutungen von Funktionen sind, nicht die Funktionen selbst. Sie sind folglich normativ verfasst und können ebenso geändert werden. Funktionen überdauern im phylogenetischen Rahmen.

5.1 Pädagogisch-didaktische Perspektiven der Bewegungserziehung

Bewegung: evolutionärer Fakt

Nach ersten Gründen für die menschliche Bewegung an sich zu fragen, ist aus pädagogischer Sicht einigermaßen nutzlos, da die menschliche Phylogenese die Bewegung schlicht als Teil unserer Existenz hat werden lassen. Diesen unumstößlichen Fakt zu ergründen, ist für Frühpädagoginnen und -pädagogen genauso wenig ergiebig wie die Frage, ob die Evolution einem Sinn folgt. Hier handelt es sich in kausaler Hinsicht (*Warum bewegen wir uns?*) um ein philosophisches oder gar theologisches Unterfangen.

Bewegungserziehung: praktischer Nutzen

Praktische Bedeutung erhält diese Frage allerdings mit Blick auf erzieherische Ziele, sobald diese im staatlich-institutionellen und somit auch kostspieligen finanziellen Auftrag umgesetzt werden sollen. Hier geht es um die Legitimation, welchen Nutzen und welche positiven Wirkungen eine zusätzliche, aufwendig mit Geräten, Räumen und geistigen Ressourcen didaktisierte Erziehung zur und durch / mit Bewegung erbringt (*Wozu bewegen wir uns?*).

Bedeutung und Funktion

Daher wurden traditionell in der Bewegungs- und Sportpädagogik Versuche unternommen, die menschliche Bewegung, ihre Funktion und Bedeutung herauszustellen. Eine der einflussreichsten Erörterungen stammt von Grupe (1976), die in vier kategorialen Bedeutungen mündet:

1. **instrumentell** (Bewegung als grundlegendes und alle Handlungen begleitendes Medium und Mittel),
2. **explorierend / wahrnehmend** (Bewegung, um aktiv Information aus der Umwelt einzuholen),
3. **sozial-kommunikativ** (zum Beziehungsaufbau und Ausdruck von Intentionen) und
4. **personal** (Aufbau und Wahrnehmung des Körpers und des Selbst als Leiblichkeit).

Begriffsvermischungen

Die Kritik an dieser Bedeutungsfindung hat Funke-Wieneke (2004) formuliert, indem er eine Begriffsvermischung aus Bedeutung und Funktion von Bewegung erkennt. Der Unterschied besteht darin, dass erstgenannte im Wortsinne Deutungen, also Interpretationen und Auslegungen von etwas sind. Hier wird aus dem Blickwinkel eines Pädagogen abgeschätzt, welche Einsatzmöglichkeiten die Bewegung für den Menschen erbringen sollte und könnte. Bedeutungen von Bewegung suchen also nach einem wünschenswerten, normativen Mehrwert (das *Sollen*) für die kindliche Entwicklung und beschreiben weniger bis gar nicht das primäre Verhaltensrepertoire des Menschen. Letztgenanntes fließt in den Begriff der Funktion ein, mit dem einerseits das beobachtbare Bewegungsverhalten als das Ergebnis der speziellen Beziehung zwischen Mensch und Umwelt zu verstehen ist (das *Ist*) und andererseits davon die dahinterliegenden natürliche Vorteile für den einzelnen Organismus abgeleitet werden, die dieses Bewegungsverhalten als überlebensdienlich belohnen.

Funktionen nach Scherler

Die erste Perspektive nimmt also den Blickwinkel von Pädagogen, die zweite jene des sich bewegenden Kindes ein. Scherler nennt vor diesem

Hintergrund in einem ersten gedanklichen Anlauf und in Erweiterung des Ansatzes von Grupe seine sechsfache Kategorisierung (1981) zunächst ebenfalls noch Bedeutungen, um sie im zweiten, korrigierten Modell (1990) als vermeintliche Funktionen zu verwenden, was sie allerdings nach der vorigen Begriffsunterscheidung nur eingeschränkt sind. Sein Konzept beinhaltet die

1 **adaptive** (sich durch körperliche Veränderungen an die Umwelt anpassen),

2 **sensitive** (sinnlich wahrnehmend),

3 **explorative** (aktiv Information einholen),

4 **produktive** (das Kind als kreativer Hersteller und Veränderer von Umwelt),

5 **kommunikative** (sozialer Austausch und Mitteilung, gemeinsames Bewegen) und

6 **komparative** (sich mit anderen messen, wetteifern) *Funktion*.

Funktionen nach Zimmer

In einigen Teilen erweiternd und inhaltlich etwas differenzierend entwirft Zimmer (1993) eine achtfache Einteilung. Hier hat sich die Begriffsabkehr von den Bedeutungen hin zu den Funktionen zumindest formal vollzogen, wenngleich inhaltlich die Vermischung aus Erzieherin- und Kindperspektive noch vorhanden ist. Ihre Funktionen sind

1 **personal** (den Körper und damit sich selbst kennenlernen, Ich- und Selbst-Bezug),

2 **sozial** (mit anderen spielen und absprechen),

3 **produktiv** (etwas herstellen, bauen, hervorbringen),

4 **expressiv** (Gefühle ausdrücken),

5 **impressiv** (Gefühle durch Bewegung erzeugen und erleben),

6 **explorativ** (die Umwelt erschließen, Objekte erfassen),

7 **komparativ** (sich mit anderen messen, wetteifern) und

8 **adaptiv** (Belastungen ertragen, Leistungen und ihre Grenzen kennen und einschätzen).

Vermengung der Kategorien

Neben der Perspektivenvermischung ist die Vermengung der einzelnen Kategorien problematisch. So können die soziale, komparative und expressive *Funktion* zusammengefast werden, da wetteifern immer sozial ist und der Ausdruck von Gefühlen einen sozialen Zweck besitzt (Kap. 3.4). Weiterhin können der personale mit dem impressiven Aspekt zusammengenommen werden, da erlebte Gefühle immer Rückmeldungen für das Selbst sind (personal), in welcher Lage es sich befindet und Verstärker von Bewertungen der eigenen Handlungen sind (Selbstwirksamkeit).

Notwendigkeit eines Funktionsmodells

Allen drei Entwürfen ist gemein, dass sie das phylogenetische Erbe menschlicher Bewegung stark bis komplett vernachlässigen und die Begründung zur Einteilung in Kategorien keinem übergeordneten theoretischen Leitgedanken folgt. Deshalb soll an dieser Stelle zum einen die zuvor beschriebene Trennung zwischen Funktion und Bedeutung von Bewegung vollzogen werden, indem zunächst ein Modell zur Funktion von menschlicher Bewegung generell dargestellt wird und anschließend auf pädagogische Deutungen und ihre abgeleiteten Ziele eingegangen wird. Dem Funktionsmodell wird weiterhin eine klare theoretische Sicht zugewiesen. Sie besteht einerseits aus einem evolutionären Blick und andererseits aus der Perspektive biodynamischer Systeme, deren Prämisse der autonome Systemerhalt ist.

5.2 Die fünf Funktionen von Bewegung

Auf dieser im Kapitel 5.1 gefundenen theoretischen Basis lassen sich fünf Funktionen menschlicher Bewegung erkennen, die im Folgenden näher erläutert werden.

5.2.1 Physiologisch-energetische Funktion

Nahrungsaufnahme

Eine der ersten Zwecksetzungen menschlicher Bewegung ist die energetische Versorgung des eigenen Organismus mit überlebensdienlichen Stoffen, d.h. Nahrung. Durch klimatische Schwankungen bedingt war die Umstellung vom Kletter- zum Gangwesen mit dem Zugewinn neuer Nahrungsressourcen verbunden. Flexible Ortsveränderung bedeutet, den Einzugsradius potenzieller Nahrungsquellen und somit die Überlebenswahrscheinlichkeit zu erhöhen. In diesem Sinne ist Bewegung eine der ersten Zwecksetzungen und bildet die bioenergetische Grundlage für Wachstum und Entwicklung.

Sonderfall: Adaption

Die **Adaption** (Anpassung) ist ein Sonderfall dieser Grundfunktion. Im Rahmen der körperlichen Entwicklung bewirken ausreichende Bewegungsimpulse die Anpassung des Skelett- und Organsystems an die Belastungsreize, d. h. sie werden leistungsfähiger (als Ergebnis). Zur Ausbildung dieser nun funktionstüchtiger und leistungsfähiger gewordenen Organe ist gerade für den im Wachstum befindlichen Organismus nun eine regelmäßige und angemessen dosierte Reizsetzung notwendig, denn ohne ausreichende Bewegung werden Entwicklungs- und Reifungsprozesse des gesamten kindlichen Organismus verzögert.

Die **Adaption** ist demnach einerseits eine Folge von Bewegung: Indem wir uns entsprechend motorisch anders verhalten (z. B. aufrecht gehen), verändert sich unser skeletal-muskulärer Aufbau; indem wir aber adaptiert haben, ergeben sich daraus andererseits wieder neue Bewegungen (z. B. die flexible Verwendung der Hand, die nun nicht mehr für das Gehen auf den ehemals vier Beinen erforderlich ist).

Als wechselseitiges Ergänzungssystem aus Ursache und Wirkung gehen Adaption und Bewegung einher.

5.2.2 Information

Warum sollte sich ein lebender Organismus unter hohem Energieaufwand von A nach B bewegen? Denn würde sich der Mensch erst gar nicht bewegen, würde er auch keine Energie damit verschwenden und die erstgenannte Funktion (Kap. 5.2.1) wäre hinlänglich. Die Annahme muss sein, dass weitere, dahinterliegende Funktionen existieren.

Planungsvorteil

Die am einfachsten anzunehmende ist, dass der Mensch sich wegen der Einholung von überlebensdienlicher Information aus der Umwelt bewegt. Ein Mehr an Information bietet einen Planungsvorteil (Lernen), der wiederum die Überlebenswahrscheinlichkeit erhöht. Das dazugehörige Bewegungsverhalten ist das Explorieren, das sinnliche Wahrnehmen, das Erfassen und Begreifen.

Stressreduktion

Wissensvorsprung bedeutet eine Steigerung des Kontrollgefühls, weshalb die kindliche Neugierde eine natürliche Maßnahme zur Stressreduktion ist, da Gewissheit Sicherheit bedeutet und Sicherheit den Organismus in einen entspannten und somit energiesparenden Zustand kommen lässt.

Kindliches Lernen durch Bewegung ist folglich immer auch eine Maßnahme zur Gesunderhaltung.

5.2.3 Kommunikation

Körpersprache

Als soziale Wesen nutzen wir Bewegung zum Austausch der eingeholten Information in Form von Gestik, Mimik, Körperhaltung und Körperposition. Die Sprache des bewegten Körpers sendet komparative Signale („Ich will mich mit dir messen!"), kooperative Signale („Ich will mich mit dir gemeinsam bewegen!") oder symbolisch-expressive Signale („Ich fühle etwas in mir, dass ich nicht in Worten, sondern nur als Bewegung zum Ausdruck bringen kann: Lass uns tanzen!").

Bewegung baut Beziehungen auf und kann innere geistige Ziele zum besseren Verstehen äußerlich verkörpern.

Emotion

Ebenso wichtig für die Kommunikation ist der Bedeutungsaspekt der E-Motion. Denn durch Bewegung und Sport lassen sich Gefühle wie Freude, Angst oder Enttäuschung im Sinne der Emotionsregulation gesund körperlich ausagieren (E-Motion als *Herausbewegung*).

Als Verstärker zeigen Emotionen der Umwelt innere Zustände in schneller, einfacher und kompakter Weise an. Dadurch sind sie in Form von Gestik und Stimme viel leichter zu entschlüsseln als gesprochene Sprache.

5.2.4 Selbstkonstruktion

Gefühle als Brücke

Bewegung kann aber auch Zustände der Lust, Zufriedenheit oder Erschöpfung hervorrufen. Sie sind die Wissensgrundlage fürs Kind, welche Energien in ihm stecken. Gefühle sind die Brücke zwischen der äußeren Kommunikation und der inneren, personalen Selbstkonstruktion. Für Kinder ist die Bewegung nicht nur ein wichtiges Mittel, Informationen auszutauschen, sondern auch Wissen über sich selbst, den eigenen Organismus und seine Fähigkeiten zu erfahren.

Die Erfahrungen durch, mit und über den bewegten Körper sind für die gesunde Konstruktion des Selbstbildes unerlässlich und können als Basis der kindlichen Identitätsentwicklung angesehen werden. Indem die Kinder auf Bänken bildhaft über Schluchten balancieren oder als kleine Gipfelstürmer die Kletterwand erklimmen, gewinnen sie Vertrauen in das eigene Können (Selbstwirksamkeit) und entwickeln ihre Selbstständigkeit und Unabhängigkeit.

Identitätsentwicklung

Wenn Selbstständigkeit von *selbst stehen können* abgeleitet ist, dann ist funktional besser von Selbst*gängig*keit zu sprechen.

Selbstgängigkeit

Bewegung baut das Selbst auf, insbesondere in den ersten Lebensjahren, wo Kinder den Erwachsenen im Sprechen und Denken unterlegen sind.

5.2.5 Weltkonstruktion

In der Kindheit erfolgt die Auseinandersetzung mit der Umwelt vorwiegend durch die direkte Tätigkeit, den Einsatz des Körpers und der Sinne. Kinder wollen ihre Welt dabei nicht nur sinnbildlich *begreifen* und *erfassen*, sondern sie auch fühlen, sehen, riechen und hören. Über den manipulativen Umgang mit den Gegenständen gewinnen Kinder wichtige Erfahrungen zu deren materiellen Eigenschaften und Funktionen. Die Erkenntnis, dass ein Ball rollt, weil er rund ist und dass er springt, weil er verformbar ist, erlangen Kinder erst im testenden Umgang mit dem Ball. Dabei sind sie mitunter höchst produktiv und kreativ.

Auseinandersetzung mit der Umwelt

Bewegungsaktivitäten ermöglichen dem Kind, neben der dinglichen zugleich auch die räumliche Umwelt kennenzulernen. Indem das aktive Kind seinen Lebensraum erobert und durch Bewegung erweitert, entfaltet es neue Potenziale: das Wagnis, immer weiter von zuhause wegzugehen und den nächsten Wohnblock zu erobern, im nahegelegenen Park als Piraten neue Abenteuer zu überstehen oder neugierig durch den Wald zu steifen.

Entfaltung neuer Potenziale

Alltägliche Situationen bieten Bewegungsreize und ermöglichen es dem Kind, sich selbsttätig mit der Umwelt auseinanderzusetzen, auf sie einzuwirken, sie im eigenen Sinne zu intervenieren und dadurch handhabbar, also begreifbar zu machen.

Dieses fünfteilige Funktionsmodell von Bewegung ist zu trennen von seiner Bedeutungssetzung, also von der Zuweisung pädagogischer Zweckset-

gesellschaftlich gewünschte Leistungssteigerung

zungen und Ziele. Hierbei ist Bewegung überdies nicht nur Mittel zum Zweck des gesellschaftlich erwünschten Wertes der Leistungssteigerung (Bewegung *für* den Stressabbau, *für* die Reduzierung von Adipositas, *für* einen höheren IQ, *für* besseres Sozialverhalten etc.).

persönliches Bedürfnis

Vielmehr ist Bewegung, verstanden als ein *Sich-Bewegen*, immer die *freie* Handlung eines Menschen, der sie ausführt, weil er sie ausführen mag. Sie muss also – ganz im Kantischen Sinne – immer auch Selbstzweck sein, d. h. um des Menschen selbst willen mit dem Selbst des Menschen als Zweck. Dies beinhaltet nämlich dann mehr als bloße (Fremd-)Zwecksetzung von Bewegung; sie beinhaltet dann auch die pure Lust an der Bewegung, die Freude am Spielen, den Spaß an der Funktion, weil es das Kind spontan so will. Daraus folgt:

Bewegungserziehung ist kindgerechter und humaner, wenn sie weniger erzieht und mehr bewegt.

5.3 Ziele und Inhalte früher Bewegungserziehung

Dennoch gibt es auch hier synthetische Begründungsmuster, welche Deutungen der Bewegungserziehung die größte und populärste Überzeugungskraft haben. Zimmer nennt derer sechs (2009a), Bahr et al. kommen auf vier (2012).

Vor dem Hintergrund des in Kapitel 5.2 eingeführten fünffachen Funktionsmodells sollen nun die Ziele und Inhalte einer frühen Bewegungserziehung begründet werden (Tab. 16). Dies geschieht im Bewusstsein David Humes (Kap. 2), dass aus einem vorhandenen Sein nicht in einem 1:1-Verhältnis auf ein Sollen geschlossen werden kann. Doch aufgrund erziehungspraktischer Notwendigkeiten bedarf es tauglicher Antworten, die zumindest in ihrem Zustandekommen transparent nachvollziehbar sind, um sie begründet weiterzuentwickeln.

Tab. 16: Funktionen menschlicher Bewegung, abgeleitete Ziele der Bewegungserziehung und ihre Inhalte

Funktionen	Ziele	Inhalte
physiologisch-energetisch	– ausreichend Belastungsreize setzen: täglich, kontinuierlich, steigernd – Leistungsgrenzen austesten, wahrnehmen und bewusst machen – körperliche Bedürfnisse ausgewogen stillen, den Körper pflegen und regenerieren lassen	– freies, natürliches Spiel im Außengelände sowie auf Wiesen und im Wald – fangen und rennen: danach den Puls messen, die Atmung hören, den Schweiß riechen und spüren – motorische Fähigkeiten primär koordinativ fördern: ausbalancieren, rhythmisieren, differenzieren; Kondition ganzheitlich ansprechen: Kraft durch Klettern, Schnelligkeit durch Rennen, Ausdauer u. Beweglichkeit durch Gewandtheit im Parcours – alle Gliedmaßen berücksichtigen durch Klettern/Hangeln, Hüpfen/Springen etc.
Information	– Neugierde erhalten und verstärken – sinnvolle Bewegungsprobleme schaffen – vielfältige Umweltimpulse anbieten – alle Sinne einsetzen, die subjektive Wahrnehmung mit anderen reflektieren	– offene Bewegungsprobleme mit mehreren Lösungswegen (von Matte A über den Graben auf Matte B kommen; auf den hohen Kasten kommen; den Abhang runterkommen) – Lösungswege besprechen („Wie hast Du das so toll gemacht? Erzähl mal!“) – Wahrnehmung besprechen („Was konntet ihr sehen, hören, fühlen?“; „Ging das jedem so?“)
Kommunikation	– gemeinsam siegen und verlieren – im Gegeneinander das notwendige Miteinander erkennen, um füreinander da zu sein – gegenseitig mund- und körpersprachlich wahrnehmen, austauschen und annähern	– Ringen und Raufen – Mannschaftsspiele: in Konkurrenz und als kooperative Spiele – Tanz und theatralisches Bewegen sowie Pantomime – Spielregeln verstehen, einhalten, reflektieren und neue aufstellen – zum Abkühlen nach der Bewegung: über Lust und Frust, Neues und Wiedererlebtes sprechen
Selbstkonstruktion	– den Körper wahrnehmen, belasten und entspannen – Emotionen kennen, benennen, und situationsangemessen regulieren – Stärken und Schwächen kennen	– Entspannungstechniken wie Progressive Muskelrelaxation, Ballmassage und Atmungsregulation – Körperteile zeichnen und benennen, wichtige Organe kennen – Bewegungsportfolio („Ich kann schon Hüpfen, Rennen, Klettern!“)

Funktionen	Ziele	Inhalte
Weltkonstruktion	– andere Welt- und Bewegungssichten als Bewegungskultur zulassen – Kreativität erhalten und sozialverträglich lenken – konstruierbares und konstruiertes Material anbieten – Räume erleben und gestalten	– bewegen mit Alltagsmaterialien (Zeitungen, Joghurtbecher etc.), ungeformten (Sand, Laub Wasser, Matsch etc.) und geformten Materialien (Klötze, Steine, Stecksysteme etc.) – bewegen mit Materialien des Sports (Bälle, Schläger, Matten, Turngeräte etc.) – Bewegungsbaustellen/-landschaften

1 Welche Gefahr besteht, wenn die Bedeutungen der Bewegung den Funktionen gleichgesetzt werden?

2 Erklären Sie auf Grundlage des nachfolgenden Beispiels, wie die 5 Funktionen der Bewegung beim Schaukeln abgerufen werden!

Eine philosophisch-hermeneutische Sicht auf Bewegung gibt es bei Prohl, R., Seewald, J. (Hrsg.) (1995): Bewegung verstehen. Hofmann, Schorndorf.

6 Motorische Kompetenz und Intervention: Forschungsgrundlagen optimaler Bewegungsförderung

Die Reifung und ihre genetischen Automatismen sind die verlässliche Grundlage, dass die meisten Säuglinge in den auf die Geburt folgenden Monaten das Greifen und aufrechte Gehen auch ohne spezifisches Zutun der sozialen Umwelt beherrschen werden. Sie werden überdies in späteren Jahren höchstwahrscheinlich rennen, hüpfen, klettern oder Purzelbäume schlagen können. Warum sollte etwas sich nahezu selbstständig Entwickelndes wie das motorische Können durch aufwendige Hilfe von außen unterstützt werden?

6.1 Der Förderbegriff

Erwartungen der Erwachsenen

Die eine Antwort auf die eingangs gestellte Frage lautet, dass es eben doch nur die meisten Kinder sind und eben nicht alle, die jene motorischen Fertigkeiten zeigen, wie sie von der sozialen (Erwachsenen-)Umwelt als normal erwartet werden.

sonderpädagogische Förderung

Diese erste und begriffshistorisch ältere Form der Förderung meint die

sekundär- bzw. tertiärpräventive Hilfe, die als sonderpädagogische Förderung weniger motorisch begabte Kinder in ihrer benachteiligten Entwicklung unterstützt:

> *„Sonderpädagogische Förderung soll das Recht der behinderten und von Behinderung bedrohten Kinder […] auf eine ihren persönlichen Möglichkeiten entsprechende schulische Bildung und Erziehung verwirklichen […]", mit dem Ziel „beruflicher Eingliederung, gesellschaftlicher Teilhabe und selbständiger Lebensgestaltung" (KMK 2011, 227).*

Nachteilsausgleich

Der begriffsgeschichtliche Kern des Förderungsbegriffes, nämlich Vorhandenes in seinem Vorankommen zu unterstützen, zu begünstigen und zu verstärken (Duden 2006), kann also in modernem therapeutischen Sinne ausgelegt werden. Damit verbunden ist der Paradigmenwechsel, vom symptom- und krankheitsbezogenen Behinderungsbegriff abzukehren (*Was hat das Kind?*) und sich den Wirkungen und Lösungen von Teilhabemaßnahmen zuzuwenden (*Was braucht das Kind?*) (Seewald 2008). Als Nachteilsausgleich ist er mittlerweile bundesweit in allen Schulgesetzen sozialrechtlich verankert.

optimale Entwicklung

Die zweite Antwort auf die Frage nach dem motorischen Fördersinn ist eine allgemein pädagogische: Die Hoffnung, dass sich normale Kinder durch besonderes motorisches Einwirken noch besser, möglichst *optimal* (lat. Superlativ: gut), d. h. gemäß ihrer und den Möglichkeiten der Umwelt bestens entwickeln.

Als Unterstützung aller Bereiche kindlicher Entwicklung, wie Kognition, Emotion, Sprache, Soziales und der Körper (UNESCO 2013), soll den Geförderten das vollumfängliche Können und Wissen der Umwelt zugutekommen. Womit das entscheidende Grundproblem des Förderbegriffs angesprochen ist: das Gute bzw. die *Güte* von Förderung zuteilwerden zu lassen. Aber ab wann und wie ist motorische Förderung für Kinder gut und nicht bloß ihr Gegenteil, nämlich gut gemeint?

6.2 Forschungsüberblick

Auch auf die im Kapitel 6.1 abschließend gestellte Frage gibt es im Rahmen wissenschaftlicher Befunde und theoretischer Erkenntnisse zwei Antworten: die auf Standards gegründete Normativität von Erwachsenen einerseits und die subjektiven Sinnentscheidungen der Kinder andererseits.

Normativität

Was den ersten Pol betrifft, leiten sich die Vorgaben optimaler Förderung von auf Teststandards basierenden Studien ab, d.h. gut gefördert ist, wer gut im Test abschneidet. Dabei ist im Falle der Förderung motorischer Entwicklung testmethodisch zu beachten, dass es sich um eine

- längsschnittliche (mehrere Testzeitpunkte),
- mit Kontrollgruppen verglichene und – falls möglich –
- zufällig gezogene Förderstichprobe handelt.

Denn nur im zeitlichen Vergleich von geförderten und nichtgeförderten Kindern ist die eingesetzte Verbesserungsmaßnahme von der natürlichen Reifung und dem Wachstum unterscheidbar. Tabelle 17 fasst alle in Deutschland existierenden längsschnittlichen und kontrollierten Studien zur Bewegungsförderung von 1980 bis 2012 gemäß den ersichtlichen Ausschlusskriterien zusammen.

positiver Einfluss

Wie die Ergebnisse zeigen, haben Maßnahmen der Bewegungsförderung nahezu in allen Studien einen positiven Einfluss auf die motorische Entwicklung, d.h., mehr und gezielte Bewegung fördert Motorik. Diese vermeintlich triviale Feststellung wird flankiert von den Befunden, dass zumindest der Zusammenhang zwischen Bewegungsförderung und kognitiven Fähigkeiten – insbesondere der Intelligenz – gegeben zu sein scheint. Dennoch bleibt kritisch festzuhalten, dass die verwendeten IQ-Tests selbst hohe Bewegungsanteile aufweisen, d.h. Motorik bereits als Teil des IQ mitgemessen wird, weshalb hohe Korrelationen eher erwartbar als überraschend sind (Thelen 2000).

Einfluss elterlicher Intelligenz

Des Weiteren wird oft die elterliche Intelligenz als genetische Grundlage des bei den Kindern gemessenen IQ ausgeblendet, die z.B. über den (hoch-)schulischen Bildungsgrad der Eltern indirekt erfasst werden kann. Hier drängt sich die fundamentale Henne-Ei-Frage auf, ob die zusätzliche Bewegung Kinder intelligenter macht oder ob es die Kinder intelligenterer Eltern sind, die sich deshalb ohnehin motorisch geschickter bewegen.

Uneinheitlichkeit der Befunde

Im Bereich des sozial-emotionalen Verhaltens sind die vorliegenden Befunde uneinheitlich, was zum einen auf die unterschiedlichen Vorstellungen von sozial sowie die damit verbundene Auswahl an Tests zurückzuführen ist. Andererseits sind die durch Einschätzungsverfahren subjektiv gefärbten Daten selten den notwendigen Reliabilitätstests unterzogen worden (Abweichung von Eltern- zu Erzieherinnenurteil sowie Erzieherin vs. Erzieherin). In Bezug auf die Gesundheit schließlich kommen die Studien über eine dokumentierte Reduzierung von bloßem BMI und / oder Kör-

Tab. 17: Zusammenfassung empirischer Längsschnittstudien in Deutschland von 1980 bis 2013 zu Effekten der Bewegungsförderung in der frühen Kindheit; Ausschlusskriterien: kleinere Studien mit N<25, nicht kontrollierte Designs, Einzelfallstudien, ebenso speziell auf Unfallprophylaxe ausgerichtete Studien

Studie / Autor(in)	Förderziele	Inhalte, Methoden (Umsetzung) und Standards der Intervention	empirisches Vorgehen (Stichprobe; Instrumente)	Ergebnisse			
				motor. Leistung	Kognition	Soziales und Emotion	Gesundheit
Zimmer (1981 / 1996)	– Förderung der Selbstständigkeit (Eigenaktivität) durch anregendes Geräte- und Materialangebot sowie problemorientierte Bewegungsangebote – regelmäßig, häufiger, vielseitiger bewegen – Aufbau eines positiven Selbstkonzepts	– Kontrollgruppen (K) mit 45 Min. Bewegung pro Woche, Versuchsgruppe 1 (V 1) mit zusätzlich 20 Min. Bewegung täglich, V 2 mit 2 x 45 Min. pro Woche – Abwechslung von freien und gelenkten Angeboten – Einsatz frei beweglicher Materialien plus herkömmlicher Sportgeräte	– 11-monatiger Längsschnitt – 2 Messzeitpunkte (MZP) – 4 Kigas im Querschnitt (N=301), 2 Kigas im Längsschnitt (N=153) – von 2 Kigas je die Hälfte Kontrolle (5) und Intervention (5) – Alter: 3;6 bis 6;11 (Ø 5,2 Jahre) – Variablen: sozial-emotional (HIP, BSB); Motorik (KTK, MOT 4–6); Kognition (z. B. Intelligenz); Sozioökologie (z. B. Schicht, Wohnung, Spielmöglichkeiten) – Korrelationen und meist t-tests	Korrelation mit IQ: .28*** bis.40*** (Alter auspartialisiert); Varianzen: tägliches Angebot mit signif. höherem Effekt, vor allem bei Jüngeren	Korrelation mit Motorik: siehe IQ; Varianzen: signif. Unterschied bei Kontrolle und Versuch	Korrelation der Selbstsicherheit mit Dauer der aktiven Mitgliedschaft im Sportverein: .32*** Im Längsschnitt: kein Unterschied bei Kontrolle und Versuch. Fragebogen: schlechte motorische Leistungen korrelieren mit geringerem Beliebtheitsgrad	nicht erfasst

Studie / Autor(in)	Förderziele	Inhalte, Methoden (Umsetzung) und Standards der Intervention	empirisches Vorgehen (Stichprobe; Instrumente)	Ergebnisse			
				motor. Leistung	Kognition	Soziales und Emotion	Gesundheit
Beudels (1996)	– Doppelperspektive: Abbau von Störungen, Rückständen einerseits (korrektiv-therapeut.) und Aufbau des bruchlosen Übergangs in die Grundschule (prävent.-pädagogisch) – Aufbau eines positiven Selbstkonzeptes	– Ermöglichung eines szenischen Spiel- und Bewegungsraums (Verbindung von Sprache, Bewegung und Musik) – Vielfalt und Variabilität der Aktivitäten – Programm konnte zeitlich (1 Stunde pro Woche, Doppelstunde pro Woche, zwei Einzelstunden pro Woche) sowie inhaltlich variieren	– 24-monatiger Längsschnitt – 3 MZP – N=146 (zum Start) – 8 Kigas, davon je die Hälfte Kontrolle und Intervention plus je eine weitere K und V – Alter: 6 bis 8 Jahre – Variablen: Sozial-Emotional (BAV, BSU); Motorik (KTK); Kognition (Intelligenz); Sozioökologie (z.B. Schicht, Wohnung, Sportv. u.a.) – Varianzanalyse mit Messwied.	signif. Leistungssteigerung, kein Eta^2	signif. Leistungssteigerung, kein Eta^2	keine Effekte nachweisbar (keine Aggressionsminderung bzw. kein Zugewinn sozialer Sicherheit)	nicht erfasst

Studie / Autor(in)	Förderziele	Inhalte, Methoden (Umsetzung) und Standards der Intervention	empirisches Vorgehen (Stichprobe; Instrumente)	Ergebnisse			
				motor. Leistung	Kognition	Soziales und Emotion	Gesundheit
Ungerer-Röhrich (1996 / 1997); Ungerer-Röhrich et al. (1997) „Bewegung, Spiel und Sport im Kindergarten“	– vielseitige, ganzheitliche Bewegungserziehung auf Grundlage der Psychomotorik – Stärkung der Persönlichkeitsentwicklung, der Selbstständigkeit und Handlungskompetenz mittels Bewegung	– alltagsnahe Einbettung der Bewegungen (Lebensweltbezug, situativer Ansatz) – Angebot vieler selbsttätig gestaltbarer Bewegungsgelegenheiten und Materialien – flexible Bewegungsbausteine – Fortbildungskonzept vorhanden	– 36-monatiger Längsschnitt – 2 MZP – N=ca. 400 (Start) – 3 Kigas (1 Interv. / 2 Kontrolle) – Alter: keine genaue Angabe – Variablen: Motorik (MOT 4–6); Sozialverhalten (CCQ); Darmstädter Bildertest; Fragebogen zu Sozioökologie (z. B. Wohnumfeld) – Häufigkeitsvergleiche	Kinder in einem bewegungsfreundlichen Umfeld haben einen höheren MQ; keine Angabe von Signifikanzen	nicht erfasst	Sportkindergartenkinder rücksichtsvoller und hilfsbereiter; keine Angabe von Signifikanzen	nicht erfasst

Studie / Autor(in)	Förderziele	Inhalte, Methoden (Umsetzung) und Standards der Intervention	empirisches Vorgehen (Stichprobe; Instrumente)	Ergebnisse			
				motor. Leistung	Kognition	Soziales und Emotion	Gesundheit
Scherrer (1997); Prohl und Seewald (1998)	– Situationsorientierung – Ganzheitlichkeit – Kindorientierung – Offenheit (Hilfe zur Selbstregulation)	– Ausbildung von Multiplikatoren in der AKM-Kursreihe (Psychomotorik) – psychom. Fortbildung der Erzieherinnen – Anwendung psychomot. Materialien, Umgestaltung der Räume – Bewegungsbaustelle – dadurch vier Untersuchungsgruppen: • Erzieh. mit Fortbildung + Material • Erzieh. mit Fortbildung • nur Material • Kontrolle	– 15-monatiger Längsschnitt – 3 MZP – 8 Kigas (3 Interv. / 1 Kontrolle) – N=176 (Start) – Alter: ca. 4;6 bis 5;9 – Variablen: Motorik (MOT 4–6); Erziehungsstil (F-D-E); sozial-affektiv (BBK); Intelligenz – Varianzanalyse mit Messwied.	signif. Leistungssteigerung, kein Eta²; insbesondere Fortbildungs- und Materialgruppe(n) scheinen sehr effektiv	signif. Leistungssteigerung, kein Eta², insbesondere Fortbildungs- und Materialgruppe(n) scheinen sehr effektiv; Korr. IQ: .22** bis .33** (MZP 1)	Abnahme des direktiven Erziehungsstils zugunsten eines offeneren Stils bei den Fortgebildeten (F-D-E); schwache Korrelation des Arbeitsverhaltens mit der Motorik (.22*) bei MZP 1	nicht erfasst

Studie / Autor(in)	Förderziele	Inhalte, Methoden (Umsetzung) und Standards der Intervention	empirisches Vorgehen (Stichprobe; Instrumente)	Ergebnisse			
				motor. Leistung	Kognition	Soziales und Emotion	Gesundheit
Rumpeltin / Schülert (1997); Breuer et al. (1998) „Hüpfdötzchen"	– lebensweltbezogene Bewegungsförderung (Einbindung des Settings Familie) – Reduzierung gesundheitlicher Beeinträchtigungen aufgrund von Bewegungsmangel – vielseitige, alltagsintegrierte Förderung	– Fortbildung der Erzieherinnen (Theorie und Praxis z.B. in Psychomotorik) – zusätzliche Bewegungsförderung durch Erzieherinnen: 1–2 x täglich für 15 Min. – Bewegungsintervention selbst durch externes Team unter Leitung eines Diplomsportlehrers – Elterninformationen (Veranstaltungen): bewegungsfreundliches Kinderzimmer, gemeinsame Aktivitäten u. a. durch Kinderärzte und Sportlehrer – Kooperation mit Krankenkassen	– 7-monatiger Längsschnitt – 2 MZP – 22 Kitas / Kigas mit N=489 ges. (Start) : N=320 VG; N=169 KG – Alter: ca. 5 bis 6 (keine genaueren Angaben) – Variablen: Motorik (KTK) – Häufigkeiten	höherer Zuwachs bei der Versuchs- im Vergleich zur Kontrollgruppe	nicht erfasst	nicht erfasst	wohl erfasst, wenngleich nicht explizit dargestellt

Studie / Autor(in)	Förderziele	Inhalte, Methoden (Umsetzung) und Standards der Intervention	empirisches Vorgehen (Stichprobe; Instrumente)	Ergebnisse			
				motor. Leistung	Kognition	Soziales und Emotion	Gesundheit
Rethorst (2003 / 2004) „Kinder in Bewegung“ bzw. „bewegungsfreundliche Kitas NRW“	– den natürlichen Bewegungsdrang der Kinder stillen – Einbindung zusätzlicher Bewegungsaktivitäten in den normalen Alltag – Aufbau von bewegungsfreundlichen Kitas („Bewegungskindergarten“) – Aufbau eines positiven Selbstkonzepts	– Öffnen der Räume (z.B. Flure), Entfernen überflüssigen Mobiliars – tägliche Bewegungszeit (Dauer: k. A.) – Bewegung draußen, zu jeder Jahreszeit; Nutzung Außenflächen (z.B. Inliner, Roller) – gemeinsame Elternaktionen (z.B. Tage der offenen Tür, Wanderungen) – Fortbildung der Fachkräfte (Psychomotorik), Zusammenarbeit mit Sportpädagogen – Elternabende und -info (Stelltafeln)	– 12-monatiger Längsschnitt – 3 MZP – 3 Kitas (2 Interv. / 1 Kontrolle) – N=160 (MZP1), 106 (MZP2), 57 (MZP3) – Alter: 3,5 bis 7 Jahre – Variablen: Motorik (MOT 4–6); Selbstkonzept; Sozial- und Spielverhalten.; Sozioökologie (Fragebogen) – Varianzanalyse mit Messwied. und Korrelationen	signif. Leistungssteigerung: $F(1,52)=3{,}46$, $p<.05$ beim Gesamtrohwert zugunsten der Bewegungskitas: Je jünger, desto stärker ($\eta^2=.33$).	nicht erfasst	Korrelation (Alter auspartialisiert) der Motorik mit dem Selbstkonzept ($r=.30^{**}$), dem Sozialverhalten ($r=.21^{**}$) und dem Spielverhalten ($r=.47^{**}$) bei MZP 1	nicht erfasst

Studie / Autor(in)	Förderziele	Inhalte, Methoden (Umsetzung) und Standards der Intervention	empirisches Vorgehen (Stichprobe; Instrumente)	Ergebnisse			
				motor. Leistung	**Kognition**	**Soziales und Emotion**	**Gesundheit**
Weiß et al. (2004)	– primäre Prävention von Übergewicht, motor. Störungen, Herz-Kreislauferkrankungen – ganzheitliche Bewegungsförderung	– wöchentliches (1 x) Bewegungsangebot bestehend aus: • Rückenschulprogramm (Dehnen & Kräftigen) • Bewegungsspiele mit anregendem Material, Geräte-/Kletterkombis und Musik • Wahrnehmungsübungen • Information für Kinder (z.B. zu Wirbelsäule, Haltung, Ernährung)	– 6-monatiger Längsschnitt – 2 MZP – 1 Kiga – N ges.=46: N=24 VG; N=22 KG – Alter: 3,1 bis 6,3 Jahre – Variablen: Motorik (MOT 4–6); Bauchmuskeln; Haltung; u.a. – Mann-Whitney für gepaarte Beobachtungen	signif. Unterschied zugunsten der Fördergruppe (α=.021)	nicht erfasst	nicht erfasst	signif. Unterschied zugunsten der Fördergruppe bei der Haltung (α=.009) und Bauchmuskelkraft (α=.002)

Studie / Autor(in)	Förderziele	Inhalte, Methoden (Umsetzung) und Standards der Intervention	empirisches Vorgehen (Stichprobe; Instrumente)	Ergebnisse			
				motor. Leistung	Kognition	Soziales und Emotion	Gesundheit
Krombholz (2005)	– Ausgleich von Bewegungsmangel – Sammeln vielfältiger Bewegungserfahrungen – Erweiterung motor. Fähig- und Fertigkeiten (Kompetenz) – Setzen motor., kognitiver und psychischer Anreize – Einüben von Prosozialität	– tägliche Bewegungszeit von 15 Min. – freiwillige Teilnahme der Kinder – eine Sportstunde pro Woche – Umgestaltung der Räume (Abbau von Barrieren und Unfallquellen) – Austausch von Spielgerät zwischen Kigas und Einbau neuer Geräte (Material) – Einbindung der Eltern durch Mitarbeit (Umbauten) und Elternabende – Fortbildung der Erzieherinnen – Einrichtung eines Arbeitskreises – möglichst häufig offene Bewegungsangebote (primär im Freien)	– 21-monatiger Längsschnitt – 3 MZP – 22 Kigas (11 Interv. mit N=339/11 Kontrolle mit N=430) – N=559 netto (Start) bis 444 (Ende) – Alter: Ø 4,83 bis 6,02 Jahre – Variablen: BMI; Motorik (Grob- & Fein-); Kognition (z.B. Zeichnen, Konz.); Sozioökologie (z.B. Schicht, Wohnung, Nachbarschaft) – MANOVA mit Messwiederholung – protokollarische Dokumentation mit Bogen und Fotos	Varianz: $p=.037^*$, kein Eta^2	Varianz: $p=.004^*$, kein Eta^2; bei der Konzentration kein Unterschied zwischen den Gruppen zu MZP 3	keine empirisch reliable Erfassung (Berichte)	8,5 % der Kinder sind übergewichtig nach der Norm von Wachtel/Hilgarth 1995, stärker betroffen sind Kinder mit nichtdeutscher Nationalität

Studie / Autor(in)	Förderziele	Inhalte, Methoden (Umsetzung) und Standards der Intervention	empirisches Vorgehen (Stichprobe; Instrumente)	Ergebnisse			
				motor. Leistung	Kognition	Soziales und Emotion	Gesundheit
Ketelhut et al. (2004 / 2005 / 2007) „Fitness für Kids“	– Ausbau motorischer Fähigkeiten (Kraft, Ausdauer, Schnelligkeit, Geschicklichkeit) – gesundheitsorientierte Bewegungserziehung (z. B. Senkung Blutdruck) – Senkung des Unfallrisikos	– regelmäßige Bewegung: 3 x wöchentlich für je 45 Min. – 1 x von qualifiziertem Übungsleiter gehalten, 2 x von geschulten Erzieherinnen – Bewegungsparcours mit Musik sowie Bewegungsgeschichten – Katalog mit Vorschlägen zu Spielen und Übungen liegt vor, ebenso zu Alltagmaterialien	– 24-monatiger Längsschnitt – 3 MZP – 12 Kitas (6 Interv. / 6 Kontrolle) – N ges.=265: N=160 VG; N=105 KG – N=265 (MZP1), 172 (MZP3) – Alter: Ø 3,5 Jahre ± 4 Monate – Variablen: Blutdruck; div. motor. Tests verschiedener Autoren (z. B. Standweit, Balancieren RW / VW, 6-Min.-Lauf); BMI – t-tests	signif. Unterschied für den Gesamtrohwert zugunsten der Fördergruppe ($p<.001$)	nicht erfasst	nicht erfasst	signif. niedriger Ruheblutdruck ($p<.05$) sowie unter Belastung nach 2 Jahren ($p<.001$; beide p's mit $\eta^2=.04$) zugunsten Fördergruppe

Studie / Autor(in)	Förderziele	Inhalte, Methoden (Umsetzung) und Standards der Intervention	empirisches Vorgehen (Stichprobe; Instrumente)	Ergebnisse			
				motor. Leistung	Kognition	Soziales und Emotion	Gesundheit
Nacke et al. (2006) „pluspunkt BEWEGUNG“ (urheberrechtlich geschützt) hier: Hauptstudie	– Förderung motorischer Basiskompetenzen – Erweiterung der Handlungskompetenz – Bewegungsaktivitäten im alltagsrelevanten Kontext	– täglich 20 Min. Förderung – besondere Berücksichtigung von Bobath, Sensor. Integration (Ayres) und Feldenkrais – Grundprinzipien: von proximal zu distal, von viel auf wenig Fläche (Balance), verschiedene Raumdimensionen u. a. – Aus-/Fortbildung der Erzieherinnen: Seminar, Theorievortrag, Inputlektion – didaktisiertes Programm liegt vor	– 6-monatiger Längsschnitt – 2 MZP – 9 Kigas (3 Interv./2 x 3 Kontrolle) – N ges.=68: N=24 VG; N=44 KG – N=82 (MZP1), 68 (MZP2) – Alter: Ø 4,8 Jahre von 4;3 bis 5;6 – Variablen: div. motor. Tests verschiedener Autoren (z. B. Handbewegungen, Einbeinstand, VW/RW-Gang, Ballprellen); BMI – t-tests und Mann-Whitney	ergotherapeutisch intervenierte VG mit den stärksten Zuwächsen; keine Angabe der Zwischensubjekteffekte	nicht erfasst	nicht erfasst	nicht näher benannt

Studie / Autor(in)	Förderziele	Inhalte, Methoden (Umsetzung) und Standards der Intervention	empirisches Vorgehen (Stichprobe; Instrumente)	Ergebnisse			
				motor. Leistung	Kognition	Soziales und Emotion	Gesundheit
Jasmund (2009/2012) „Kinder in Bewegung“ bzw. „bewegungsfreundliche Kitas NRW“	– Abbau von Bewegungsmangel – vielseitige Bewegungserfahrungen – Aufbau eines positiven Selbstkonzepts	– bewegungsfreundliche Gestaltung der Innen- und Außenräume – angeleitete und freie Bewegungsangebote – Kooperation mit Sportverein – Fort-/Weiterbildung durch NRW-LSB in der Bewegungserziehung – Eltern-/Öffentlichkeitsarbeit	– 12-monatiger Längsschnitt – 3 MZP – 11 Kitas (7 Interv./4 Kontrolle) – N=274 (MZP1), N=228 (MZP2), N=212 (MZP3) – Alter: 4 bis 5 Jahre (ca.) – Variablen: Motorik (MOT 4–6); Selbstkonzept; Sozial- und Spielverhalten; Sozioökologie – t-tests und Korrelationen	kein signif. Unterschied zwischen Bewegungs- und Kontrollkitas	nicht erfasst	kein signif. Unterschied zwischen Bewegungs- und Kontrollkitas	nicht erfasst

Studie / Autor(in)	Förderziele	Inhalte, Methoden (Umsetzung) und Standards der Intervention	empirisches Vorgehen (Stichprobe; Instrumente)	Ergebnisse			
				motor. Leistung	Kognition	Soziales und Emotion	Gesundheit
De Bock et al. (2010) „Ene mene fit – Eltern machen mit“ als Teil des Gesundheitsprogramms „Komm mit in das gesunde Boot“ der BaWü-Stiftung, s. De Bock / Fischer 2011	– Steigerung der Alltagsbewegung – Abbau von Bewegungsmangel und einhergehendem Übergewicht bzw. Adipositas – vielseitige Bewegung – Verbesserung konditioneller und koordinativer Fähigk. – primäre Prävention, gesundheitsorientierte Bewegungsförderung	– 2 x einstündige Bewegungseinheit pro Woche durch Bewegungsfachkraft über 6 Monate (20 Wochen) – speziell geschulte, externe Bewegungsfachkraft – einhergehend mit Ernährungsprogramm – zusätzliche starke Einbindung der Eltern durch gemeinsame Projekte (z. B. Baumhaus bauen, Barfußpark, Waldtage, Walking Bus) – Elternberatung – theoretische Fundierung auf dem soziökologischen Modell sowie der General-Systems-Theory	– 12-monatiger Längsschnitt (mit 6 Monaten Wartezeit) – 3 MZP – zweiarmige, stratifizierte Cluster-Randomisierung – 37 Kitas (17 Interv. / 20 Kontrolle) (bzw. 52 Kitas in Hauptstudie) – N ges. =741 (MZP1) – Alter: Ø 4,5 – Variablen: BMI; Akkzelerometrie; Herzfrequenz; Körperfett; Programmakzeptanz – Mehrebenenanalyse; multimethodischer Ansatz (auch Fragebogen)	Kinder, deren Eltern eingebunden wurden, sahen tend. weniger TV und spielten häufiger draußen; signif. Abnahme der Sitzzeit und signif. Zunahme mittlerer täglicher Aktivität	nicht erfasst	nicht erfasst	BMI: ca. 5 % der Jungen übergewichtig und 5,9 % der Mädchen; Schlafqualität nimmt zu

Studie / Autor(in)	Förderziele	Inhalte, Methoden (Umsetzung) und Standards der Intervention	empirisches Vorgehen (Stichprobe; Instrumente)	Ergebnisse			
				motor. Leistung	Kognition	Soziales und Emotion	Gesundheit
Everke et al. (2009); Everke (2010) „CoMiK“-Studie	– Verbesserung motorischer, sozialer und kognitiver Fähigkeiten – Situationsorientierung – Ganzheitlichkeit – Kindorientierung – Offenheit (Hilfe zur Selbstregulation)	– Umsetzung durch praktisch und theoretisch ausgebildete Mentoren (Sport-/Psychologiestudierende) – tägliche Förderung durch Aktivierung koordinativer Fähigkeiten, besonders Gleichgewicht – rhythmisierter Ablauf („7 Sequenzen“) – Einwirkungszeit: 3 Monate – Förderprogramm liegt in 5 Modulen als Übungskatalog vor	– 7-monatiger Längsschnitt – 2 MZP plus follow-up – 3 Kigas (1 Interv./2 Kontrolle) – N=170 – Alter: Ø 4,94 Jahre (MZP 1) – Variablen: Motorik (MoMo-Batterie, GKS-Platte); Kognition (K-ABC, DL-KE); Verhalten (VBV) – Chi^2-Tests, t-test, Korrelationen, Varianzanalyse mit Messwied.	Gleichgewicht verbessert sich ($p=.018$, $\eta^2=.127$) zugunsten der VG; ebenso Standweit- und seitl. Hin-Her-Springen als direkte Effekte	meist signif. Zusammenhänge mit Konzentration von .306** bis .461***; schwache Korr. beim Kurzzeitgedächtnis ab .228* (MZP 1)	Nutzen vor allen Dingen für die Mädchen im Bereich sozialkonstruktiver Kompetenzen sowie geringerer Hyperaktivität und höherer Spielausdauer	12 % untergewichtige Kinder, 8,8 % Übergewichtige

Studie / Autor(in)	Förderziele	Inhalte, Methoden (Umsetzung) und Standards der Intervention	empirisches Vorgehen (Stichprobe; Instrumente)	Ergebnisse			
				motor. Leistung	Kognition	Soziales und Emotion	Gesundheit
Roth et al. (2010/2011) „PAKT"-Studie	– Abbau von Bewegungsmangel – vielseitige Bewegungserfahrungen – primäre gesundheitsorientierte Bewegungserziehung – Ausbau motorischer Fähigkeiten (Kraft, Ausdauer, Schnelligkeit, Geschicklichkeit) – Erweiterung motor. Fertigkeiten (Werfen)	– Einbindung von Eltern durch sogenannte Bewegungshausaufgaben (Karten) sowie Infoabende – supervidierte und ausgebildete Erzieherinnen – Lehrmaterial liegt vor (Übungen und Material) – täglich > 30 Min. psychomot. Bewegung – Bewegungsstunde ist rhythmisiert: Einstieg (Ritual), Zielsetzung, Hauptteil (Wahrnehmung; Koordination; Kooperation; Ausdauer, Kraft, Schnelligkeit, Beweglichkeit; Werfen), Cool-Down-Spiel; Reflexion	– 12-monatiger Längsschnitt – 3 MZP plus follow-up – Cluster-Randomisierung nach Stadt vs. Land – 41 Kitas (21 Interv. / 20 Kontrolle) – N=709 (MZP1) – Alter: 4,0 bis 5,9 Jahre – Variablen: Motorik (z. B. Einbeinstand, seitl. Hin-und-Her); Akkzelerometrie; BMI; Blutdruck; Unfälle; Mediennutzung (Dauer)	Zunahme der körperlichen Aktivität, insb. signif. bei hoher Intensität sowie bei Sprüngen (keine Effekte angegeben)	nicht erfasst	nicht erfasst	Abnahme Unterhautfettgewebe (p=.013); kein Effekt bei Unfallreduzierung

perfett nicht hinaus. Psychosomatische Befunde (z. B. psychische Stressminderung) wurden kaum und genauso wenig valide erfasst.

neues Testverfahren

Neben diesem generellen Forschungsdefizit im Bereich der Wirksamkeit frühkindlicher Bewegungsförderung weist Munzert (2010) auf die künftig notwendige Berücksichtigung eines modifizierten Studiendesigns hin, sofern die besonderen Eigenschaften motorischer Plastizität und somit das Lebensspannenprinzip von Entwicklung ernst zu nehmen sind. Zu diesem neuen, dreischrittigen Vorgehen gehören die

- **Baseline-Leistung** (engl. baseline performance): erstes, einmaliges Testen des *unberührten* Leistungsstandes und keine Unterstützung oder Hilfe von außen (Testen von dem, was das Kind eigenständig kann; *Test-Nettoleistung*);
- **Baseline-Reservekapazität** (engl. baseline reserve capacity): auf die Testaufgaben bezogene, leistungsförderliche Hilfe/Instruktion und Testgewöhnung erlaubt, z.B. kurzes Üben (Testen von dem, was das Kind kann, wenn ihm geholfen wird; *Test-Bruttoleistung*) und
- **Entwicklungsreserve** (engl. developmental reserve capacity): Testen der Lernfortschritte durch Übung/Training und Erfassen von Leistungsgrenzen nach der Intervention (Testen von dem, was das Kind durch systematische Einwirkung von außen *unabhängig* von der Testaufgabe zukünftig zu leisten imstande ist; eigentlicher Entwicklungsfortschritt, *Leistungspotenzial*).

künstliches Abbild vs. reale Bewegungswelt

Diese anspruchsvolle und wichtige Forderung Munzerts hat gleichwohl einen erkenntnistheoretischen Haken: Was mit standardisierten Tests gemessen wird, ist immer nur ein künstliches Abbild der realen Bewegungswelt und folglich das verzerrte Feststellen einer vermuteten, aber nicht tatsächlichen motorischen Leistungsfähigkeit. Denn: Sich die Schuhe binden zu können, eine Tasse von einem Tisch greifen zu können etc. ist für Kinder bei der realen Bewältigung von Alltagsaufgaben subjektiv bedeutsamer als das vergleichsweise irrelevante Aufstehen mit einem Ball über dem Kopf (Test „MOT", Kap. 2, Tab. 11). Wilke (1996, 12 f.) bringt die Diskrepanz zwischen der künstlichen Testwelt und der realen Welt subjektiv unterschiedlicher Bewegungsaufgaben mit dem Begriff der Intervention auf den Punkt:

> *„Intervention ist das Bewirken eines bedeutsamen Unterschieds für das System. Bedeutsam ist er dann, wenn die Folge des Unterschieds ein Min-*

destmaß an Lebenswichtigkeit besitzt. Dieser folgenträchtige weil intensiv wahrgenommene Unterschied macht den Unterschied, die Intervention."

Förderung und Menschenbild

Mit anderen Worten: Förderung hängt immer auch vom Menschenbild ab. Sehen wir das Kind als linear instruierbares, willfähriges und als mit Inhalten vollzufüllendes Fass im Sinne des *Nürnberger Trichters* (die mittelalterliche Vorstellung, Wissen per Trichter in das Hirn des Menschen einfüllen zu können), so können wir die Bedeutung subjektiver Lebenswichtigkeit ausblenden und das Kind behandeln wie ein Objekt. Verstehen wir aber das Kind als eigenständigen, einzigartigen, proaktiven und auch als nonkonforme Vorstellungen verfolgenden Organismus, der seine Umwelt emotional nach Bedeutsamkeit bewertet, befinden wir uns inmitten der Komplexität und Kompliziertheit motorischer Entwicklung: Entwicklung ist phylogenetisch betrachtet *offen*, wohingegen motorische Tests geschlossene Antworten vorgeben auf das, was gut oder schlecht, auffällig oder unauffällig ist.

Nutzung natürlicher Voraussetzungen

Gute Bewegungsförderung sollte sich also nicht ausschließlich von Tests ableiten, sondern *auch* von dem, was Kinder an natürlicher und *jedem* Kind innewohnenden motorischen Kompetenz besitzen.

Kompetenz in der motorischen Entwicklung bedeutet situativ und subjektiv im Rahmen individueller Bedingungen und Möglichkeiten (Ressourcen) die je für sich optimale Bewegungslösung zu suchen, auszuführen und zu verantworten. Nur die emotional als wichtig bewertete Aufgabe bzw. Herausforderung und ihre je autonom organisierte Bewältigung macht sie bedeutsam für den jeweiligen Organismus.

Beispiel: Fußball

Die Reichweite dieser Definition lässt sich am besten am Beispiel des Sports verdeutlichen. So ist der *allgemeine* Sinn des Sports, dass sich der Mensch einer für das direkte Überleben im Grunde sinnlosen, wenngleich Lust verschaffenden Anforderung mit überwiegend körperlich anstrengenden Mitteln stellt (Volkamer 1987). Optimal gelöst und somit subjektiv sinnvoll ist sie dann, wenn sie gemäß der eigenen Zielsetzung befriedigend umgesetzt wurde. Nur so ist zu erklären, weshalb das gemeinschaftliche Dreschen eines Balles mit dem Fuß in ein Netz von Milliarden Menschen als sinnvolle Bewegungsart mit dem Namen Fußball bewertet wird. Der *spezielle* Sinn des Sports allerdings sieht in seiner organisierten Vereins- und Verbandsform nicht nur Zielsetzungen aus Spaß und Zerstreuung vor, sondern Normen aus Wettkampf und Sieg. Damit dieser soziale Wettkampf fair und vergleichbar bleibt, braucht es Regeln. Eine sportlich gute Bewegungslösung ist also, wer das gemeinsame Ziel unter Einhaltung der Regeln und im Wettkampf mit anderen am schnellsten, weitesten, höchsten oder am meisten erreicht. Die Förderung dieser sportlichen Zielsetzung wird **Training** genannt. Individuelle Auslegungen (Plastizität) oder gar Innovationen sind meist nur in Ballspielen erlaubt und hier auch nur in der Bewegungsausführung.

Beispiel: Hochsprung

Was aber, wenn ein Bewegungsproblem (z. B. hoch zu springen) mit einer völlig neuen Bewegungsausführung versucht wird, gelöst zu werden? An der Geschichte des Hochsprungs lässt sich illustrieren, wie sich die Definition der motorischen Kompetenz ändern kann, wenn äußere Sozialnormen, ihre aufgestellten Ziele und Regeln als Bewertungsgrundlage genommen werden und welche Auswirkungen das auf ihre Förderung hat. So war die ursprüngliche Lösung, so hoch wie möglich über eine Latte zu springen, nicht der uns heute bekannte Fosbury-Flop (benannt nach seinem Optimierer Dick Fosbury; sein Erfinder hieß Fritz Pingl), vielmehr veränderte sich die Technik von der Frontalhocke über den Schersprung, über den Rollsprung (engl. straddle) hin zum Flop. Richtig und gut war immer jene Lösung, welche den höchsten Sprung ergab, sofern er die Regel mit einem Fuß abzuspringen, einhielt. Dies führte zu der kuriosen Situation, dass 1954 der Weltrekord von 2,13 m nicht anerkannt wurde, weil Dick Browning, ein Turner, mit einem beidbeinig abgesprungenen Rückwärtssalto das Problem löste.

Die Frage lautet: Ist er deshalb motorisch weniger kompetent und sollte er stärker gefördert werden? Die Antwort: Im leichtathletischen Kontext betrachtet ist er in der Tat weniger kompetent. Allgemein auf das Bewegungsziel Hoch-Sprung betrachtet ist er aber kompetenter.

Sozialnormen vs. motorische Kompetenz

Die logische Schlussfolgerung hieraus für die Bewegungsförderung in der frühen Kindheit lautet, dass die an Kinder angelegten Sozialnormen im Sinne von Sieg und Niederlage sowie Wettkampf eine eingeengte Sicht auf die motorische Kompetenz erzeugen und die damit einhergehende Förderung spezialisieren. Entwicklungsgerecht im Sinne optimaler Förderung wird sie dann, wenn alltägliche fundamentale und elementare Bewegungsanforderungen (z. B. greifen, krabbeln, gehen, springen, hüpfen, klettern, werfen, fangen) ebenso breit wie offen unterstützt werden. Dies schließt nicht die Einhaltung sozialer Normen (z. B. das Einhalten von Regeln) aus – im Gegenteil. Doch verhindert diese Sicht eine zu frühe Spezialisierung durch Training und bleibt eine allgemeine Förderung. Insofern die äußeren Anforderungen und Zwänge (engl. constraints) an den kindlichen Organismus subjektive Lösungen erlauben, werden der individuelle Sinn und die Bedeutsamkeit fürs Kind gewahrt, da es *seine* anvisierten Möglichkeiten ausschöpfen kann und nicht unmögliche Ziele erreichen muss. Als

motodynamische Problemlösung ist dies die Prämisse für die nachfolgenden allgemeinen Leitsätze optimaler Bewegungsförderung in der frühen Kindheit. Sie fassen überdies alle bisherigen Erkenntnisse der vorangegangenen Kapitel zusammen.

6.3 Leitsätze optimaler Bewegungsförderung

Verhaltensebene

Auf der Verhaltensebene (individueller Ansatz) gibt es folgende Empfehlungen:

- Fördern Sie so früh wie möglich, um der hohen neuronalen Plastizität und Aufnahmefähigkeit Rechnung zu tragen!

- Fördern Sie so vielsinnlich wie möglich, da nicht genutzte Neurone degenerieren (engl. pruning) und die breite Aktivierung vieler Nervenzellen die Netzwerkbildung erleichtert. Dies führt zu einer höheren Speicher- und Abrufkapazität.

- Förderung bedeutet Fordern, d.h. Geben Sie Hilfe zur Selbsthilfe! Nicht das Schaffen von Abhängigkeiten ist das Ziel (*erlernte Hilflosigkeit*), sondern die verantwortete Eigenständigkeit des Kindes, damit der Selbstwert steigt. Das Recht, Risiken eingehen zu dürfen gehört ebenso dazu wie das Recht, daran zu scheitern.

- Fördern bedeutet Anstrengung, auch an die Grenzen, nur nicht darüber hinaus. Zellen erhöhen dann längerfristig und gesund (!) ihre Aktivität (Übertragungsbereitschaft), wenn sich die Anforderungen bewältigbar erhöhen (sanfter Stress).

- Wirken Sie regelmäßig ein! Wiederholen hilft meistern und bleibt solange keine didaktische Sünde, wie es variabel und abwechslungsreich umgesetzt wird – am besten täglich.

- Steigern Sie den Anspruch: vom Bekannten zum Unbekannten, von großen auf kleine Flächen, von geringen auf große Höhen, von weichen zu härteren Bällen etc.

- Schaffen Sie Zeiten für freies Spiel in Abwechslung mit gelenkten Angeboten! Selbststeuerung bedeutet druckfreies Lernen. Lenkung bedeutet, den größeren Erfahrungsschatz Erwachsener gewissermaßen plündern zu dürfen und die vielfältigen Erlebnisse strukturieren und ordnen zu können. Aus der Kombination beider Anteile ergeben sich subjektiv neue Lösungen, die das Individuum und möglicherweise auch seine Umwelt weiterentwickeln.

- Mut lernt gut: Oft wird Potenzial deshalb nicht ausgeschöpft, weil die Angst hemmt. Aufbauendes Loben, Erfolge feiern, Niederlagen gemeinsam betrauern und wieder aufstehen gehören zur sozial-emotionalen Förderung.

Verhältnisebene

Auf der Verhältnisebene (sozioökologischer Ansatz) helfen folgende Leitsätze, bewegungserzieherisch optimal zu arbeiten:

- Binden Sie die Eltern ein! Die teilnehmende (partizipative), d.h. aktive und mitgestaltende Einbindung der Eltern verstärkt das familiäre System der Kinder und unterstützt in unsicheren Situationen. Je besser die Eltern eingebunden werden, desto erfolgreicher die Förderung.

- Schaffen Sie Bewegungsräume! Sofern Kinder den Raum bekommen, den sie aufgrund ihres natürlichen Bewegungsdrangs brauchen, bewegen sie sich auch häufiger und länger. Dies bedarf ggf. der Unterstützung der Kommune.

- Deshalb: Lassen Sie die Kinder draußen spielen, so oft es nur geht. Aus phylogenetischer Sicht sind wir nur bedingt Behausungsorganismen, vielmehr brauchen wir Licht und Raum.

- Nehmen Sie an Weiter- und Fortbildungen teil! Gängige Curricula vernachlässigen die Kenntnisse und das Können im bewegungserzieherischen Bereich. Eine bessere Ausbildung der Frühpädagoginnen und -pädagogen verbessert die Fördereffekte.

- Kooperieren Sie mit Sportvereinen, um deren räumliche Infrastruktur zu nutzen und Ressourcen auszutauschen!

- Stellen Sie qualitativ hochwertiges Material bereit! Gutes Material ist konstruierbar, veränderbar, vielseitig im Gebrauch, vielsinnlich (z.B. verschiedene Farben, Formen, Flächen) und alltäglich.

1 Die Reifung basaler kindlicher Bewegungsfertigkeiten findet auch ohne großes Zutun der sozialen Umwelt statt. Warum also noch zusätzlich fördern?

2 Fassen Sie die Befunde der in Deutschland vorhandenen längsschnittlichen und kontrollierten Studien für die Bereiche der Motorik, Kognition, Sozialemotion und Gesundheit in eigenen Worten zusammen!

3 Die Ergebnisse zu den Wirkungen von Bewegungsinterventionen hängen auch von der Art der Vorgehensweise bei einer Untersuchung ab. Was empfiehlt Munzert (2010)?

4 Die Interventionsdefinition von Willke (1996) bringt die Diskrepanz zweier Menschenbilder zum Vorschein. Erläutern Sie!

5 Ist ein 18-monatiges Kleinkind, das auf einen Stuhl krabbeln kann, genauso motorisch kompetent wie ein Turner, der einen Salto am Hochreck beherrscht? Diskutieren Sie diese Frage, gerne auch mit Kolleginnen und Freunden!

Übungssammlungen für Krippen- und Kindergartenalter von Bierögel, S., Hemming, A. (2010): Sternstunden im Kleinkindturnen. Ökotopia Verlag, Münster.

Übungssammlungen für Baby- und Krippenalter von Zimmer, R. (Hrsg.) (2012): Psychomotorik für Kinder unter 3 Jahren – Entwicklungsförderung durch Bewegung. Herder, Freiburg i.Br.

Tipps und Empfehlungen für Eltern, Pädagogen, Übungsleiter und sonstige motorische Fachkräfte der Kinderturnstiftung unter http://www.kinderturnstiftung-bw.de/, 24.09.2013.

Tipps der Deutschen Sportjugend (dsj) unter http://www.kinderwelt-bewegungswelt.de/, 24.09.2013.

7 Praxis der Bewegungserziehung: Fördermodelle

Ganz gleich, ob PEKiP, Pikler, Hengstenberg, Psychomotorik oder Bewegungskindergarten: Sie alle haben gemeinsam, sich innerhalb bestimmter Interventionsparameter zu bewegen. Hierzu gehören die Rolle der Frühpädagogin und des -pädagogen, der gewährte Freiheitsgrad für die Kinder, die Verwendung von Material und Gerät sowie die Ausgestaltung von Raum und Zeit. Die jeweils unterschiedliche Schwerpunktsetzung dieser Parameter definiert die Unterschiedlichkeit der Konzepte.

7.1 PEKiP (Prager-Eltern-Kind-Programm)

Anerkennung und finanzielle Förderung

Eines der am weitesten verbreiteten und frequentierten Familienbildungsprogramme im Bereich der präventiven Bewegungserziehung stellt das Prager-Eltern-Kind-Programm (PEKiP) dar (Lösel et al. 2006). Ein Grund für die Popularität ist zum einen, dass PEKiP eines der wenigen anerkannten **primärpräventiv-motosensiblen Programme** im Säuglingsbereich nach §20 des SGB V (Präventionsleitfaden) darstellt. Die Leistungen dieser Kurse zur Primärprävention werden von den Kassen finanziell unterstützt, da sie „den allgemeinen Gesundheitszustand verbessern und insbesondere einen Beitrag zu Verminderung sozial bedingter Ungleichheit von Gesundheitschancen erbringen“ sollen (GKV 2010).

Einbindung von Eltern und Kind

Zum Zweiten bietet das Programm eine systematische Vorgehensweise, die sowohl die Eltern als auch die Säuglinge gemäß didaktischer Prinzipien einbindet.

Programmziel: Unterstützung der Natürlichkeit

Geleitet werden diese Prinzipien von einem obersten Programmziel fürs Kind, das in der Unterstützung und Begleitung des natürlichen Verlaufs der Entwicklung von Säuglingen besteht. Nicht die spezialisierende Beschleunigung oder gar ein Training werden verfolgt, sondern entscheidend sind die psycho-sozial-biologischen Bedürfnisse des Kindes. Hierzu gehören das Schlafen, Nahrung, Körperkontakt (Sicherheit durch Berühren und Wiegen), Kommunikation (Mimik, Stimme, Berühren) Körperwärme, Defäkation (Notdurft) sowie die Bewegung. Das Kind ist völlig frei im Stillen dieser Bedürfnisse, weshalb sich in den meisten Kursen die Babys auch nackt bewegen dürfen (Fauser 2008; Pulkkinen 2010).

Ursprung

Entworfen wurde dieser Grundsatzgedanke zwischen 1950 und Ende 1960 von Jaroslav Koch (1919–1979), einem Prager Psychologen, der bemerkt hatte, wie Säuglinge ohne einengende Kleidung mehr Spontanbewegungen und größere Bewegungsamplituden umsetzen. Durch zusätzliche Stimulation von z. B. vorhandenen Reflexen sollten die latenten Potenziale des Säuglings besser ausgeschöpft werden.

Entwicklungsfenster

Die These, je geringer das Alter des Kindes, desto höher seine Entwicklungsmöglichkeiten, spiegelt sich auch in Kochs Annahme von Entwicklungsfenstern, die sich durch ganzheitliche Stimulation zur richtigen Zeit optimal entfalten sollen (Koch 1978). Vor diesem Hintergrund leiten sich folgende didaktische Eckpunkte ab:

- Das Kind und seine Bedürfnisse stehen im Vordergrund;
- die Anregungen erfolgen je nach Entwicklungstand;
- Eltern werden aktiv in die Stimulation eingebunden;
- die Förderreize bestehen aus dem Sprechen und Singen, Körperkontakt, Bewegungsimpulsen und Alltagsmaterialien;
- die Harmonisierung der Eltern-Kind-Beziehung und
- Eltern-Eltern-Beziehung (Austausch der Eltern).

organisatorische Standards

Im Rahmen dieser Leitplanken werden organisatorische Standards gesetzt, welche die Ziele und Inhalte in eine durchführbare Programmform bringen. Besonderer Wert wird hierbei auf die Gruppenarbeit mit den (meist) Müttern und (seltener) Vätern gesetzt. Typisch für eine PEKiP-Sitzung sind

- das Zusammenkommen von 6 bis 8 Elternteilen und ihren Säuglingen, die ab einem Alter von 4 bis 6 Wochen mitmachen können;
- die Übungshäufigkeit: 1 mal pro Woche für rund 90 Minuten;
- die Gleichaltrigkeit der Säuglinge, um von den jeweils anderen Kindern als Peers angenommen zu werden (höhere Motivation zur Imitation);
- das Zusammenbleiben der gesamten Eltern-Kind-Gruppe während des ersten Lebensjahres der Kinder (bis Ende ca. 12. Monat) und
- die Einteilung des zwölfmonatigen Begleitzeitraums in vier Interventionsphasen (Abb. 30, Tab. 18).

Abb. 30: Die sogenannten vier Jahreszeiten eines PEKiP-Jahres mit den jeweiligen Schwerpunkten

Tab. 18: Die sogenannten vier Jahreszeiten mit den jeweiligen konkreten Interventionen (Polinski 2009; Brauburger 2010)

1. Vierteljahr: Erfahrung über Berührung und Körperkontakt sowie Kommunikation
– den Füßen in der Bauchlage Widerstand geben – einen Finger zum Festhalten reichen (Greifen üben) – über die Seite hochnehmen – Handhabung des Tragetuchs (verschiedene Tragetechniken) – Tragen mit dem Körper (Tragen in Bauchlage, Arm-Schulter-Tragen, etc.); Menschenkinder sind Traglinge – in Bauchlage miteinander sprechen (20–25 cm Abstand), üben der Erkennung kindlicher Mimik – auf den eigenen Körper des Elternteils legen, Wärme und Nacktheit spüren – erstes Spielzeug begreifen (Alltagsmaterialien sowie Ring, Rassel, Tücher, Decken, weiche Bälle) – Streicheln der Babyhaut, sanfte Massage
2. Vierteljahr: Steigerung der motorischen Aktivität, Verwendung von vielfältigem Spielzeug
– Spielzeug in Sicht- und Greifweite vor das Kind legen – Kind auf dem Schoß hopsen lassen – sich aus der Rückenlage an den Fingern der Eltern hochziehen lassen – von der Rücken- in die Bauchlage drehen – Kind bäuchlings über den Oberschenkel legen – vom Wasserball abstoßen – Hinzunahme größeren Spielzeugs wie Kochlöffel, größere Bälle, Plastikflaschen, schiefe Ebenen – Streicheln der Babyhaut
3. Vierteljahr: Raumerkundung beginnt; Erkennen von Ursache und Wirkung beim Spielen unterstützen
– Krabbeln über Decken, schiefe Ebene und Gegenstände allgemein – bei Gegenständen, die sie nutzen, werden gezielt die Namen vorgesagt und benannt – Drehen um die Achse (sogenanntes Kreiseln) – Spielzeug in einem flachen Behälter – Karton mit Loch und Material – Hinunterklettern von unserem Körper (Elternkörper als Spielgerät) – Ursache und Wirkung erfahren: Bälle werfen Flaschen um, Türmchen fallen ein, wenn sie umgestoßen werden – Sachen in Töpfe/Becher reinlegen und wieder herausnehmen – Vierfüßlerstand mit Unterstützung
4. Vierteljahr: Fortbewegung steht im Mittelpunkt, qualitativ und quantitativ; lokomotives Loslösen
– Aufrichten in den Kniestand – Krabbeln auf verschiedenen Oberflächen (Differenzerfahrung) – Fangen spielen – an einer Stufe hinauf- und hinunter krabbeln; überwinden ganzer Bewegungsparcours – Aufstehen an einer Wand, einem Stuhl – Geben und Nehmen: Loslassen üben; Pinzettengriff – Dinge irgendwo hineinstecken – zwei Bauklötze aufeinander stellen

Dyaden-Struktur

Die Vielzahl an Spielen und motorischen Anregungen finden stets in der Begleitung der Eltern statt, die nicht permanent eingreifen, sondern lediglich dem Säugling das beruhigende Gefühl der sichernden Anwesenheit geben sollen. Der Aufbau positiver Beziehungen findet in mehreren Dyaden statt, wozu Eltern-Kind, Eltern-Eltern und Kinder-Kinder gehören. Allgemein geht es in der Gruppenarbeit um das Anbahnen von Blick- und Körperkontakt, der Wahrnehmung von Gestik, Mimik und Körperregungen, dem gemeinsamen Sprechen und Singen und um die emotionale Wärme als Grundlage für die Bindung (Kap. 3.4).

Forschungsfrage

Die wissenschaftlich entscheidende Frage ist, ob sich die angestrebten Ziele und Effekte tatsächlich einstellen. Hierzu kann PEKiP selbst nur mit wenigen Studien aufwarten, die den Ansprüchen der Randomisierung, Kontrolle, hohen Fallzahlen und Längsschnittlichkeit genügen. Häufig werden das empirische Wissen der Säuglingsforschung, der Bindungstheorie, der themenzentrierten Interaktion sowie der sozialpsychologischen Stressforschung stellvertretend herangezogen. Viele Kenntnisse stammen von narrativen Studien (Ruppelt / Ruppelt 1982). Den breitesten Überblick hierzu konnten bisher Höltershinken / Scherer (2011) erstellen.

Fazit

Zusammenfassend zeigen sich positive Befunde mit Bezug auf eine verbesserte Eltern-Kind-Beziehung, einer ausgeglichenen Stimmung beim Säugling, einem ausgewogeneren Schlaf-Wach-Rhythmus und damit zusammenhängend eine angemessene Gewichtszunahme.

7.2 Emmi Pikler und Elfriede Hengstenberg

Bedürfnisse im Fokus

Bedürfnisse stillen, Ruhe und Zeit gewähren, Raum und Freiheit ermöglichen – dies sind die Eckpfeiler, auf denen die Säuglingspädagogik im Allgemeinen und ebenso die Bewegungserziehung im Speziellen von Emmi Pikler (1902–1984) fußen. Ähnlich wie beim PEKiP erlangen die Bedürfnisse eine besondere Bedeutung. Die Aufgabe für Eltern und Pädagoginnen bzw. Pädagogen besteht im Abhalten von störender Sinnesüberflutung (z. B. Lärm, grelles Licht) und stattdessen der Gewährleistung von viel Ruhe, dem Hinzuführen von Wärme, Sauberkeit bzw. Hygiene und Nahrung sowie die Ermöglichung einer freien Bewegung durch weiche und lockere Kleidung oder gar gleich des nackten Bewegens.

Zurückhaltung statt häufiger Intervention

Pikler (1982) spricht sich mit ihrer Hauptprämisse erzieherischer Arbeit für die ausdrückliche Zurückhaltung von allzu häufiger Intervention aus. Nicht die Anregung oder die systematische Stimulation gelten als entwicklungsfördernd, sondern die Bewerkstelligung der vorhandenen natürlichen Anlagen.

Beispiel: Weinen

Pikler verdeutlicht dies am Beispiel des Weinens: Viel zu viele Mütter und Pflegekräfte würde zu schnell versuchen, das Weinen zu unterbinden oder zu kompensieren, indem zu hastig geschaukelt, gewippt, gesungen oder sonstige „Betäubungen" (1982, 15) und Ablenkungen angewandt würden. Stattdessen sei die aufmerksame Beobachtung der dem Weinen zugrunde liegenden Bedürfnisse entscheidend. Nicht ein Mehr an Aufmerksamkeit sei gute Erziehung, sondern die geübte Zurückhaltung und das Aufbringen vom Notwendigsten; nicht also beim ersten Weinen einzugreifen, sondern erst, wenn es nicht mehr anders geht.

Bewegungsvorbild: Tierwelt

Übertragen auf die Bewegungserziehung fordert Pikler nicht das frühzeitige, sondern das *richtige* Bewegen, das geschickt, einfach, sicher, natürlich, letztlich ökonomisch ausgeführt werden soll. Als Bewegungsvorbild könne die Tierwelt dienen. Tiere bewegten sich kraftvoll und trotzdem „schön" und „harmonisch" (1982, 22).

Beispiel: Sitzen

Richtiges Bewegen sei eine angeborene Fähigkeit, d. h. unterliege genetischen Gesetzmäßigkeiten. Der Ansatz von Emmi Pikler steht somit in der Tradition von Gesell, der die kindliche Entwicklung generell den biologischen Vorgaben unterworfen sah (Kap. 1). Am Beispiel des Sitzens wird diese Annahme konkret: Beim *richtigen* Sitzen werde das Körpergewicht auf die Sitzhöcker verlegt, bleibe das Kind beweglich / dynamisch, bildeten Kopf und Rücken eine gerade Linie und erhebe sich der Rumpf fast senkrecht in die Höhe. Hier handelt es sich im modernen Sinne um ein gesundheitsorientiertes, funktionsgymnastisches Verständnis motorischer Entwicklung. Bei der Frage nach der Umsetzung fällt die Antwort sehr klar und kurz aus (Pikler 1982, 33):

> *„Greifen wir in die Bewegungsweise des Kindes nicht ein! Geben wir ihm weiterhin die Möglichkeit, sich immer so zu bewegen, immer so zu spielen, wie es ihm gefällt!"*

Selbstregulierung

Gemäß dieser Vorstellung regelt sich das Kind also nahezu vollständig selbst. Bewegungserziehung nach Pikler bedeutet lediglich, genügend Raum und freie Bewegungsmöglichkeiten (Wahlfreiheiten) zu schaffen. Den Rest macht das Kind seinen Anlagen entsprechend selbst; weder Kleinkindturnen noch ausgeklügelte Gymnastik würden zum Erfolg führen.

Bewegung und Zeit

Pikler entwirft auf Basis einer „natürlichen" und „organischen" Bewegungserziehung eine zeitliche Abfolge von „Grundelementen der Bewegung", die bis zum Ende des zweiten Lebensjahres erlernt seien (1982, 23). Damit diese Abfolge richtig verlaufe, sei insbesondere die Gestaltung der Umwelt durch Darbietung von ausreichend Raum, vielfältigem Spielzeug und Alltagsmaterialien entscheidend. Gegenüber der Pädagogin oder dem Pädagogen als aktiver Interventionsvariable besitzt die Umweltgestaltung als indirekte Einflussvariable eindeutigen Vorrang (2001). Die konkreten Handlungsempfehlungen fasst Pikler in neun Ratschlägen zusammen:

- So wenig Kleidung wie nötig, so frei wie möglich!
- Geben Sie viel Platz und Raum: keine weichen Unterlagen, um beengendes Einsinken zu vermeiden (besser: harte Matratzen); benutzen Sie ein großes Laufgitter!
- So viel tragen wie nötig, so wenig wie möglich!
- Mischen Sie sich so wenig wie möglich in die Bewegungsversuche ein; helfen Sie nur, wenn unbedingt notwendig!
- Lassen Sie keine überzogene sprachliche Vorsicht walten (z. B. „Pass auf!", „Sei vorsichtig!", „Du wirst dich stoßen!")!
- Verbieten Sie so wenig wie möglich!
- Greifen Sie nicht aus Schicklichkeits- oder ästhetischen Gründen in die Körperhaltung und Bewegungsausführung ein (z. B. „Sitz anständig!", „Sitz gerade!")!
- Zeigen Sie keine übertriebene Anerkennung, keine zu starke Ermunterung und Motivation von außen!
- Lassen Sie die Kinder keine Zwangspositionen einnehmen!

Nach Pikler ist das Wesentliche nicht das *Wann* motorischer Entwicklung, sondern das *Wie*.

Aktivierung intrinsischer Motivation

Im engen kollegialen Austausch mit Emmi Pikler stand die deutsche Gymnastiklehrerin Elfriede Hengstenberg (1892–1992). Auch Hengstenberg legte großen Wert auf die Aktivierung **intrinsischer Motivation**. Ausschlaggebend waren ihre Beobachtungen, dass in ihrem Gymnastikunterricht zwar viel, gerne und mit „hoher Spannkraft“ (1991, 10 ff.) geturnt wurde, sich dies aber nicht auf die Lebensweise allgemein übertrug. Ihr Anliegen war der Transfer der turnerisch-gymnastischen Spannkräfte auf das alltägliche Leben mit seinen Anforderungen (z. B. in der Schule).

Bewegung in allen Lebensbereichen

Bewegung im Sinne Hengstenbergs sollte also nicht nur körperlich stark machen, sondern die Totalität des Kindes erfassen: psychisch, körperlich und sozial. Durch Bewegung als Sinnbild des Lebens sollen Kinder lebendige Beziehungen zur Welt aufbauen, um sie dadurch leichter zu begreifen. Der Musikpädagoge Heinrich Jacoby und die – im modernen Sprachverständnis – als Körpertherapeutin zu bezeichnende Elsa Gindler waren entscheidende Impulsgeber für die Arbeit Hengstenbergs. Hernach besitze jedes Kind brachliegende oder entmutigte Fähigkeiten, die es zu entdecken und zu entfalten gelte (1991, 15):

> *„Den inneren Gesetzmäßigkeiten einer ungestörten Entwicklung auf die Spur kommen, die Wege ausfindig zu machen, auf die uns die Natur des Kindes hinweist.“*

Selbstständigkeit

Hierin ist die pädagogische Prämisse der Selbstständigkeit zu erkennen. Hengstenberg geht es primär um die Unterstützung von im wahren Wortsinn *eigen-sinniger* Welterfahrung: es alleine probieren dürfen, erforschen, hinbekommen wollen. Dieses Verständnis von Erziehung setzt nicht auf eine lenkende, bestimmende Frühpädagogin bzw. Frühpädagogen, sondern auf die Begleitung der Selbsterziehung des Kindes. Durch zu viele Außenvorgaben würden notwendige Beanspruchungen sinken, die zu einer Verkümmerung des kindlichen Potenzials führten.

Wahlfreiheit

Diese Selbstständigkeit ist nicht mit Beliebigkeit zu verwechseln. Viel eher stellt sie eine Wahlfreiheit innerhalb von Hengstenberg mit Bedacht ausgewählter, verlockender Gegenstände und Geräte dar, die Spaß machen und in ihrer Bedeutung sinnvoll sein sollen. Als **Hengstenberg-Materialien** sind sie mittlerweile in der Spielpädagogik ein fester Begriff. Sie bestehen aus organischem Material (meist Holz) und umfassen Leitern, Hocker, Sprossen, Kippelhölzer und Balancierstangen, die jeweils zu einem zusammenhängenden Parcour verbaut werden können und dadurch vielfältige und komplexe Bewegungsmöglichkeiten bieten.

Detailliertheit in Geräteauswahl

Die methodischen Grundsätze ihrer Gymnastikstunden ähneln stark dem Ansatz Piklers, indem den Kindern viel Zeit und Raum zur Verfügung gestellt wird. Sie unterscheiden sich aber in der größeren Detailliertheit der Geräteauswahl bei Hengstenberg und ihrem Klientel, das vorwiegend ältere Vor- und Grundschulkinder umfasste. Das didaktische Ziel dahinter: Durch ungestörtes Erproben hätten die Kinder die Möglichkeit, ihre Selbstwahrnehmung günstiger auszubilden und so z. B. etwaige sozial-emotionale Abweichungen selbst zu regulieren. Der wohl am besten passende Begriff zum Ansatz von Hengstenberg ist die **aufgaben- und problemorientierte Bewegungserziehung** durch Schaffung von entwicklungsgerechten Bewegungsanlässen.

Fazit

Konkret wird dieses didaktische Fundament in der Wahl der Bewegungsmuster, welche die Bewegungsgrundformen Sitzen, Stehen (Haltung), Gehen, Hüpfen, Springen, Wippen, Schwingen, Rollen, Klettern, Hangeln, ganz besonders Balancieren sowie Werfen und Schwimmen umfassen. Eine aufmerksame Körperwahrnehmung und die Einbindung der Natur runden ein ganzheitliches Bewegungskonzept ab. Damit gilt Elfriede Hengstenberg als Vorreiterin ihrer Zeit.

7.3 Psychomotorik und Motologie

„Wir nannten die Übungen psychomotorisch deshalb, weil durch Übungen im leiblichen Bereich ein besonders guter und kindgemäßer Zugang zum Psychischen gelingt." (Hünnekens/Kiphard 1960, Vorwort)

Begriffsursprung

Diese Bedeutungserklärung der **Psychomotorik** vermag besser als jede moderne Definition die Leitidee psychomotorischer Arbeit zu charakterisieren, stammt sie doch von Dr. Elisabeth Hecker, der damaligen Direktorin der Westf. Klinik für Jugendpsychiatrie und Vorgesetzten von Helmut Hünnekens (Oberarzt) und Jonny Kiphard, die literarischen Väter des Begriffes.

Entwicklung praktischer Übungen

Zwischen 1955 und 1960 entwickelte Kiphard als Student der Deutschen Sporthochschule Köln und Praktikant der genannten Klinik eine praktische Übungssammlung, um körperlich und psychosozial retardierte bis gestörte Kinder zu therapieren. Das Ziel war, ohne spezifische Ausbildung und ohne großen zeitlichen, materiellen oder planerischen Aufwand eine praxistaugliche und wirkungsvolle Handreichung für Kindergärten, Horte, Heime und Kinderkliniken zu entwickeln. Die Erfolge stellten sich ein und mit ihnen ein Forschungsauftrag von 1958/59, um die Effekte empirisch abzusichern. Die positive Wirksamkeit konnte zum einen in einer Steigerung motorischer Leistungsfähigkeit gemessen werden, zum Zweiten in der Stärkung des Selbstvertrauens. Das Ergebnis war das erste Lehrbuch der Psychomotorik mit dem bezeichnenden Namen „Bewegung heilt" (1960).

Mit diesem Buch war zwar einerseits die Erfolgsgeschichte psychomotorischer Arbeit gegründet, andererseits aber auch eine programmatische und methodische Bürde entstanden. Sie bestand in dem Dilemma, dass die „Psychomotorische Übungsbehandlung“ (PMÜ) zum einen eine Maßnahme zur Heilung von Krankheitsbildern war, d. h. therapeutischen Zielen unterlag. Zum anderen verstand sich Kiphard selbst immer auch als bewegungspädagogischer Förderer, der *durch* Bewegung die Potenziale von Kindern erzieherisch weckt (1968).

programmatische und methodische Bürde

Diese Vermischung diametraler Systembereiche findet ihren konkreten Problemniederschlag z. B. darin, dass der Deutsche Berufsverband MotopädInnen / MototherapeutInnen bis heute um die kassenrechtliche Anerkennung zur Vergütung ihrer Leistungen nach SGB IX (§ 30 und § 56) ringt. Für den klinischen Bereich sind sie nach traditioneller Sicht zu wenig medizinisch, für den pädagogischen Bereich zu therapeutisch.

Gesetzeslücke

Die begriffliche Identitätsfindung wurde überdies durch die historisch bedingte praktische Ausrichtung erschwert, die wesentlich eine mit dem Engagement Kiphards verbundene Meisterlehre war. Der Psychomotorik fehlte ein widerspruchsfreies Theoriegebäude, das wissenschaftlich-systematische Forschung ermöglichte. Diesem Umstand geschuldet war es Schilling (1981), der eine umfassende Begriffsbestimmung entwarf, die eine eindeutige terminologische Unterscheidung verfolgte, die wissenschaftliche Fundierung anstrebte und ihre Lehrbarkeit (und somit Studierbarkeit) als Fachdisziplin ermöglichte. Das Resultat war eine Begriffswandlung von der Psychomotorik in die Motologie mit ihren Unterdisziplinen (Abb. 31).

von Psychomotorik zu Motologie

Als Grundgerüst trägt Schillings Konstrukt bis heute das Gebäude der Psychomotorik, wird allerdings zusehends mit Vorschlägen für eine weitere Begriffspräzisierung reformiert (Seewald 1998; Krus 2004 / 2006). Diese Neuausrichtung verfolgt die Aspekte

begriffliche Neuausrichtung

- einer lebenslangen Entwicklung des Menschen,
- der Orientierung an Stärken, Ressourcen und Kompetenzen sowie
- der Beobachtung und Begleitung von Prozessen zur selbstständigen Entwicklung durch das Kind.

Abbildung 31 verdeutlicht auch die konzeptuelle Weiterentwicklung der Motologie zu einer psychomotorischen Entwicklungsförderung / -begleitung und -diagnostik.

theoretische Vielfalt

Trotz dieser systematischen Nomenklatur können wir nicht von *der* Psychomotorik/Motologie sprechen, weder national noch international. Fischer (2009/2011) und Schäfer (2011) beschreiben eine Vielzahl an theoretischen Quellen und resultierenden Ansätzen und Konzepten, die bereits von ihrem jeweiligen erkenntnistheoretischen Fundament nicht deckungsgleich sind, von der konkreten Umsetzung abgesehen. Naheliegende Einteilungen sind das therapeutisch-funktionale Konzept (H. Hünnekens, E.J. Kiphard, J. Ayres), die kindzentrierte Handlungs- und Kompetenzorientie-

Abb. 31: Die Motologie als begriffliche Nachfolgerin der Psychomotorik und ihre Unterdisziplinen (Schilling 1981; Seewald 1998; Krus 2004/2006)

rung (F. Schilling, R. Zimmer, M. Volkamer), der verstehend-phänomenologische Ansatz (J. Seewald) und der systemisch-konstruktivistische Ansatz (R. Balgo).

psychomotorische und motologische Aufgaben

Diese theoretische Vielfalt innerhalb der Psychomotorik/Motologie macht die konkrete Aufgabenzuweisung für Frühpädagoginnen und -pädagogen nicht einfacher, weshalb Zimmer die Rolle der Psychomotorikerin bzw. des Psychomotorikers im Rahmen einer allgemeinen pädagogischen Tätigkeit entsprechend breit definiert (2006b). Hierzu gehören

- der Aufbau einer persönlichen Beziehung zum Kind;
- Geduld, Verständnis und Einfühlungsvermögen;
- nicht-direktives, begleitendes Verhalten;
- beobachten, aufmerksam die Situation wahrnehmen;
- nicht die Störung wichtig nehmen, sondern die Bewältigungsstrategie, zukünftig Störungen abzuhalten;
- flexibel und offen sein für Veränderungen;
- mitspielen, kooperieren, unterstützen;
- verbales Bewusstmachen von Verhaltensweisen und
- sich inhaltliches Wissen über Psychomotorik aneignen.

Der letzte Punkt lässt sich mit dem Modell der Kompetenzorientierung sehr plastisch darstellen, da hier drei Kompetenzfelder mit den dazugehörigen Inhalten genannt werden (Tab. 19).

Fazit

Vor diesem Hintergrund sind der Vielfalt und Kreativität psychomotorischer Praxis keine Grenzen gesetzt. Gleichwohl sind *echte* Motologen insbesondere an der Verwendung typischer Kleingeräte zu erkennen (z. B. Rollbrett, Pedalo, Jonglage- und Zirkusequipment, Alltagsmaterial wie Zeitungen, Becher, Kartons und Schwungtücher, Trampolin, Pezziball). Außerdem nimmt die Bewegungslandschaft einen großen (Bewegungs-) Raum ein, der in Kapitel 7.5 deshalb extra dargestellt wird.

Tab. 19: Kompetenzfelder psychomotorischer Intervention

Ich-Kompetenz
– den eigenen Körper, seine Spannungen, Gefühle und die Sinneseindrücke wahrnehmen – seine Selbstwirksamkeit wahrnehmen, es reflektieren und verstehen; Handlungskontrolle erlangen
Sach- und Material-Kompetenz
– die Objekte der Umwelt erfühlen, versinnlichen und physikalische Gesetzmäßigkeiten erkennen – im Spiel Informationen über sich und die Welt gewinnen zur Selbstständigkeit und Handlungsfähigkeit
Sozial-Kompetenz
– in geeigneten Situationen lernen, mit dem Partner/der Gruppe zu kooperieren, gewinnen und verlieren – Rücksicht nehmen, sich einfühlen, Verantwortung übernehmen

7.4 Bewegungskindergarten

Entstehung

Im Jahre 1971 drückten Helmut Hünnekens und Ernst Kiphard, die Urväter der psychomotorischen Übungsbehandlung, ihren Wunsch nach Umwandlung von sogenannten Sitzkindergärten in Bewegungskindergärten aus – bereits 1972 wurde er mit der Gründung des ersten Sportkindergartens durch die Turnerschaft in Freiburg i.Br. zumindest im Sinne körperlicher Aktivität erfüllt. Denn dessen sportpädagogisches Konzept folgte noch dem damals dominierenden fertigkeitsorientierten Verständnis der Bewegungserziehung als Vorbereitung auf die Sportartenkultur (Zimmer 2006a).

Aufwertung der Bewegungserziehung

Die Erkenntnis um die weitreichenden pädagogischen Möglichkeiten der Bewegungsförderung und die Sicht des Kindes als Bewegungswesen, das über seinen Körper sich selbst und die Wirklichkeit erfährt, führten in den folgenden Jahren zu einer Aufwertung der situations- und kindorientierten Bewegungserziehung. Gestützt wurde diese Entwicklung durch das Bewusstsein um die veränderten Lebensbedingungen, die den kindlichen Bewegungsraum zunehmend einengen (Burrmann 2009).

Querschnittsaufgabe

Im Rahmen der Profilbildung der Institutionen des Elementarbereichs entstand dann aus dem Sportkindergarten Mitte der 1980er Jahre das pädagogische Konzept des Bewegungskindergartens, der Bewegung und Spiel als menschliches Grundphänomen zur *Querschnittsaufgabe* für alle erzieherischen Maßnahmen erklärt. Insbesondere Zimmer konnte diese

Grundorientierung mittels begründeter didaktischer Prinzipien für die Praxis differenzieren (2006a, Kap. 4.8; 2009a): Das Grundanliegen einer für Bewegungskindergärten angemessenen Bewegungserziehung sollte zum einen darin bestehen, eine anregungsreiche Umwelt bereitzustellen, welche die Kinder zu spontanem und selbstbestimmtem (Bewegungs-)Handeln und Eigenaktivität auffordert (**Prinzip der Selbsttätigkeit**). Besonders offene Bewegungssituationen – im Sinne von „Probiert einmal aus, wie ihr ... könnt!" – lassen ausreichend Raum für das selbstständige und kreative Erproben neuer und das Vertiefen bekannter Bewegungsmöglichkeiten.

Angebote und Entwicklungsstand

Aufgabe der Pädagogin bzw. des Pädagogen ist weiterhin das gezielte Arrangieren von Bewegungssituationen, wobei die Angebote dem Entwicklungsstand der Kinder, ihren Interessen, Bedürfnissen und Fähigkeiten anzupassen sind (**Prinzip der Entwicklungsorientierung** und **Orientierung am Kind**).

Ziel: Spaß an Bewegung

Im Gegensatz zum Leistungssport der Erwachsenen stehen bei Bewegungsprogrammen mit Kleinkindern nicht die optimale sportliche Technik, sondern vor allem der Spaß und die Freude an der motorischen Aktivität im Vordergrund. Der natürlichen Bewegungsfreude des Kindes wird durch spielerische Bewegungsangebote Rechnung getragen, die sich an der Erlebnis- und Fantasiewelt der Kinder orientieren (**Prinzip der Orientierung an der Erlebniswelt**).

Mitgestaltung der Kinder

Dem **Prinzip der Offenheit** folgend können im Rahmen von Bewegungssituationen auch Handlungsimpulse der Kinder aufgegriffen, auf Vorschläge und Wünsche der Kinder eingegangen und ihnen so Möglichkeiten der Mitgestaltung eröffnet werden.

Wahlfreiheit

Zu guter Letzt sollten die Kinder selbst über ihre Teilnahme entscheiden können und nicht zum Mitmachen gezwungen werden (**Prinzip der Freiwilligkeit**). Neben der grundsätzlichen Wahl zur Teilnahme steht das **Prinzip zur Entscheidungsfreiheit**, also die Wahl zu haben, Inhalte und Aufgaben selber umsetzen und in Angriff nehmen zu wollen.

Tendenz

Seit Beginn des 21. Jahrhunderts ändern Einrichtungen des Elementarbereichs vermehrt ihre jeweilige Konzeption, und der Bewegungskindergarten erfährt eine zunehmende Verbreitung. Über 1000 davon haben eine nach Kriterien vergebene Lizenz (Stand: 01.07.2011) (Schwarz 2012). Dabei zeigt sich eine große Vielfalt an verschiedenen Typen, weshalb nicht von *dem* Bewegungskindergarten gesprochen werden kann, sondern viel eher von bewegten Kindergärten mit der Bewegung als Querschnittsaufgabe und pädagogischem Prinzip. Der Grund hierfür ist, dass Bewegungskindergarten als Begriff markenrechtlich nicht geschützt ist und sich zunächst einmal jede vorschulische Bildungseinrichtung so nennen kann. Um aber für qualitativ hochwertige Arbeit zu garantieren, haben sich vorrangig die Landessportbünde (LSB) einer Qualitätsoffensive angenommen und länderspezifische Zertifizierungsverfahren entwickelt, was zu einem schwer überschaubaren Flickenteppich geführt hat. Neben den Landessportbünden und der Deutschen Sportjugend gibt es überdies noch eine Vielzahl weiterer staatlicher, privater und Non-Profit-Einrichtungen, die wiederum ihr jeweils eigenes Zertifizierungssystem haben.

Gütekriterien

Dennoch lassen sich aus den unterschiedlichen Modellen gemeinsame Merkmale bzw. Kriterien herausarbeiten. Diese helfen bei der Beantwortung der Frage, wie einerseits ein Kindergarten gestaltet werden muss, um ein Gütesiegel zu erhalten und andererseits gestaltet werden soll, damit die Bewegungsförderung von Kindern grundsätzlich einen großen Raum einnimmt, unabhängig von bisweilen kostenpflichtigen Prüfplaketten. Anhand der folgenden Kriterien bzw. Wegweiser wird dargestellt, wie der Weg zum Bewegungskindergarten beschritten werden kann (Tab. 20).

Tab. 20: Merkmale und Qualitätskriterien als Leitplanken auf dem Weg zum Bewegungskindergarten

Merkmale und Kriterien, die in allen Konzepten enthalten sind:	***Merkmale und Kriterien, die nur in einigen Konzepten enthalten, aber ebenso wichtig sind:***
1 pädagogisches Konzept 2 bewegungsfreundliche Raumgestaltung 3 bewegungsfreundliches Außengelände 4 offene Bewegungsangebote 5 angeleitete Bewegungsstunden 6 Öffnung nach außen (Kooperation) 7 Elternarbeit 8 Aus- und Weiterbildung (Qualifikation)	1 Öffentlichkeitsarbeit 2 tägliche Bewegungszeit 3 Entspannung und Ruhe 4 freies Spiel 5 Sport AG (z. B. Schwimm-, Tanz-AG) 6 Projekte (Spiel- und Bewegungsfeste) 7 psychomotorische Fördergruppen 8 Bewegungstagebuch (Dokumentation) 9 Ernährung

Die Forschungslage zu Bewegungskindergärten und ihrer lizensierten Form kann mit den wenigen hierzu existierenden Studien (Kap. 6, Tab. 20) zusammengefasst werden:

- Motorik – überwiegend positive korrelative Befunde (Steigerung der motorischen Leistungsfähigkeit);
- Kognition – insgesamt nur leichte Effekte, die Ergebnisse sind in diesem Bereich eher heterogen und
- Sozialverhalten – leichte positive Tendenz, insbesondere bei der Selbstsicherheit, ansonsten leicht divergierende Befunde.

Qualitätsstandard

Eine weitere empirische Erkenntnis ist, dass der Aus- und Weiterbildung der Pädagoginnen und Pädagogen eine Schlüsselfunktion zukommt. Durch eine grundsätzlich verbesserte Ausbildung, den regelmäßigen Besuch von Fortbildungen im Bereich Motorik und Bewegung und den Erwerb von Zusatzqualifikationen (z. B. Kinderturnen, Tanz, Rhythmik, Entspannung, Psychomotorik) kann ein möglichst hoher Qualitätsstandard erreicht werden. Allerdings müssen die Inhalte stimmen und der Transfer gelingen, da sonst die Effekte ausbleiben (Jasmund 2012).

Authentizität der Fachkräfte

Um systematisch fördern zu können, braucht es systematisches Wissen und Können. Im Rahmen der Qualifikation sollte auch die eigene Bewegungsbiografie thematisiert werden, denn die eigene Freude und Begeisterung an der Bewegung stellt die Basis dar, um als authentisches Vorbild die Kinder zu motivieren.

Zertifizierung

Verschiedene Wege führen zum zertifizierten Bewegungskindergarten und nicht jede Zertifizierung verläuft nach dem gleichen Schema. Allerdings gibt es feste Wegmarken, die jede vorschulische Bildungseinrichtung im Blick haben sollte, sodass die Dauer zwischen dem beherzten Interesse bis zur Umsetzung so kurz wie möglich gehalten werden kann (Schwarz 2012):

- Kindergarten wendet sich bei *Interesse* an eine landeseigene Zertifizierungsstelle;
- Kindergarten und das externe Beratungsteam *eröffnen den Dialogs* (z. B. Wissenschaftler, LSB, Sportvereine) bzgl. der Kriterien;
- Erarbeitung und Umsetzung der *neuen Konzeption*;
- *Endprüfung und Verleihung des Zertifikats* Bewegungskindergarten (Gültigkeit zwischen 2 und 4 Jahre; eventuelle Kosten der Erstprüfung

zwischen 100 und 200 Euro, teilweise aber auch Zuschuss von bis zu 200 Euro) und

- *Nachprüfung und Verlängerung* (z.T. durch Weiterqualifizierung, Kosten zwischen 0 und 100 Euro).

weitere Kriterien

Neben diesen strukturellen Qualitätsformalien sind es aber noch ganz andere Kriterien, welche das Gelingen eines Bewegungskindergartens garantieren. Es ist das Engagement, die Überzeugung und die Initiative der Pädagoginnen und Pädagogen – und dies ist wichtiger als ein Zertifikat oder der Umbau einer Einrichtung. Oder wie es Renate Zimmer (2006a, 117) ausdrückt:

> *„Nicht jeder Kindergarten muss ein Bewegungskindergarten sein, aber Bewegung gehört in jeden Kindergarten, sonst wird er dem Anspruch auf eine ganzheitliche Bildung und Erziehung von Kindern kaum gerecht werden können."*

Die Anzahl praktischer Ratgeber und Bücher mit konkreten Praxisvorschlägen zur Umsetzung eines lizensierten oder nicht lizensierten Bewegungskindergartens sind vergleichsweise gut überschaubar und bieten eine erste Grundlage für das eigene Engagement. Sie sind am Ende des Kapitel 7 zu finden.

7.5 Bewegungsbaustellen und Bewegungslandschaften

Von Timm Albers

Selbsttätigkeit in Bewegungsräumen

Bewegungsbaustellen und Bewegungslandschaften bezeichnen jeweils unterschiedliche Möglichkeiten, Kindern Anregungen zur Bewegung anzubieten. Das Konzept der **Bewegungsbaustelle** legt einen stärkeren Fokus auf die Selbsttätigkeit der Kinder: In Bewegungsräumen, auf dem Freigelände oder in der Turnhalle wird Material zur Verfügung gestellt, mit denen sie ihre eigenen Ideen konstruktiv in Bewegungsanlässe umsetzen.

vorbereitete Bewegungsanlässe

Das Konzept der **Bewegungslandschaften** legt einen stärkeren Fokus auf die vorbereitete Gestaltung von Bewegungsanlässen durch die Erwachsenen. Hierbei werden in der Regel klassische Turngeräte aus der Sporthalle zu motivierenden Bewegungsstationen umfunktioniert. Im folgenden Kapitel wird dabei ein Schwerpunkt auf das Konzept der Bewegungsbaustelle (Miedzinski 1983; Miedzinski / Fischer 2006) gelegt, da es Ansatzpunkte einer präventiv ausgerichteten Erziehung und Bildung, welche die Bewegungs- und Raumgestaltung als integralen Bestandteil des Alltags von Kindertageseinrichtungen und konstruktives Element von Lernen und Leben verortet.

Das Potenzial der eigenständigen Erschließung von Bewegungsräumen durch Kinder soll im Folgenden illustriert und abschließend in Beziehung zur Gestaltung von Bewegungslandschaften gesetzt werden.

Idee: Bewegungsbaustelle

Die Idee der Bewegungsbaustelle geht auf die Frankfurter Arbeitsgruppe (1982) zurück und wurde durch Klaus Miedzinski (2000) weltweit verbreitet: Auf einer Bewegungsbaustelle gestalten Kinder mit einfachen Bauteilen (z. B. Holzklötze, Bretter, Kanthölzer, Balken, Autoreifen, Lkw-Schläuche) ihre eigenen Bewegungsanlässe zum Klettern, Schaukeln, Wippen, Rutschen, Balancieren und Fahren. Sie inszenieren Rollenspiele und erweitern in der kreativen Auseinandersetzung mit dem Material motorische Kompetenzen und Ausdrucksfähigkeit.

Erweiterung in der Frühpädagogik

In der frühpädagogischen Praxis können die großen Bauteile (z. B. Bretter, Kisten, Wippen) durch Alltagsmaterial (z. B. Getränkekisten, Tücher, Seile) ergänzt oder mit schon vorhandenem Spielgerät (z. B. Sandkasten als Sprunggrube, Äste als Verlängerung von Balancierwegen) verknüpft werden, damit immer neue Spielideen und auffordernde Situationen entstehen können.

Die Erkenntnis, dass Kinder ihre Bewegungsanlässe selbstständig entwickeln und neu erfinden wollen und im Prozess des Auseinandersetzens und Mitgestaltens ihrer Umwelt zu kreativen Lösungen von Bewegungsaufgaben finden, steht im Zentrum des Konzepts.

> *„Das Erlebnis des Gelingens ihrer Baupläne und Bewegungsabsichten durch gemeinsames Bemühen und das lustvolle Erfahren der damit verbundenen Bewegungsexperimente vermittelt Selbstvertrauen, Bewegungssicherheit und schafft Zugänge zu neuen Unternehmungen und Wagnissen“ (Miedzinski 2000, 7).*

professionelles Material

In vielen Kindertageseinrichtungen, Bewegungsräumen und Turnhallen gehört mittlerweile aber auch professionell hergestelltes, die Bauteile ergänzendes Material (z. B. Tragegurte, Schaukeln, Drehwirbel und Rollwagen) zum Inventar. Fest installierte Sport- und Turngeräte werden dadurch sinnvoll ergänzt, gleichzeitig bleibt die integrale Grundidee des Bauens und

Konstruierens und der Selbstgestaltung von Bewegungsräumen jedoch erhalten. Mit diesen einfachen, in ihrer Funktion durchschaubaren Hilfsmitteln sind Kinder in der Lage, ihre Bewegungsanlässe zum Rotieren, Schaukeln, Wippen, Schleudern, Fahren selbst zu errichten und entsprechend ihrer motorischen Fähigkeiten zu verändern.

bewegte Kitakultur

Kinder erleben in der Bewegung die physikalischen Gesetzmäßigkeiten und analysieren diese in der Auseinandersetzung mit dem Material und dem Raum. Die Bewegungsbaustelle bietet somit unabhängig von Altersstruktur oder motorischer Kompetenz individuelle Zugänge zu einem positiven Bewegungserleben. Dass sich die Anlässe zum Bauen und Bewegen nicht auf Bewegungsstunden im Sinne der additiven Förderung motorischer Kompetenzen beschränken, zeigen vielfältige Erfahrungen von Kindertageseinrichtungen, die das Konzept der Bewegungsbaustelle als ständiges Angebot im Rahmen der Öffnung oder ihrer Einrichtung in den Alltag der Kinder integrieren oder dies im Zuge der Umgestaltung des Außengeländes als sinnvolle pädagogische Ergänzung der Spielangebote nach draußen verlagern.

Begründungszusammenhänge

Für die Begründung des Einsatzes von Bewegungsbaustellen im Alltag von Kindertageseinrichtungen lassen sich in der Literatur sportwissenschaftliche, psychologische und medizinische Argumentationslinien identifizieren: Bewegung wird in diesem Verständnis nicht nur als Ausgleich der Körperlosigkeit in Bildungsinstitutionen verstanden (Laging / Schillack 2000), sondern bietet im Rahmen der Weiterentwicklung von Institutionen auch Möglichkeiten bei der pädagogischen Schwerpunktsetzung im Konzept einer Einrichtung (Hildebrandt-Stramann 1999).

Problemlösungsstrategien

Während die Kinder in der aktiven Auseinandersetzung mit dem Material Strategien zum Problemlösen entwickeln, müssen im Gruppenprozess soziale Ressourcen mobilisiert und Absprachen getroffen werden (*Wie gestalte ich welche Bewegungsanlässe mit einem angemessenen Schwierigkeitsgrad?, Wer hilft mir beim Tragen, wer gibt mir Material ab?*).

Entwicklung des Selbstkonzepts

In der persönlichen Verantwortungsübernahme und eingebettet in den kooperativen Konstruktionsprozess sollen die Kinder lernen, eigene Handlungsspielräume zu erkennen, mit ihrem sozialen Umfeld abzustimmen und zu erweitern. Kinder erhalten somit die Chance, selbstständig ihre Bewegungsumwelt mitzugestalten und in aktiver Auseinandersetzung mit den Dingen mehr über deren Eigenschaften und Handhabung sowie über den eigenen Körper zu erfahren. Betont wird dabei die Identitätsfindung und Entwicklung des Selbstkonzeptes des Kindes, da das Vertrauen in eigene Fähigkeiten mit der Bewältigung zunehmend anspruchsvollerer Bewegungsaufgaben wächst (Miedzinski / Fischer 2007).

Bewegungsbaustellen und Bewegungslandschaften werden in der pädagogischen Praxis meist synonym verwendet, sie fokussieren jedoch jeweils unterschiedliche Aspekte der kindlichen Aktivität.

Bewegungslandschaften

Miedzinski (2000) grenzt das Konzept der Bewegungsbaustelle dabei deutlich von Bewegungslandschaften ab und betont, dass die Bewegungslandschaften in der Regel als Lernarrangement durch pädagogische Fachkräfte bereitgestellt werden und die Kinder eine eher konsumierende Rolle einnehmen. Bewegungslandschaften zeichnen sich dadurch aus, dass Fachkräfte die klassischen Turngeräte (z. B. Barren, Langbank und Weichbodenmatte) im Sinne motivierender Bewegungsstationen umfunktionieren: Aus dem Barren wird mithilfe von Springseilen eine Wackelbrücke; Langbänke werden in die Sprossenwand eingehängt und mit Weichbodenmatten belegt zu einer schiefen Ebene, die die Kinder erklimmen müssen. Eine Bewegungslandschaft kann dabei auch in eine Rahmenhandlung eingebettet werden: Die Kinder müssen bspw. mehrere Stationen überwinden, die auf einer Schatzkarte aufgezeichnet sind, um an einen Schatz zu kommen.

Lernarrangements

Im Unterschied zur Bewegungsbaustelle sind die jeweiligen Stationen auch aus Sicherheitsgründen jedoch statisch und unveränderbar (Etterer-Fritsch / Lux 2009).

Sicherheit

Die Idee des Bauens und Bewegens mit einfachem Material (z. B. große Holzklötze, Bretter und Walzen) hat wesentliche Impulse aus dem in allen Kindergärten verbreiteten Holzbaukasten nach Fröbel entnommen und durch die Möglichkeit großräumiger Bewegungen vervollständigt. Diese beschränken sich jedoch nicht nur auf einen Teil des Kita-Alltags, sondern können ebenso als zentrales Element einer bewegten Kindergartenkultur verstanden werden. Ergänzen wir das klassische Mobiliar im Kindergarten durch variable Bauelemente, kann ein völlig neuer Lern- und Bewegungsraum entstehen, in dem sich sowohl für Kinder als auch für frühpädagogische Fachkräfte neue Handlungsmöglichkeiten ergeben.

neue Handlungsmöglichkeiten

Die Aufgabe der frühpädagogischen Fachkraft ändert sich im Verlauf der Arbeit mit der Bewegungsbaustelle und Bewegungslandschaft immer mehr vom Eingreifen und Vorstrukturieren hin zur Begleitung und Unterstützung der Lern- und Interaktionsprozesse. Der Forderung nach Beobachtung und Dokumentation der individuellen Lernentwicklung kann entsprochen werden, indem Aussagen über die Entwicklungsbereiche Interaktion, Spiel- und Sozialkompetenz, Motorik und Bewegungssicherheit, Selbstvertrauen und Kognition (z. B. Erfindungen, Ideen) getroffen werden.

Erweiterung des Aufgabenbereichs

weiterführende Konzepte

Die Idee des **mobilen Klassenzimmers** (Landau 2000) greift bewegungspädagogischen Überlegungen auf, um die strenge Klassifikation des Klassenzimmers (mit Tafel, Pult, Tischen, Stühlen) aufzubrechen und Raum für unterschiedlichste Inszenierungen von Unterricht zu schaffen. Übertragen auf die Raumgestaltung in Kindertageseinrichtungen kann die Idee des mobilen Klassenzimmers zum Einsatz von variablem Mobiliar führen, das zur Bewegung einlädt. Aus Brettern und Kisten wird bspw. eine Bühne, auf der die Geschichten aus dem Lesebuch lebendig werden.

1 Das Prager Eltern-Kind-Programm bietet Chance und Risiko zugleich mit Bezug auf die Elternarbeit. Versuchen Sie beide Pole – das Potenzial und die Probleme der Elternarbeit – mittels PEKiP auszuloten!

2 Die große Kunst bei der Vorgehensweise von Emmi Pikler besteht darin, den richtigen Zeitpunkt zwischen Beobachten und Eingreifen zu wählen. Wie begründet Pikler diese geduldige Zurückhaltung der pädagogischen Fachkraft?

3 Die sogenannte aufgaben- und problemorientierte Bewegungserziehung nach Hengstenberg will vor allen Dingen mithilfe einer geeigneten Geräteauswahl entwicklungsgerechte Entwicklungsanlässe schaffen. Glauben Sie, dass es reicht, einfach z.B. einen Reifen für jedes Kind in die Mitte zu legen? Mindert das nicht die Qualität einer potenziell besser zu haltenden Didaktik, in der die Fachkraft stärker interveniert?

4 „Bewegung heilt" – dieser Buchtitel als Grundlage für die Psychomotorik war nicht nur Segen für deren Entwicklung, sondern auch in gewisser Hinsicht ein Fluch. Warum?

5 Bewegungskindergärten verfolgen in ihrer lizensierten Version den Grundgedanken, durch die Erfüllung von Kriterien die pädagogische Qualität zu heben. Diskutieren Sie mit Kolleginnen und/oder Freunden die Vor- und Nachteile einer Zertifizierung!

Auf dem Weg zum Bewegungskindergarten – Realbeispiele:

Schaffner, K. (2004): Der Bewegungskindergarten. Kinder stark machen – mit Praxisvorschlägen. Hofmann, Schorndorf

- LSB Hessen (Hrsg.) (2005): Sport- und Bewegungskindergärten. Grundlagen – Konzepte – Beispiele. Band 11. LSB, Frankfurt a. M.

Praxisbeispiele zu Bewegungsangeboten im Kindergarten:

- Beins, H. J., Cox, S. (2001): „Die spielen ja nur!?“ Psychomotorik in der Kindergartenpraxis. Borgmann, Dortmund
- Dreher, M., Lange, S. (Hrsg.) (2009): Gesund und fit. Karteikartensystem angelehnt an den Orientierungsplan Baden-Württemberg. Knirsch-Verlag, Kirchentellinsfurt
- Heim, R., Goldenbaum, A. (2009): Bewegungsbildung in Kindertageseinrichtungen. Cornelsen Scriptor, Berlin et al.
- Kempf, H.-D., Pfänder, B. (2006): Kindergarten in Bewegung. Borgmann, Dortmund
- Müller, C. (2008): Bewegter Kindergarten. Anregungen für mehr Bewegung im Kindergarten – besonders in den Gruppenräumen. Unfallkasse Sachsen, Meißen
- Zimmer, R. (2006): Kinder brauchen Selbstvertrauen. Bewegungsspiele, die klug und stark machen. Herder, Freiburg i.Br.
- Zimmer. R. (2006): Kreative Bewegungsspiele. Psychomotorische Förderung im Kindergarten. Herder, Freiburg i.Br.

Beispielvideo für PEKiP unter http://www.youtube.com/watch?feature=player_detailpage&v=jS68Ja9pyVo, 24.09.2013.

Praxisnahe Informationen zu Emmi Pikler unter http://www.pikler.de/, 24.09.2013 und Elfriede Hengstenberg unter http://www.hengstenberg-pikler.de/, 24.09.2013.

Literatur

Adam, C., Klissouras, V., Ravazzolo, M., Renson, R., Tuxworth, W. (1988): EUROFIT: Handbook for the EUROFIT Tests of Physical Fitness. Council of Europe – Committee for the Development of Sport. Italian NOC, Rom

Adolph, K. E., Vereijken, B., Shrout, P. E. (2003): What changes in Infant Walking and Why. Child Development 74 (2), 475–497

Agde, G., Beltzig, G., Danner, F, Lorentzen, H. (2009): Sicherheit auf Europas Spielplätzen: Erläuterungen in Bildern zu DIN EN 1176. Beuth, Berlin

Ahnert, J. (2005): Motorische Entwicklung vom Vorschul- bis ins frühe Erwachsenenalter – Einflussfaktoren und Prognostizierbarkeit. Inaugural-Dissertation, Würzburg. In: http://opus.bibliothek.uni-wuerzburg.de/volltexte/2006/1634/pdf/diss-ahnert-internet.pdf, 13.03.2013

Ahlskog, J. E. (2011): Does vigorous exercise have a neuroprotective effect in Parkinson disease? Neurology 77 (3), 288–294

Ainsworth, M. D. S., Blehar, M. C., Waters, E., Wall, S. (1978): Patterns of Attachment: A Psychological Study of the Strange Situation. Erlbaum, Hillsdale / NJ

Aksglaede, L., Sörensen, K., Petersen, J. H., Skakkebäk, N. E., Juul, A. (2009): Recent Decline in Age at Breast Development: The Copenhagen Puberty Study. Pediatrics 123 (5), e932-e939

Albers, T. (2012): Mittendrin statt nur dabei. Inklusion in Krippe und Kindergarten. 2. Aufl. Ernst Reinhardt, München / Basel

Albers, T., Bruck, S., Lüpke, S., Thomas, S., Tremel, H. (2011): Kitas als Türöffner. Integrative Tageseinrichtungen für Kinder als Schlüssel zur gleichberechtigten Teilhabe. Verfügbar unter: http://www.elterninitiativen-nds-hb.de/fileadmin/user_upload/pdf/kitas_als_Tueroeffner_Broschuere.pdf, 4.7.2013

Alle, H., Roth, A., Geiger, J. R. A. (2009): Energy-Efficient Action Potentials in Hippocampal Mossy Fibers. Science 325 (5946), 1405–1408

AWMF (Arbeitsgemeinschaft der Wissenschaftlichen Medizinischen Fachgesellschaften e. V.) (2011): Diagnostik von Sprachentwicklungsstörungen (SES), unter Berücksichtigung umschriebener Sprachentwicklungsstörungen (USES). In: http://www.awmf.org/leitlinien/detail/ll/049-006.html, 20.05.2013

Baden-Württemberg-Stiftung (2011): Sag' mal was – Sprachförderung für Vorschulkinder. francke Verlag, Tübingen

Bahr, S., et al. (2012): Bedeutungsfelder der Bewegung für Bildungs- und Entwicklungsprozesse im Kindesalter. motorik 35 (3), 98–109

Bakermans-Kranenburg, M. J., van IJzendoorn, M. H., Juffer, F. (2003): Less Is More: Meta-Analyses of Sensitivity and Attachment Interventions in Early Childhood. Psychological Bulletin 129 (2), 195–215

Baltes, P. B. (1990): Entwicklungspsychologie der Lebensspanne: Theoretische Leitsätze. Psychologische Rundschau 41, 1–24

Baracos, V. et al. (2012): Advances in the Science and Application of Body Composition Measurement. Journal of Parental and Enteral Nutrition 36 (1), 96–107

Bargh, J. A. (1992): Being unaware of the stimulus vs. unaware of its interpretations: Why subliminarity per se does matter to social psychology. In: Bornstein, R., Pittman, T. (Hrsg.): Perception without awareness. Guilford, New York, 236–255

Bart, O., Hajami, D., Bar-Haim, Y. (2007): Predicting School Adjustment from Motor Abilities in Kindergarten. Infant and Child Development 16 (6), 597–615

Baten, J., Böhm, A. (2010): Children's Height and Parental Unemployment: A Large-Scale Anthropometric Study on Eastern Germany, 1994–2006. German Economic Review 11 (1), 1–12

Baur, J. (2009): Probleme einer lebenslaufbezogenen Gliederung der motorischen Entwicklung. In: Baur, J., Bös, K., Conzelmann, A., Singer, R. (Hrsg.): Handbuch Motorische Entwicklung. Hofmann, Schorndorf, 277–280

Baur, J., Bös, K., Conzelmann, A., Singer, R. (Hrsg.) (2009): Handbuch Motorische Entwicklung. Hofmann, Schorndorf

Bayley, N. (2006): Bayley Scales of Infant and Toddler Development (BSID III). 3rd edn. Harcourt Assessment / Psychol. Corporation, San Antonio

Bayley, N. (1936): The California Infant Scale of Motor Development. Berkeley, University of California Press

Beckers, E. (2001): Sportpädagogik und Erziehungswissenschaft. In: Haag, H., Hummel, A. (Hrsg.): Handbuch Sportpädagogik, Hofmann, Schorndorf, 25–34

Berk, L. E. (2011): Entwicklungspsychologie. 5. Aufl. Pearson, München

Bertenthal, B., von Hofsten, C. (1998): Eye, Head and Trunk Control: The Foundation for Manual Development. Neuroscience and Biobehavioral Reviews 22 (4), 515–520

Berthier, N. E., Keen, R. (2006): Development of reaching in infancy. Experimental Brain Research 169 (4), 507–518

Bexton, W. H., Heron, W., Scott, T. H. (1954): Effects of decreased variation in the sensory environment. Canadian Journal of Psychology 8 (2), 70–76

Bierhoff-Alfermann, D. (1986): Sportpsychologie. Kohlhammer, Stuttgart u. a.

Bishop, D. V. M. (2002): Motor Immaturity and Specific Speech and

Language Impairment: Evidence for a Common Genetic Basis. American Journal of Medical Genetics 114 (1), 56–63

Blackmoore, S. (2000): Die Macht der Meme oder die Evolution von Kultur und Geist. Spektrum Akademischer Verlag, Heidelberg / Berlin

Blischke, K. (2010a): Entwicklung der Haltungskontrolle. In: Schott, N., Munzert, J. (Hrsg.): Motorische Entwicklung. Hogrefe, Göttingen, 30–48

Blischke, K. (2010b): Entwicklung der Fortbewegung. In: Schott, N., Munzert, J. (Hrsg.): Motorische Entwicklung. Hogrefe, Göttingen, 69–88

Bös, K. (Hrsg.) (2001): Handbuch motorische Tests. Hogrefe, Göttingen

Bös, K., Kunz, R., Schlenker, L., Seidel, I. (2010): Kinderturn-Test Plus – Testanleitung für 3–10jährige von der Kinderturnstiftung Baden-Württemberg (Hrsg.). In: http://www.kinderturnstiftung-bw.de/kinderturntestplus-downloads, 15.03.2013

Bös, K., Mechling, H. (1983): Dimensionen sportmotorischer Leistung. Hofmann, Schorndorf

Bös, K., Oberger, J., Lämmle, L., Opper, E., Romahn, N., Tittlbach, S., Wagner, M., Woll, A., Worth, A. (2009): Motorische Leistungsfähigkeit von Kindern. In: Schmidt, W. (Hrsg.): Zweiter Deutscher Kinder- und Jugendsportbericht. 2. Aufl. Hofmann, Schorndorf, 137–158

Bös, K., Oberger, J., Worth, A., Opper, E., Romahn, N., Woll, A., Wagner, M. (2008): Motorik-Modul (MoMo): Normwerte zur motorischen Leistungsfähigkeit von Kindern und Jugendlichen in Deutschland. Haltung und Bewegung, 28 (4), 5–50

Bös, K., Scheid, V. (1993): Motorische Entwicklungstests und Screeningverfahren. In: Sportpsychologie 4 (7), 19–28

Bös, K., Schlenker, L., Büsch, D., Lämmle, L., Müller, H., Oberger, J., Seidel, I., Tittlbach, S. (2009): Deutscher Motorik-Test 6–18 (DMT 6–18). Czwalina, Hamburg

Bös, K., Worth, A., Heel, J., Opper, E., Romahn, N., Tittlbach, S., Wank, V., Woll, A. (2004): Testmanual des Motorik-Moduls im Rahmen des Kinder und Jugendgesundheitssurveys des Robert Koch Instituts. Haltung und Bewegung, 24 (Sonderheft), 6–41

Bokhorst, C. L. Bakermans-Kranenburg, M. J., Pasco Fearon, R. M., van IJzendoorn, M. H., Fonagy, P., Schuengel, C. (2003): The Importance of Shared Environment in Mother-Infant Attachment Security: A Beharioral Genetic Study. Child Development 74 (6), 1769–1782

Bortz, J. (2005): Statistik für Human- und Sozialwissenschaftler. 6. Aufl. Springer, Heidelberg

Brauburger, B. (2010): PEKiP. Babys fördern mit Bewegung und Spiel. Compact-Verlag, München

Bril, B., Brenière, Y. (1993): Posture and independent locomotion in childhood: learning to walk or learning dynamic postural control? In: Savelsbergh, G.J.P. (Ed.): The development of coordination in infancy. North-Holland, Amsterdam, 337–358

Bril, B., Sabatier, C. (1986): The cultural Context of Motor Development: Postural Manipulations in the Daily Life of Bambara Babies (Mali). International Journal of Behavioral Development 9 (4), 439–453

Brisch, K. H. (2007): Prävention von emotionalen und Bindungsstörungen. In: Suchodoletz, W. (Hrsg.): Prävention von Entwicklungsstörungen. Hogrefe, Göttingen u. a., 167–181

Broocks, A., Ahrendt, U., Sommer, M. (2007): Körperliches Training in der Behandlung depressiver Erkrankungen. Psychiatrische Praxis, 34, Supplement 3, 300–304

Brown, F., Harris, J., Leaky, R., Walker, A. (1985): Early Homo erectus skeleton from west Lake Turkana, Kenya. Nature 316 (6031), 788–792

Buchholz, T., Gebel-Schürenberg, A., Nydahl, P., Schürenberg, A. (1998): Der Körper: eine unförmige Masse. Wege zur Habituationsprophylaxe. Die Schwester, der Pfleger (7), 568–572

Burkhard, G. P. (1983): Zusammenhang zwischen spezifischen Formen der kindlichen Motorik und Persönlichkeitsentwicklung. Inaugural-Dissertation, Universität Bonn

Burrmann, U. (2009): Bewegungsräume und informelle Bewegungs-, Spiel- und Sportaktivitäten. In: Schmidt, W. (Hrsg.): Zweiter Deutscher Kinder- und Jugendsportbericht. 2. Aufl. Hofmann, Schorndorf, 391–408

Burton, A. W., Miller, D. E. (1998): Movement Skill Assessment. Human Kinetics, Champaign, IL

Campos, J. J., Anderson, D. I., Barbu-Roth, M. A., Hubbard, E. M., Hertenstein, M. J., Witherington, D. (2000): Travel Broadens the Mind. Infancy 1 (2), 149–219

Carr, M. (2007): Assessment in early childhood settings: learning stories. Sage Publ., Los Angeles

Carretero, J.-M. et al. (2012): Statue estimation from complete long bones in the Middle Pleistocene humans from the Sima de los Huesos, sierra de Atapuerca (Spain). Journal of Human Evolution 62 (2), 242–255

Carroll, S. B. (2003): Genetics and the making of homo sapiens. Nature 422 (6934), 847–857

Casey, T. (2011): Die Rolle des Erwachsenen bei der Förderung des integrativen Spiels. In: Kreuzer, M., Ytterhus, B. (Hrsg.). Dabeisein ist nicht alles – Inklusion und Zusammenleben im Kindergarten. 2. Aufl. Ernst Reinhardt, München / Basel, 219–238

Chisholm, J. S. (1983): Navajo Infancy. An Ethological Study of Child Development. Aldine, New York

Cohen, J. (1988): Statistical power analysis for the behavioral sciences. 2. Aufl. Hillsdale, New York et al.

Conzelmann, A., Gerlach, E., Valkanover, S. (2009): Analyse motorischer Entwicklungsverläufe. In: Baur, J., Bös, K., Conzelmann, A., Singer, R. (Hrsg.): Handbuch Motorische Entwicklung. Hofmann, Schorndorf, 371–385

Cullen, C., Field, T., Escalona, A., Hartshorn, K. (2000): Father-infant interactions are enhanced by massage therapy. Early Child Development and Care 164 (9667), 41–47.

Cutsuridis, V., Hussain, A., Taylor, J. G. (Eds.) (2011): Perception-Action Cycle. Models, Architectures, and Hardware. Springer, New York et al.

Dart, R. A. (1925): Australopithecus africanus: The Man-Ape of South Africa. Nature 2884 (115), 195–199

Darwin, Ch. (1872): Der Ausdruck der Gemütsbewegungen bei dem Menschen und den Tieren. Schweizerbart, Stuttgart

Dawkins, R. (1978): Das egoistische Gen. Springer, Berlin / Heidelberg

de Groot, L., v.d. Hoek, A.-M., Hopkins, B., Touwen, B. C. L. (1993): Development of Muscle Power in Preterm Infants: Individual Trajectories After Term Age. Neuropediatrics 24 (2), 68–73

de Wolff, M. S., van IJzendoorn, M. H. (1997): Sensitivity and attachment: A meta-analysis on parental antecedents of infant attachment. Child Development 68 (4), 571–591

Denham, S. A., Renwick, S. M., Holt, R. W. (1991): Working and Playing together: Prediction of Preschool Social-Emotional Competence from Mother-Child Interaction. Child Development 62 (2), 242–249

Dennis, W. (1940): The Effect of Cradling Practices upon the Onset of Walking in Hopi Children. The Journal of Genetic Psychology 56, 77–86

destatis (2009): Gesundheitsrelevantes Verhalten: Körpermaße nach Altersgruppen. Ergebnisse des Mikrozensus 2009, Statistisches Bundesamt. In: https://www.destatis.de/DE/ZahlenFakten/Gesellschaft-Staat/Gesundheit/GesundheitszustandRelevantesVerhalten/Tabellen/Koerpermasse.html, 13.03.2013

DGKJP (Dt. Ges. für Kinder- und Jugendpsychiatrie und Psychotherapie et al.) (2007) (Hrsg.): Leitlinien zur Diagnostik und Therapie von psychischen Störungen im Säuglings-, Kindes- und Jugendalter. 3. überarb. Aufl. Deutscher Ärzte Verlag, Köln, 197–206

Diamond, A. (2012): Executive Functions. Annual Reviews of Psychology 64, 19.1–19.34, Review in Advance

dimdi (2013): Internationale statistische Klassifikation von Krankheiten und verwandter Gesundheitsprobleme – ICD-10-GM. Deutsches Institut für medizinische Dokumentation und Information. In: http://www.dimdi.de/static/de/klassi/icd-10-gm/index.htm, 20.02.2013

Dongen, P. A. M. van (1998): Brain Size in Vertebrates. In: Nieuwenhuys, R., Donkelaar, H. J. ten, Nicholson, C. (Ed.): The central nervous system of vertebrates. Springer, Berlin, 2099–2134

Dordel, S., Welsch, M. (1999): Motorische Förderung im Vorschul- und Einschulungsalter. Haltung und Bewegung 19 (4), 5–21

Dubowy, M., Ebert, S., Maurice v., J., Weinert, S. (2008): Sprachlich-kognitive Kompetenzen beim Eintritt in den Kindergarten. Ein Vergleich von Kindern mit und ohne Migrationshintergrund. Zeitschrift für Entwicklungspsychologie und Pädagogische Psychologie 40 (3), 124–134

Duckworth, A. I., Seligman, M. E. P. (2005): Self-Discipline Outdoes IQ in Predicting Academic Perfor-

mance of Adolescents. Psychological Science 16 (12), 939–944
Duden (2006) (Hrsg.): Das Fremdwörterbuch (9. aktual. Aufl.). Duden, Mannheim
Dunbar, R. I. M.(2010): The social role of touch in humans and primates: behavioural function and neurobiological mechanisms. Neuroscience & Biobehavioral Reviews 34 (2), 260–269

Eggert, D. (2008): DMB – Diagnostisches Inventar motorischer Basiskompetenzen. 4. Aufl. borgmann, Dortmund
Eggert, D., Schuck, K. D. (1971): Zum motorischen Entwicklungsstand von Kindern in den Versuchs- und Kontrollklassen des hessischen Schulversuchs „Früheinschulung". DIPF Mittelungen und Nachrichten 61 / 62 (Sonderheft), 129–154
Ehlert, U., von Känel, R. (2011): Psychoendokrinologie und Psychoimmunologie. Springer, Heidelberg
Ehlich, K., Bredel, U., Reich, H. H. (2008): Referenzrahmen zur altersspezifischen Sprachaneignung – Forschungsgrundlagen. BMBF, Bonn / Berlin
Eisenberg, N., Spinrad, T. L., Eggum, N. D. (2010): Emotion-Related Self-Regulation and Its Relation to Children's Maladjustment. Annual Review of clinical Psychology 6, 495–525
Ekman, P. (1999): Facial Expressions. In: Dalgleish, T., Power, T. (Eds.): The Handbook of Cognition and Emotion. John Wiley & Sons, Sussex, U.K., 301–320
Ekman, P., Friesen, W. V. (1972): Emotion in the human face. Pergamon, New York u. a.
Elias, N. (1981): Über den Prozess der Zivilisation. Soziogenetische und psychogenetische Untersuchungen (Band I). Suhrkamp, Frankfurt / M.
Eliot, L. (2012): Was geht da drinnen vor? Die Gehirnentwicklung in den ersten fünf Lebensjahren. Berlin-Verlag, Berlin
Erickson, K., Schulkin, J. (2003): Facial expressions of emotion: A cognitive neuroscience perspective. Brain and Cognition 52, 52–60
Erikson, E. H. (1957): Kindheit und Gesellschaft. Pan-Verlag, Zürich / Stuttgart
Etnier, J. et al. (1997): The influence of Physical Fitness and Exercise Upon Cognitive Functioning: A Meta-Analysis. Journal of Sport & Exercise Psychology 19, 249–277
Etterer-Fritsch, C. S., Lux, M. (2009): Bewegung und Sprache -durch Bewegungslandschaften Sprachanlässe schaffen. Senatsverwaltung für Bildung, Wissenschaft und Forschung, Berlin
Everke, J., Nemeckova, E., Woll, A. (2009): Auswirkungen einer Bewegungsförderung auf die Konzentration und das Sozialverhalten bei Kindergartenkindern am Beispiel der CoMiK-Studie. Haltung & Bewegung, 29 (3), 18–22

Falk, D. (2007): Evolution of the Primate Brain. In: Henke, W., Tattersall, I. (Eds.): Handbook of Paleoanthropology. Primate Evolution and Human Origins (Vol. II). Springer, Berlin et al., 1133–1162

Fauser, S. (2008): Im Mittelpunkt steht die Stärkung der Beziehung zum Kind. klein & groß 61 (1), 20–22

Feldman, R. (2012): Oxytocin and social affiliation in humans. Hormons and Behavior 61 (3), 380–391

Feldman, R., Weller, A., Zagoory-Sharon, O., Levine, A. (2007): Evidence for a Neuroendocrinological Foundation of Human Affiliation. Psychological Science 18 (11), 965–970

Fischer, K. (2011): Meilensteine und Erkenntnisfortschritte des psychomotorischen Paradigmas. motorik 34 (2), 96–101

Fischer, K. (2009): Einführung in die Psychomotorik. 3. Aufl. Ernst Reinhardt, München / Basel

Flehmig, I. (2007): Normale Entwicklung des Säuglings und ihre Abweichungen. Früherkennung und Frühbehandlung. 7. Aufl. Thieme, Stuttgart

Frankfurter Arbeitsgruppe (Hrsg.) (1982): Offener Sportunterricht – analysieren und planen. Rowohlt, Reinbek

Fries, A. B., Ziegler, T. E., Kurian, J. R., Jacoris, S., Pollak, S. D. (2005): Early experience in humans is associated with changes in neuropeptides critical for regulating social behavior. PNAS 102 (47), 17237–40

Friese, K. (2000): Frühgeburt und Frühgeborenes. Eine interdisziplinäre Aufgabe. Springer, Berlin / Heidelberg

Fröhner, G. (2009): Somatische Entwicklung. In: Baur, J., Bös, K., Conzelmann, A., Singer, R. (Hrsg.): Handbuch Motorische Entwicklung. Hofmann, Schorndorf, 115–130

Frühwirth, I., Meixner, F. (Hrsg.) (1998): Sprache und Bewegung. Jugend & Volk, Wien

Funke-Wieneke, J. (2004): Bewegungs- und Sportpädagogik. Wissenschaftstheoretische Grundlagen, zentrale Ansätze – entwicklungspädagogische Konzeption. Schneider, Baltmannsweiler

Funke-Wieneke, J. (2000): Von der Sportpädagogik zur Bewegungspädagogik. dvs-Informationen 15 (4), 13–14

Futagi, Y., Toribe, Y., Suzuki, Y. (2012): The Grasp Reflex and Moro Reflex in Infants: Hierarchy of Primitive Reflex Responses. International Journal of Pediatrics 2012 (Article ID 191562), 1–10

Galloway, J. C., Thelen, E. (2004): Feet first: object exploration in young infants. Infant Behavior & Development 27 (1), 107–112

Gasteiger-Klicpera, B., Knapp, W., Kucharz, D. (2011): Die wissenschaftliche Begleitforschung von „Sag' mal was“ durch die PH Weingarten. In: Baden-Württemberg-Stiftung (Hrsg.): Sag' mal was – Sprachförderung für Vorschulkinder. francke Verlag, Tübingen, 94–101

Geber, M., Dean, R. F. A. (1957): Gesell Tests on African Children. Pediatrics 20 (6), 1055–1065

Geissmann, Th. (2003): Vergleichende Primatologie. Springer, Berlin et al.

Gesell, A. (1931): Körperseelische Entwicklung in der frühen Kindheit. Carl Marhold, Halle a.S.

Gesell, A. (1928): Infancy and Human Growth. Macmillan, New York.

Geuze, R. H., Jongmans, M. J., Schoemaker, M. M., Smits-Engelsman, B. C. M. (2001): Clinical and research diagniostic criteria for developmental coordination disorder: a review and discussion. Human Movement Science 20 (1–2), 7–27

Gibbons, A. (2009): A New Kind of Ancestor: Ardipithecus Unveiled. Science 326 (5949), 36–40

GKV-Spitzenverband (2010): Leitfaden Prävention. In: http://www.gkv-spitzenverband.de/media/dokumente/presse/publikationen/GKV_Leitfaden_Praevention_RZ_web4_2011_15702.pdf, 06.05.2013

Gohlke, B. C., Stanhope, R. (2002): Final height in psychosocial short stature: is there complete catch-up? Acta Paediatr 91 (9), 961–965

Goldstein, J. R. (2011): A Secular Trend toward Earlier Male Sexual Maturity: Evidence from Shifting Ages of Male Young Adult Mortality. PLoS ONE 6 (8), e14826

Graman, K., Schandry, R. (2009): Psychophysiologie. Körperliche Indikatoren psychischen Geschehens. Beltz PVU, Weinheim / Basel

Grimm, H. (2012): Störungen der Sprachentwicklung. Grundlagen, Ursachen, Diagnose, Intervention, Prävention (3. Aufl.). Hogrefe, Göttingen

Größing, S. (1993): Bewegungskultur und Bewegungserziehung. Grundlagen einer sinnorientierten Bewegungspädagogik. Hofmann, Schorndorf

Grossmann, K., Grossmann, K. E. (2012): Bindungen – das Gefüge psychischer Sicherheit (5. Aufl.). Klett-Cotta, Stuttgart

Grupe, O. (1976): Was ist und was bedeutet Bewegung? In: Hahn, E., Preising, W. (Hrsg.): Die menschliche Bewegung – Human Movement. Hofmann, Schorndorf, 3–19

Grüsser, O.-J. (1988): Die phylogenetische Hirnentwicklung und die funktionelle Lateralisation der menschlichen Großhirnrinde. In: Oepen, G. (Hrsg.): Psychiatrie des rechten und linken Gehirns. Deutscher Ärzte-Verlag, Köln, 34–50

Haile-Selassie, Y. (2001): Late Miocene hominids from the Middle Awash, Ethiopia. Nature 412 (6843), 178–182

Handwerker, H. O. (2006): Allgemeine Sinnesphysiologie. In: Schmidt, R. P., Schaible, H.-G., (Hrsg.): Neuro- und Sinnesphysiologie (5. Aufl.). Springer, Heidelberg / Berlin, 182–202

Hardt, Th., Herkner, B., Menz, U. (2009): Safari zum Urmenschen. E. Schweizerbart'sche, Stuttgart

Harlow, H. F., Zimmermann, R. (1959): Affectional Responses in the Infant Monkey. Science 130 (3373), 421–432

Hartmann, Chr. (1999): Zur fördernden Beeinflussung der Motorik schulunreifer Kinder. Körpererziehung 49 (1), 30–34

Hasselhorn, M., Silbereisen, R. K. (Hrsg.) (2008): Entwicklungspsychologie des Säuglings- und Kindesalters. Hogrefe, Göttingen et al.

Hassenstein, B. (2001): Verhaltensbiologie des Kindes. 5. Aufl. Springer, Heidelberg / Berlin

Haywood, K. M., Getchell, N. (2009): Life Span Motor Development. 5th ed. Human Kinetics, Champaign / IL

Heim, C., Young, L. J., Newport, D. J., Mletzko, T., Miller, A. H., Nemeroff, C. B. (2009): Lower CSF oxytocin concentrations in women with a history of childhood abuse. Molecular Psychiatry 14 (10), 954–958

Hengstenberg, E. (1991): Entfaltungen: Bilder und Schilderungen aus meiner Arbeit mit Kindern. Arbor-Verlag, Freiamt

Henke, W., Rothe, H. (1999): Stammesgeschichte des Menschen. Springer, Berlin / Heidelberg

Hentig, H. (1996): Bildung – Ein Essay. Hanser, München / Wien

Hilbig, A., Alexy, U., Drossard, C., Kersting, M. (2011): GRETA: Ernährung von Kleinkindern in Deutschland. Aktuelle Ernährungsmedizin 36 (4), 224–231

Hildebrandt-Stramann, R. (1999): Bewegte Schulkultur. Schulentwicklung in Bewegung. Afra, Butzbach-Griedel

Hinkley, T. et al. (2008): Preschool Children and Physical Activity. A Review of Correlates. American Journal of Preventive Medicine 34 (5), 435–441 plus Appendix

Hirtz, P. & Forschungszirkel (2007): Phänomene der motorischen Entwicklung (Kap. 3). In: Hirtz, P. & Forschungszirkel „N. A. Bernstein“ (Hrsg.): Phänomene der motorischen Entwicklung des Menschen. Hofmann, Schorndorf, 55–112

Hölling, H., Erhart, M., Ravens-Sieberer, U., Schlack, R. (2007): Verhaltensauffälligkeiten bei Kindern und Jugendlichen. Erste Ergebnisse aus dem Kinder- und Jugendgesundheitssurvey (KiGGS). Bundesgesundheitsblatt 50, (5 / 6), 784–793

Hollmann, W., Strüder, H. K. (2000): Gehirn, Psyche und körperliche Aktivität. Der Orthopäde 29 (11), 948–956

Hollmann, W., Strüder, H. K., Tagarakis, C. V. M. (2003): Körperliche Aktivität fördert Gehirngesundheit und -leistungsfähigkeit. Nervenheilkunde 22 (9), 467–474

Hollmann, W., Strüder, H. K., Tagarakis, C. V. M., King, G., Diehl, J. (2006): Das Gehirn – der leistungsbegrenzende Faktor bei Ausdauerbelastungen? Deutsche Zeitschrift für Sportmedizin 57 (6), 155–160

Holodynski, M. (2006): Emotionen – Entwicklung und Regulation. Springer, Heidelberg

Holodynski, M., Oerter, R. (2008): Tätigkeitsregulation und die Entwicklung von Motivation, Emotion, Volition. In: Oerter, R, Montada, L. (Hrsg.): Entwicklungspsychologie (6. überarb. Aufl.). Psychologie Verlags Union, Weinheim. 535–571

Höltershinken, D., Scherer, G. (Hrsg.) (2011): PEKiP. Das Prager-Eltern-Kind-Programm. Theoretische Grundlagen, Ursprung und Weiterentwicklung. Projekt-Verlag, Bochum / Freiburg

Humboldt, W. von (1792 / 1967): Ideen zu einem Versuch, die Grenzen der Wirksamkeit des Staats zu bestimmen. Reclam, Stuttgart

Hume, D. (1739–40 / 1973): Ein Traktat über die menschliche Natur (A Treatise of Human Nature), Buch III. Felix Meiner, Hamburg

Hünnekens, H., Kiphard, E. J. (1971): Bewegung heilt. 4. Aufl. Flöttmann, Gütersloh

Hünnekens, H., Kiphard, E. J. (1960): Bewegung heilt. Flöttmann, Gütersloh

Hurrelmann, K., Grundmann, M., Walper (Hrsg.) (2008): Handbuch Sozialisationsforschung. 7. Aufl. Beltz, Weinheim / Basel

Hüther, G. (2011): Bedienungsanleitung für ein menschliches Gehirn (11. Aufl.). Vandenhoeck & Ruprecht, Göttingen

Hüther, G. (2007): Sich zu bewegen lernen, heißt fürs Leben lernen! Die erfahrungsabhängige Verankerung sensomotorischer Repräsentanzen und Metakompetenzen während der Hirnentwicklung. In: Hunger, I., Zimmer, R. (Hrsg.): Bewegung, Bildung, Gesundheit. Entwicklung fördern von Anfang an. Hofmann, Schorndorf, 12–22

Illert, M., Kuhtz-Buschbeck, J. P. (2006): Motorisches System. In: Schmidt, R. F., Schaible, H.-G. (Hrsg.): Neuro- und Sinnesphysiologie. 5. Aufl. Springer, Heidelberg / Berlin, 94–130

Irmischer, T., Irmischer, E. (Red.) (1993): Bewegung und Sprache. 2., unveränd. Aufl. Hofmann, Schorndorf

Jasmund, Chr. (2012): Bewegungskindergärten – Haben sie positive Effekte auf die kindliche Entwicklung? Kita aktuell HRS / NRW

Jasmund, Chr. (2009): Evaluation bewegungspädagogischer Arbeit: Zum Einfluss motorischer Förderung in Kindertagesstätten auf die ganzheitliche Persönlichkeitsentwicklung von Kindern. RabenStück, Berlin

Jenni, O. G., Chaouch, A., Caflisch, J., Rousson, V. (2013): Infant motor milestones: poor predictive value for outcome of healthy children. Acta Paediatrica 102 (4), 181–184

Jerosch, J., Bader, A., Uhr, G. (2002): Knochen. curasan Taschenatlas spezial. Thieme, Stuttgart / New York

Jovanovic, B., Schwarzer, G. (2011): Entwicklung der Wahrnehmung. In: Keller, H. (Hrsg.): Handbuch der Kleinkindforschung (4. Aufl.). Huber, Bern, 518–544

Kaltenbacher, E., Klages, H. (2008): Deutsch für den Schulstart: Zielsetzungen und Aufbau eines Förderprogramms. In: Ahrenholz, B. (Hrsg.): Deutsch als Zweitsprache – Voraussetzungen und Konzepte für die Förderung von Kindern und Jugendlichen mit Migrationshintergrund. 2., überarb. Aufl. Fillibach, Freiburg, 135–154

Kaltenbacher, E., Klages, H. (2006): Sprachprofil und Sprachförderung bei Vorschulkindern mit Migrationshintergrund. In: Ahrenholz, B. (Hrsg.): Kinder mit Migrationshintergrund – Spracherwerb und Fördermöglichkeiten. Fillibach, Freiburg, 80–94

Kambas, A. et al. (2004): Unfallverhütung durch Schulung der Bewegungskoordination bei Kindergartenkindern. Deutsche Zeitschrift für Sportmedizin 55 (2), 44–47

Kany, W., Schöler, H. (2010): Fokus: Sprachdiagnostik. Leitfaden zur Sprachstandsbestimmung im Kindergarten (2. Aufl.). Cornelsen Scriptor, Berlin

Kaplan, H., Dove, H. (1987): Infant Development Among the Ache of Eastern Paraguay. Developmental Psychology 23 (2), 190–198

Keller, H. (2008): Kultur und Bindung. In: Ahnert, L. (Hrsg.): Frühe Bindung: Entstehung und Entwicklung. 2. Aufl. Ernst Reinhardt, München / Basel, 110–124

Kempermann, G. (2012): Körperliche Aktivität und Hirnfunktion. Internist 53 (6), 698–704

Ketelhut, K., Strang, H., Holzweg, M. (2011): Einfluss des sozialen Einzugsgebiets auf die motorische Leistungsfähigkeit und das Aktivitätsverhalten im Kindergartenalter. Deutsche Zeitschrift für Sportmedizin 62 (2), 47–51

Kienbaum, J., Schuhrke, B. (2010): Entwicklungspsychologie der Kindheit: von der Geburt bis zum 12. Lebensjahr. Kohlhammer, Stuttgart

Kiphard, E. J., Huppertz, H. (1968): Erziehung durch Bewegung. Dürr, Bad Godesberg

Kirsch, P., Esslinger, C., Chen, Q., Mier, D. Lis, S., Siddanti, S. Gruppe, H., Mattay, V.S., Gallhofer, B., Meyer-Lindenberg, A. (2005): Oxytocin modulates neural circuitry for social cognition and fear in humans. Journal of Neuroscience 25 (49), 11489–93

Kiziak, T., Kreuter, V., Klingholz, R. (2012): Dem Nachwuchs eine Sprache geben. Was frühkindliche Sprachförderung leisten kann. In: http://www.berlin-institut.org/publikationen/discussion-paper/dem-nachwuchs-eine-sprache-geben.html, 20.05.2013

Klein, G., Kreie, G., Kron, M., Reiser, H.(1987): Integrative Prozesse in Kindergartengruppen. Über die gemeinsame Erziehung von behinderten und nichtbehinderten Kindern. DJI Materialien, Reihe Integration behinderter Kinder: Weinheim / München

Klemm, K. (2011): Gemeinsam lernen. Inklusion leben. Status Quo und Herausforderungen inklusiver Bildung in Deutschland. Studie im Auftrag der Bertelsmann-Stiftung. Verfügbar unter: http://www.bertelsmann-stiftung.de/bst/de/media/xcms_bst_dms_32811_32812_2.pdf, 4.7.2013

KMK (Kultusministerkonferenz der Länder) (2011): Das Bildungswesen in der Bundesrepublik Deutschland 2010 / 2011 – Auszug. In: http://www.kmk.org/dokumentation/das-bildungswesen-in-der-bundesrepublik-deutschland/dossier-deutsch/publikation-zum-download.html, 24.09.2013

Koch, J. (1978): Total Baby Development. Wallaby, New York

Kopp, C. B. (2011): Development in the Early Years: Socialisation, Motor Development, and Consciousness. Annual Review of Psychology 62, 165–187

Kornexl, E. (2009): Vorschulalter 4.–6. Lebensjahr. Anthropologische Grundlagen des Sportunterrichts – DVD. Institut für Sportwissenschaft der Universität, Innsbruck

Kotter, C. (2012): Entdeckungsgeschichte frühkindlicher Reflexe. Centaurus, Freiburg i.Br.

Kron, M. (2011): Integration als Einigung – Integrative Prozesse und ihre Gefährdungen auf Gruppenebene. In: Kreuzer, M., Ytterhus, B. (Hrsg.): Dabeisein ist nicht alles – Inklusion und Zusammenleben im Kindergarten. 2. Aufl. Ernst Reinhardt, München / Basel, 190–200

Kron, M. (2006): 25 Jahre Integration im Elementarbereich – Ein Blick zurück, ein Blick nach vorn. In: Inklusion-Online 1. Verfügbar unter: http://bidok.uibk.ac.at/library/inkl-01-06-kron-elementar.html, 15.7.2013

Krombholz, H. (2012): Die Entwicklung motorischer und kognitiver Leistungen von vier- bis sechsjährigen Kindern mit motorischen Entwicklungsstörungen (DCD) im Vergleich zu unauffälligen Kindern. Psychologie in Erziehung und Unterricht, 59 (1), 1–20

Krombholz, H. (2011): MoTB 3–7. Testbatterie zur Erfassung motorischer Leistungen im Vorschulalter. Beschreibung, Gütekriterien, Normwerte und ausgewählte Ergebnisse. In: http://psydok.sulb.uni-saarland.de/volltexte/2011/2711/, 08.03.2013

Krombholz, H. (2005): Bewegungsförderung im Kindergarten. ein Modellversuch. Hofmann, Schorndorf

Kromeyer-Hauschild, K., Wabitsch, M., Kunze, D., et al. (2001): Perzentile für den Body-mass-Index für das Kinder- und Jugendalter unter Heranziehung verschiedener deutscher Stichproben. Monatszeitschrift Kinderheilkunde 149 (8), 807–818

Krus, A. (2006): Psychomotorische Entwicklungsförderung zur Stärkung der kindlichen Resilienz. In: Fischer, K., Knab, E., Behrens, M. (Hrsg.) (2006): Bewegung in Bildung und Gesundheit. Verlag Aktionskreis Literatur und Medien, Lemgo, 355–361

Krus, A. (2004): Mut zur Entwicklung. Das Konzept der psychomotorischen Entwicklungstherapie. Hofmann, Schorndorf

Kubesch, S. (2008): Körperliche Aktivität und exekutive Funktionen. 2. Aufl. Hofmann, Schorndorf

Kumsta, R., Heinrichs, M. (2012): Oxytocin, stress and social behavior: neurogenetics of the human oxytocin system. Current Opinion in Neurobiology 23 (1), 1–6

Kunsch, K., Kunsch, S. (2007): Der Mensch in Zahlen. 3. Aufl. Elsevier, München

Kunz, T. (1993): Weniger Unfälle durch Bewegung. Hofmann, Schorndorf

Kurth, B.-M., Schaffrath Rosario, A. (2007): Die Verbreitung von Übergewicht und Adipositas bei Kindern und Jugendlichen in Deutschland. Bundesgesundheitsbl. 50 (5/6), 736–743

Kurth, B.-M., Schaffrath Rosario, A. (2006): Die Verbreitung von Übergewicht und Adipositas. In: http://www.aok.de/assets/media/baden-wuerttemberg/studie_kiggs.pdf, 13.03.2013

Laewen, H.-J. (2013): Grenzsteine der Entwicklung – Ein Frühwarnsystem für Risikolagen. In: http://www.mbjs.brandenburg.de/media_fast/4113/Sonderdruck_Grenzsteine.pdf, 05.03.2013

Laewen, H.-J. (2008): Grenzsteine der Entwicklung als Grundlage eines Frühwarnsystems für Risikolagen in Kindertageseinrichtungen. In: Diskowski, D., Pesch, L. (Hrsg.): Familien stützen – Kinder schützen. Was Kitas beitragen können. Das Netz, Weimer / Berlin, 190–198

Lämmle, L., Worth, A., Bös, K. (2012): Socio-demographic correlates of physical activity and physical fitness in German children and adolescents. European Journal of Public Health 22 (6), 880–884

Laging, R., Schillack, G. (2000): Die Schule kommt in Bewegung. Konzepte, Untersuchungen und praktische Beispiele zur Bewegten Schule. Schneider, Baltmannsweiler

Lampert, T., Mesink, G. B. M., Romahn, N., Woll, A. (2007): Körperlich-sportliche Aktivität von Kindern und Jugendlichen in Deutschland. Bundesgesundheitsblatt 50, (5 / 6), 634–642

Lampl, M. (1993): Evidence of Saltatory Growth in Infancy. American Journal of Human Biology 5 (6), 641–652

Lampl, M., Johnson, M. L. (2011): Infant Growth in Length Follows Prolonged Sleep and Increased Naps. Sleep 34 (5), 641–650

Lampl, M., Johnson, M. L. (1997): Identifying Saltatory Growth Patterns in Infancy: A Comparison of Results Based on Measurement Protocol. American Journal of Human Biology 9 (3), 343–355

Lang, S. (2011): Bewegungsförderung in der Kindheit. Eine wissenschaftliche Begleitstudie in der Kindertagesstätte. motorik 34 (1), 27–30

Landau, G. (2000): Das mobile Klassenzimmer. In: Laging, R. / Schillack, G. (Hrsg.): Die Schule kommt in Bewegung. Konzepte, Untersuchungen und praktische Beispiele zur Bewegten Schule. Schneider, Baltmannsweiler, 110–116

Landsberg, B., Plachta-Danielzik, S. Müller, M. J. (2009): Risikofaktor Adipositas. In: Schmidt, W. (Hrsg.): Zweiter Deutscher Kinder- und Jugendsportbericht. 2. Aufl. Hofmann, Schorndorf, 107–114

Largo, R. H. (2008): Babyjahre. Die frühkindliche Entwicklung aus biologischer Sicht. 17. Aufl. Piper, München / Zürich

Largo, R. H. (2004): Entwicklung der Motorik. In: Schlack, H.G. (Hrsg.): Entwicklungspädiatrie. Hans Marseille, München, 23–34

Largo, R. H., Molinari, L., Weber, M., Comenale Pinto, L., Duc, G. (1985): Early Development of Locomotion: Significance of Prematurity, Cerebral Pals and Sex. Developmental Medicine & Child Neurology 27 (2), 183–191

LeDoux, J. E. (2006): Das Netz der Gefühle. Wie Emotionen entstehen. 4. Aufl. dtv, München

Lehmann, K. M., Hellwig, E., Wenz, H.-J. (2012): Zahnärztliche Propädeutik: Einführung in die Zahnheilkunde. 12. Aufl. Dt. Zahnärzteverlag, Köln

Leu, H.-R., Flämig, K., Frankenstein, Y., Koch, S., Pack, I., Schneider, K., Schweiger, M. (2007): Bildungs-

und Lerngeschichten. Bildungsprozesse in früher Kindheit beobachten, dokumentieren und unterstützen. das Netz, Weimer / Berlin

Lienert, G. A., Raatz, U. (1998): Testaufbau und Testanalyse. 6. Aufl. Beltz, Weinheim

Lin, T.-W., Kuo, Y.-M. (2013): Exercise Benefits Brain Function: The Monoamine Connection. Brain Sciences 3 (1), 39–53

Livesey, D., Keen, J., Rouse, J., White, F. (2006): The relationship between measures of executive function, motor performance and externalising behaviour in 5- and 6-year-old children. Human Movement Science 25 (1), 50–64

Lösel, F., Schmucker, M., Plankensteiner, B., Weiss, M. (2006): Bestandsaufnahme und Evaluation von Angeboten im Elternbildungsbereich. In: http://www.bmfsfj.de/doku/Publikationen/elternbildungsbereich/html/10pdf/pdf01.html, 06.05.2013

Lovejoy, C. O., Suwa, G., Spurlock, L., Asfaw, B., White, T. D. (2009): The pelvis and Femur of Ardipithecus ramidus: The Emergence of Upright Walking. Science 326 (5949), 71, 71e1–71e6

Märker, B. (1991): Eine psychomotorische Studie zur Fein- und Grobmotorik bei fünfjährigen Kindern. Peter Lang, Frankfurt / M.

Main, M., Solomon, J. (1986): Discovery of a new, insecure-disorganized / disoriented attachment pattern. In: Brazelton, T. B., Yogman, M. (Hrsg.): Affective development in infancy. Ablex, Norwood / NJ, 95–124

Mandler, J., Zimmer, R. (2006): Sprach- und Bewegungsentwicklung bei Kindern im Vorschulalter. motorik 29 (1), 33–40

Markowitsch, H.-J. (2002): Dem Gedächtnis auf der Spur. Vom Erinnern und Vergessen. Primus: Darmstadt

Marzke, M. W. (1971): Origin of the Human Hand. American Journal of Physical Anthropology 34 (1), 61–84

Marzke, M. W., Wullstein, K.L. (1996): Chimpanzee and Human Grips: A New Classification with a Focus on Evolutionary Morphology. International Journal of Primatology 17 (1), 117–139

Matthiesen, A. S., Ransjö-Arvidson, A. B., Nissen, E., Uvnäs-Moberg, K. (2001): Postpartum Maternal Oxytocin Release by Newborns: Effects of Infant Hand Massage and Sucking. Birth 28 (1), 13–19

McGraw, M. (1989): The Neuromuscular Maturation of the Human Infant. Mac Keith Press, London

Meeusen, R. et al. (2001): Neurotransmitter im Gehirn während körperlicher Belastung. Deutsche Zeitschrift für Sportmedizin 52 (12), 361–368

Meinberg, E. (1981): Sportpädagogik: Konzepte und Perspektiven. Kohlhammer, Stuttgart et al.

Meyer-Lindenberg, A., Domes, G., Kirsch, P., Heinrichs, M. (2011): Oxytocin and vasopressin in the human brain: social neuropeptides for translational medicine. Nature Review Neuroscience 12 (9), 524–538

Meinel, K., Schnabel, G. (2007): Bewegungslehre – Sportmotorik. Abriss einer Theorie der sportlichen Motorik unter pädagogischem Aspekt. Meyer & Meyer, Aachen

Michaelis, R. (2004): Das „Grenzsteinprinzip“ als Orientierungshilfe für die pädiatrische Entwicklungsbeurteilung. In: Schlack, H. G. (Hrsg.): Entwicklungspädiatrie. Hans Marseille, München, 123–130

Michaelis, R., Niemann, G. (2010): Entwicklungsneurologie und Neuropädiatrie. Grundlagen und diagnostische Strategien. 4. Aufl. Thieme, Stuttgart / New York

Miedzinski, K. (1983): Die Bewegungsbaustelle. Kinder bauen ihre Bewegungsanlässe selbst. Verlag Modernes Lernen, Dortmund

Miedzinski, K., Fischer, K. (2006): Die Neue Bewegungsbaustelle. Lernen mit Kopf, Herz, Hand und Fuß. Borgmann Media, Dortmund

Miller, G. A. (2003): The cognitive revolution: a historical perspective. TRENDS in Cognitive Science 7 (3), 141–144

Milton, K., May, M. L. (1976): Body weight, diet and home range area in primates. Nature 259 (5543), 459–462

Miyashita, Y. (2004): Cognitive Memory: Cellular and Network Machineries and Their Top-Down Control. Science 306 (5695), 435–440

Montada, L. (2008): Grundlagen der Entwicklungspsychologie. Konzeptionen der Entwicklung. In: Oerter, R., Montada, L. (Hrsg.): Entwicklungspsychologie. 6. Aufl. Beltz-PVU, Weinheim / Basel, 3–66

Moore, K. L., Persaud, T. V. N. (2007): Embryologie: Entwicklungsstadien, Frühentwicklung, Organogenese, Klinik. 5. Aufl. Elsevier, Urban & Fischer, München, Jena

Moosbrugger, H., Kelava, A. (Hrsg.) (2007): Testtheorie und Fragebogenkonstruktion. Springer, Heidelberg

Moser, Th. (2008): Ein gesunder Geist in einem geschickten Körper? Zur Beziehung von Bewegung, Kognition, Sprache und Selbstbild bei 6- und 7-jährigen Kindern. Diplomica, Hamburg

Müller, H.-J., Decker, R., Schilling, F. (Red.) (1975): Motorik im Vorschulalter. Wissenschaftliche Grundlagen und Erfassungsmethoden. Hofmann, Schorndorf

Munzert, J. (2010): Entwicklung und Lernen von Bewegungen. In: Schott, N., Munzert, J. (Hrsg.): Motorische Entwicklung. Hogrefe, Göttingen, 9–29

Napier, J. R. (1980): Hands. George Allen & Unwin, London

Napier, J. R. (1956): The prehensile Movements of the Humand Hand. The Journal of Bone and Joint Surgery 38B (4), 902–913

Neeper, S. A., Pinilla, F. G., Choi, J., Cotman, C. W. (1996): Physical activity increases mRNA for brain-derived neurotrophic factor and nerve growth factor in rat brain. Brain Research 726 (1–2), 49–56

Neuhauser, H., Schienkiewitz, A., Schaffrath Rosario, A., Dortschy, R., Kurth, B.-M. (2011): Referenzperzentile für anthropometrische Maßzahlen und Blutdruck aus der Studie zur Gesundheit von Kindern und Jugendlichen in Deutschland (KiGGS)- Gesundheitsberichterstattung des Bundes, Robert Koch-Institut. In: http://www.rki.de/DE/Content/Gesundheitsmonitoring/Gesundheitsberichterstattung/GBEDownloadsB/KiGGS_Referenzperzentile.pdf?__blob=publicationFile, 13.03.2013

Neumann, N. U., Frasch, K. (2008): Neue Aspekte zur Lauftherapie bei Demenz und Depression – klinische und neurowissenschaftliche Grundlagen. Deutsche Zeitschrift für Sportmedizin 59 (2), 28–33

NICHD Early Child Care Research Network (1993): The NICHD Study of Early Child Care: A comprehensive longitudinal study of young children's lives.

Niedenthal, P. M., Brauer, M. (2012): Social Functionality of Human Emotion. Annual Review of Psychology 63, 259–285

Niemitz, C. (2010): The evolution of the upright posture and gait – a review and a new synthesis. Naturwissenschaften 97 (3), 241–263

Oerter, R. (1987): Die Rolle der Motorik in der Entwicklung des Kindes. In: Brettschneider, W.-D., Baur, J., Bräutigam, M. (Red.): Bewegungswelt von Kindern und Jugendlichen. Bericht zum 8.dvs-Hochschultag Paderborn. Hofmann, Schorndorf, 44–57

O'Higgins, P., Elton, S. (2007): Walking on Trees. Science 316 (5829), 1292–1294

Oster, H., Ekman, P. (1978): Facial behavior in child development. In: Collins, W. A. (Ed.): Minnesota Symposium on Child Development, Vol. 11. Lawrence Erlbaum, Hillsdale, N. J.9

Pauen, S. (2006): Zeitfenster der Gehirn- und Verhaltensentwicklung: Modethema oder Klassiker? In: Herrmann, U. (Hrsg.): Neurodidaktik. Grundlagen und Vorschläge für gehirngerechtes Lehren und Lernen. Beltz, Weinheim, 31–40

Pauen, S. (2002): Evidence for knowledge-based categorization in infancy. Child Development 73 (4), 1016–1033

Pauen, S., Heilig, L., Danner, D., Haffner, J., Tettenborn, A., Roos, J. (2012): Milestones of Normal Development in Early Years (MONDEY). Frühe Bildung 1 (2), 64–70

Paulsen, F., Waschke, J. (Hrsg.) (2010): Sobotta – Atlas der Anatomie des Menschen. Allgemeine Anatomie und Bewegungsapparat. 23. Aufl. Urban & Fischer, München

Papousek, H., Papousek, M. (1987): Intuitive parenting: A dialectic counterpart to the infant's integrative competence. In: Osofsky, J. D. (Ed.): Handbook of infant development. Wiley, New York, 669–720

Pawlowski, B. (2007): Origins of Hominae and Putative Selection Pressures Acting on the Early Hominins. In: Henke, W., Tattersall, I. (Eds.): Handbook of Paleoanthropology. Phylogeny of Hominids (Vol. III). Springer, Berlin u. a., 1409–1440

Penner, Z. (2003): Forschung für die Praxis. Neue Wege der sprachlichen Förderung von Migrantenkindern. Kon-Lab, Berg

Petermann, F., Niebank, K., Scheithauer, H. (2004): Entwicklungswissenschaft. Springer, Berlin / Heidelberg

Petermann, F., Viernickel, S. (2012): Schwerpunkt: Entwicklungsbeobachtung und Entwicklungsdokumentation. Frühe Bildung 1 (2), 61–63

Petermann, F., Wiedebusch, S. (2003): Emotionale Kompetenz bei Kindern. Hogrefe, Göttingen

Peters, A. (1988): Bewegungsanalysen und Bewegungstherapie im Säuglings- und Kleinkindalter. Beispiel zur Förderung der sensomotorischen Entwicklung. Gustav Fischer, Stuttgart / New York

Piek, J. P., Bradbury, G. S., Elsley, S. C., Tate, L. (2008): Motor Coordination and Social-Emotional Behaviour in Preschool-aged Children. International Journal of Disability, Development and Education 55 (2), 143–151

Pike, A. W. G., Hoffmann, D. L., García-Diez, M., Pettitt, P. B., Alcolea, J., De Balbín, R., González-Sainz, C., Heras, C. de las, Lasheras, J. A., Montes, R., Zilhão, J. (2012): U-Series Dating of Paleolithic Art in 11 Caves in Spain. Science 336 (6087), 1409–1413

Pikler, E. (2001): Lass mir Zeit. Die selbständige Bewegungsentwicklung des Kindes bis zum freien Gehen. Pflaum, München u. a.

Pikler, E. (1982): Friedliche Babys – zufriedene Mütter. Herder, Freiburg i. Br.

Plutchik, R. (1994): The psychology and biology of emotion. Harper Collins, New York

Polinski, L. (2009): PEKiP: Spiel und Bewegung mit Babys. Rowohlt, Reinbek

Portmann, A. (1956): Biologie und Geist. Rhein-Verlag, Zürich

Portmann, A. (1953): Das Tier als soziales Wesen. Rhein-Verlag, Zürich

Prechtl, H. F. R. (1993): Principles of early motor development in the human. In: Kalverboer, H.F., Hopkins, B., Geuze, R. (Eds.): Motor development in early and later childhood: Longitudinal approaches. University Press, Cambridge, 35–50

Prechtl, H. F. R. (1990): Qualitative changes of spontaneous movements in fetus and preterm infants are a marker of neurological dysfunction. Early Human Development 23 (3), 151–158

Prengel, A. (2010): Inklusion in der Frühpädagogik – Bildungstheoretische, empirische und pädagogische Grundlagen. DJI, München

Prohl, R. (1999): Grundriss der Sportpädagogik. Limpert, Wiebelsheim

Prohl, R., Seewald, J. (1998): Offene Bewegungserziehung in Kindergärten. Bericht über ein kombiniertes Fortbildungs- und Forschungsprojekt in Thüringen. motorik 21 (2), 58–68

Pulkkinen, A. (2010): Die Achtung vor dem jungen Kind. klein & groß 63 (5), 24–25

Rauh, H. (2008): Vorgeburtliche Entwicklung und Frühe Kindheit. In: Oerter, R., Montada, L. (Hrsg.): Entwicklungspsychologie. Beltz-PVU, Weinheim / Basel, 149–224

Ray, W. J. (2013): Evolutionary Psychology. Neuroscience Perspectives

Concerning Human Behavior and Experience. Sage, Los Angeles et al.

Reichenbach, Chr. (2010): Die Bedeutung ethischer Aspekte diagnostischen Handelns für den psychomotorischen Fachdiskurs. motorik 33 (1), 2–8

Reichenbach, Chr. (2006): Bewegungsdiagnostik in Theorie und Praxis. Borgmann, Dortmund

Rhodes, R. E., Nasuti, G. (2011): Trends and changes in research on the psychology of physical activity across 20 years: A quantitative analysis of 10 journals. Preventive Medicine 53, 17–23

Rethorst, S. (2004): „Kinder in Bewegung". Welche Chancen bieten bewegungsfreundliche Kindergärten für die motorische Entwicklung im Kindesalter? Sportunterricht 53 (3), 72–78

Rethorst, S. (2003): Der motorische Leistungsstand von 3- bis 7-Jährigen – gestern und heute. motorik 26 (3), 117–126

Rieder, H. (1975): Theorien der Entwicklungsphasen und die Bewegungsentwicklung. In: Müller, H.-J., Decker, R., Schilling, F. (Red.): Motorik im Vorschulalter. Wissenschaftliche Grundlagen und Erfassungsmethoden. Hofmann, Schorndorf, 6–11

Rittner, V. (Hrsg.) (1976): Zur Geschichte des Körpers. Hanser, München / Wien

Rosenberg, G. (2005): Die Rekonstruktion des Körperschemas in pflegerischen Handlungsfeldern – Beitrag zu einer Theorie der Vernetzung von innerem, intermediärem und äußerem Raum der Körperwahrnehmung. Dissertation, Universität Bremen

Roth, K. (1982): Strukturanalyse koordinativer Fähigkeiten. Limpert, Bad Homburg

Roth, K., Willimczik, K. (Hrsg.) (1999): Bewegungswissenschaft. Rowohlt, Reinbek

Ruppelt, H., Ruppelt, Chr. (1982): Bewegungs- und Spielanregungen für das erste Lebensjahr. Das Prager-Eltern-Kind-Programm. Geistige Behinderung, 21 (4), 1–20

Ruxton, G. D., Wilkinson, D. M. (2011): Avoidance of overheating and selection for both hair loss and bipedality in hominins. PNAS 108 (52), 20965–20969

Saarni, C. (1999): The development of emotional competence. Guilford Press, New York

Saarni, C., Campos, J., Camras, L., Witherington, D. (2008): Principles of emotion and emotional competence. In: Damon, W., Lerner, R. (Eds.): Child and adolescent development: An advanced course. Wiley, Hoboken, NJ, 361–405

Sarimski, K. (2000): Frühgeburt als Herausforderung – psychologische Beratung als Bewältigungshilfe. Hogrefe, Göttingen et al.

Schäfer, I. (2011): Von den Wurzeln zur Entwicklung, Weiterentwicklung und zu aktuellen Perspektiven der Psychomotorik – Kiphard und sein Werk. motorik 34 (2), 58–68

Schandry, R. (2011): Biologische Psychologie (3. Aufl.). Beltz, Weinheim et al.

Scheid, V. (2009): Motorische Entwicklung in der frühen Kindheit. In:

Baur, J., Bös, K., Conzelmann, A., Singer, R. (Hrsg.): Handbuch Motorische Entwicklung. Hofmann, Schorndorf, 281–300

Scheid, V. (1989): Bewegung und Entwicklung im Kleinkindalter. Hofmann, Schorndorf

Scherler, K. (1997): Die Instrumentalisierungsdebatte. Sportpädagogik 21 (2), 5–11

Scherler, K. (1990): Bewegung als Zeichen. In: Gabler, H., Göhner, U. (Hrsg.): Für einen besseren Sport: Themen, Entwicklungen und Perspektiven aus Sport und Sportwissenschaft. Hofmann, Schorndorf, 396–414

Scherler, K. (1981): Wie Laufen zum Thema des Sportunterrichts werden kann. In: Kretschmer, J. (Hrsg.): Sport- und Bewegungsunterricht 1–4. Urban & Schwarzenberg, München u. a., 80–94

Scherrer, J. (1997): Offene Bewegungserziehung an Thüringer Kindergärten. In: Loosch, E., Tamme, M. (Hrsg.): Motorik – Struktur und Funktion. 4. Symposium der dvs-Sektion Sportmotorik. Czwalina, Hamburg, 255–259

Schilling, F. (1981): Grundlagen der Motopädagogik. In: Clauß, A. (Hrsg.): Förderung entwicklungsgefährdeter Kinder und behinderter Heranwachsender. Perimed, Erlangen, 184–194

Schlack, H. G. (2012): Motorische Entwicklung im frühen Kindesalter. In: http://www.kita-fachtexte.de/fileadmin/website/KiTaFT_SchlackIII_MotEntw_2012.pdf, 07.03.2013

Schlack, H. G. (2004): Entwicklung – das zentrale Thema der Kinderheilkunde. In: Schlack, H. G. (Hrsg.): Entwicklungspädiatrie. Hans Marseille, München, 11–14

Schott, N. (2010): Motorische Ungeschicklichkeit. In: Schott, N., Munzert, J. (Hrsg.): Motorische Entwicklung. Hogrefe, Göttingen, 169–185

Schöler, H., Roos, J. (2011): Die Ergebnisse des Projektes EVAS, der Evaluationsstudie zur Sprachförderung von Vorschulkindern in Heidelberger und Mannheimer Kindergärten. In: Baden-Württemberg-Stiftung (Hrsg.): Sag' mal was – Sprachförderung für Vorschulkinder. francke Verlag, Tübingen, 102–111

Schoemaker, M. M., Kalverboer, A. F. (1994): Social and affective problems of children who are clumsy: How early do they begin? Adapted Physical Activity Quarterly 11 (2), 130–140

Schönau, E., Fricke, O. (2006): Muskel und Knochen – eine funktionelle Einheit. Deutsches Ärzteblatt 103 (50), A3414-A3420

Schreyer-Mehlhop, I., Petermann, F., Petermann, U., Koglin, U. (2012): Entwicklungsbeobachtung und – dokumentation mit der EBD 3–48 und der EBD 48–72. Frühe Bildung 1 (2), 71–77

Schwarz, R. (2013): Projektbericht: BeBi-Studie – Bewegung und Bildung im Vergleich unterschiedlicher Kindergartentypen. motorik 36 (2), 115–116

Schwarz, R. (2012): Kindergarten in Bewegung. Auf dem Weg zum Bewegungskindergarten. KiTa aktuell 21 (3), 62–64

Schwarz, R. (2010): Weglaufen, Erstarren oder Aufgreifen? Evolutionäre Strategien von Lehramtsstudierenden bei Fällen im Sportunterricht. In: Gilgenmann, K., Mersch, P., Treml (Hrsg.): Kulturelle Vererbung – Erziehung und Bildung in evolutionstheoretischer Sicht. BoD, Norderstedt, 263–281

Seewald, J. (2008): Entwicklungsförderung als neues Paradigma der Sportpädagogik? Sportwissenschaft 38 (2), 149–167

Seewald, J. (1998): Zwischen Pädagogik und Therapie – Entwicklungsförderung als Paradigma der Psychomotorik. Praxis der Psychomotorik 23 (3), 136–143

Shirley, M. M. (1931): The first two years. A study of twenty-five babies. University of Minnesota Press, Minneapolis

Sibley, B. A., Etnier, J. L. (2003): The Relationship Between Physical Activity and Cognition in Children: A Meta-Analysis. Pediatric Exercise Science 15, 243–256

Siegler, R., DeLoache, J., Eisenberg, N. (2011): Entwicklungspsychologie im Kindes- und Jugendalter. 3. Aufl. Spektrum, Heidelberg

Skinner, R. A., Piek, J. P. (2001): Psychosocial implications of poor motor coordination in children and adolescents. Human Movement Science 20 (1–2), 73–94

Singer, R. (2000): Psychologische Aspekte des Lernens. In: Gabler, H., Nitsch, J.R., Singer, R. (Hrsg.): Einführung in die Sportpsychologie. Teil 1: Grundthemen. Hofmann, Schorndorf, 247–288

Sport New Zealand (2012): Fundamental Movement Skills among children in New Zealand. Sport New Zealand, Wellington

Sroufe, L. A. (1996): Emotional development: The organization of emotional life in the early years. Cambridge University Press, New York

Stein, E. (2008): Übersetzung des Hl. Thomas von Aquino. Untersuchungen über die Wahrheit – Quaestiones disputatae de veritate 1. Herder, Freiburg u. a.

Stephan, H., Baron, G., Frahm, H. D. C. (1988): Comparative Size of Brains and Brain Components. In: Steklis, H.D., Erwin, J. (Eds.): Comparative Primate Biology. Vol. 4. – Neurosciences. Alan R. Liss.: New York, 1–35

Sugden, D., Chambers, M. (Eds. 2005): Children with Developmental Coordination Disorder. John Wiley & Sons, London

Sulzer, A., Wagner, P. (2011): Inklusion in Kindertageseinrichtungen – Qualifikationsanforderungen an die Fachkräfte. Verfügbar unter: http://www.weiterbildungsinitiative.de/uploads/media/WiFF_Expertise_Nr._15_Annika_Sulzer_Petra_Wagner_Inklusion_in_Kindertageseinrichtungen.pdf, 17.07.2013

Sun, R., Wilson, N. (2011): Motivational Processes Within the Perception-Action Cycle. In: Cutsuridis, V., Hussain, A., Taylor, J. G. (Eds.) (2011): Perception-Action Cycle. Models, Architectures, and Hardware. Springer, New York et al., 449–472

Super, C. M. (1976): Environmental Effects on Motor Development: the Case of ‚African Infant Precocity'.

Developmental Medicine & Child Neurology 18 (5), 561–567
Szagun, G. (2010): Sprachentwicklung beim Kind. 4. Gesamtaufl. Beltz, Weinheim

Thelen, E. (2000): Motor development as foundation and future of developmental psychology. International Journal of Behavioral Development 24 (4), 385–397
Thelen, E., Fisher, D. M., Ridley-Johnson, R. (1984): The Relationship between Physical Growth and a Newborn Reflex. Infant Behavior and Development 7 (4), 479–493
Thorndike, E. L. (1914 / 1930): Psychologie der Erziehung (2. Aufl.). Gustav Fischer, Jena
Tocheri, M. W., Orr, C. M., Jacofsky, M. C., Marzke, M. W. (2008): The evolutionary history of the hominin hand since the last common ancestor of Pan and Homo. Journal of Anatomy 212 (4), 544–562
Tomasello, M. (2002): Die kulturelle Entwicklung des menschlichen Denkens. Zur Evolution der Kognition. Suhrkamp, Frankfurt / M.
Tomporowski, P. D., Lambourne, K., Okumura, M. S. (2011): Physical activity interventions and children's mental function: An introduction and overview. Preventive Medicine 52, S3-S9
Toth, N., Schick, K. (2007): Overview of Paleolithic Archeology. In: Henke, W., Tattersall, I. (Eds.): Handbook of Paleoanthropology – Phylogeny of Hominids (Vol. 3). Springer, Berlin et al., 1943–1963
Toth, N., Schick, K. (2006): The Oldowan: Case Studies into the Earliest Stone Age. Stone Age Inst., Gosport / IN
Tracy, R. (2003): Sprachliche Frühförderung – Konzeptuelle Grundlagen eines Programms zur Förderung von Deutsch als Zweitsprache im Vorschulalter. Forschungs- und Kontaktstelle Mehrsprachigkeit, Universität Mannheim
Trautner, H. M. (2006): Entwicklungsbegriffe. In: Schneider, W., Wikening, F. (Hrsg.): Theorien, Modelle und Methoden der Entwicklungspsychologie. Hogrefe, Göttingen, 59–89
Trepel, M. (2004): Neuroanatomie – Struktur und Funktion (3. Aufl.). Urban & Fischer, München / Jena
Tröster, H., Reineke, D. (2007): Prävalenz von Verhaltens- und Entwicklungsauffälligkeiten im Kindergartenalter. Kindheit und Entwicklung 16 (3), 171–179.
Tuttle, R. H. (1969): Knuckle-Walking and the Problem of Human Origins. Science 166 (3908), 953–961

Underdown, A., Barlow, J., Chung, V., Stewart-Brown, S. (2009): Massage intervention for promoting mental and physical health in infants aged under six months. Cochrane Database of Systematic Review 18 (4), 1–38
UNESCO (2013): frühkindliche Förderung weltweit. In http://www.unesco.de/fruehkindliche_bildung_weltweit.html, 24.09.2013
Ungerer-Röhrich, U. (1997): Was bringt ein „bewegter“ Kindergarten für die Entwicklung der Kinder? – Ergebnisse einer Längsschnittuntersu-

chung. In: Zimmer, R. (Hrsg.): Bewegte Kindheit. Hofmann, Schorndorf, 197–199

Ungerer-Röhrich, U. (Hrsg.) (1997): Fortbildung von Erzieherinnen. Anregungen und Ergebnisse aus dem Forschungsbericht „Bewegung, Sport und Spiel im Kindergarten". Institut für Sportwissenschaft, TH Darmstadt und Martin-Luther-Universität Halle-Wittenberg

Ungerer-Röhrich, U. (1996): Zur Situation der Bewegungserziehung im Kindergarten – Untersuchungsbericht. Institut für Sportwissenschaft, TH Darmstadt und Martin-Luther-Universität Halle-Wittenberg

van IJzendoorn, M. H., Kroonenberg, P. M. (1988): Cross-cultural Patterns of Attachment: a Meta-Analysis of the Strange Situation. Child Development 59 (1), 147–156

Vereijken, B., Thelen, E. (1997): Training Infant Treadmill Stepping: The Role of Individual Pattern Stability. Developmental Psychobiology 30 (2), 89–102

Vigneau, M., Beaucousin, V., Herve, P. Y., Duffau, H., Crivello, F., Houde, O., Mazoyer, B., Tzourio-Mazoyer, N. (2006): Meta-analyzing left hemisphere language areas: Phonology, semantics, and sentence processing. NeuroImage 30 (4), 1414–1432

Visser, J. (2003): Developmental coordination disorder: a review of research on subtypes and comorbidities. Human Movement Science 22 (4–5), 479–493

Vogt, U. (1978): Die Motorik 3- bis 6jähriger Kinder. Hofmann, Schorndorf

Volkamer, M. (1987): Von der Last mit der Lust im Schulsport. Probleme der Pädagogisierung des Sports. Hofmann, Schorndorf

von Hofsten, C. (1984): Developmental Changes in the Organization of Prereaching Movements. Developmental Psychology 20 (3), 378–388

Wagner, M. O., Macha, Th., Kastner, J., Petermann, F., Jekauc, D., Worth, A., Bös, K. (2011): Frühdiagnostik motorischer Funktionen. Diagnostica 57 (4), 225–233

Weinert, S., Grimm, H. (2008): Sprachentwicklung. In: Oerter, R., Montada, L. (Hrsg.): Entwicklungspsychologie. 6. Aufl. BeltzPVU, Weinheim / Basel, 502–534

Weinfield, N. S., Whaley, G. J. L., Egeland, B. (2004): Continuity, discontinuity, and coherence in attachment from infancy to late adolescence: Sequelae of organization and disorganization. Attachment and Human Development 6 (1), 73–97

Weizsäcker, V. v. (1947): Der Gestaltkreis. Theorie der Einheit von Wahrnehmen und Bewegen. 3. Aufl. Thieme, Stuttgart

Werning, R., Balgo, R., Palmowski, W., Sassenroth, M. (2012): Sonderpädagogik. Lernen, Verhalten, Sprache, Bewegung und Wahrnehmung. 2. aktual. Aufl. Oldenbourg, München

Wheeler, P. E. (1984): The Evolution of Bipedality and Loss of Functional Body Hair in Hominids. Journal of Human Evolution 13 (1), 91–98

WHO (World Health Organization) (2012): World Health Statistics. In: http://www.who.int/gho/publications/world_health_statistics/2012/en/index.html, 12.03.2013

WHO (World Health Organization) (2007): Development of a WHO growth reference for school-aged children and adolescents. Bulletin of the World Health Organization 85 (9), 660–667

WHO (World Health Organization) (2006a): WHO Motor Development Study: Windows of achievement for six gross motor development milestones. Acta Paediatrica 95 (Suppl 450), 86–95

WHO (World Health Organization) (2006b): Enrolment and baseline characteristics in the WHO Multicentre Growth Reference Study. Acta Paediatrica 95 (Suppl 450), 7–15

WHO (World Health Organization) (2006c): WHO Child Growth Standards based on length / height, weight and age. Acta Paediatrica 95 (Suppl 450), 76–85

WHO (World Health Organization) (2006d): WHO Child Growth Standards: Length / height-for-age, weight-for-age, weight-for-length, weight-for-height and body mass index-for-age. In: http://www.who.int/childgrowth/standards/en/

Wiesemüller, B., Rothe, H., Henke, W. (2003): Phylogenetische Systematik. Springer, Berlin / Heidelberg

Willimczik, K., Voelcker-Rehage, C., Wiertz, O. (2006): Sportmotorische Entwicklung über die Lebensspanne. Zeitschrift für Sportpsychologie 13 (1), 10–22

Willke, H. (1996): Systemtheorie II: Interventionstheorie (2. Aufl.). Lucius & Lucius, Stuttgart

Wilson, F. R. (2000): Die Hand – Geniestreich der Evolution. Klett-Cotta, Stuttgart

Wilson, P. H., McKenzie, B. E. (1998): Information Processing Deficits Associated with Developmental Coordination Disorder: A Meta-analysis of Research Findings. Journal of Child Psychology and Psychiatry 39 (6), 829–840

Winter, R., Hartmann, Chr. (2007): Die motorische Entwicklung (Ontogenese) des Menschen (Überblick). In: Bewegungslehre – Sportmotorik. Abriss einer Theorie der sportlichen Motorik unter pädagogischem Aspekt. 11. Aufl. Meyer & Meyer, Aachen, 243–373

Wygotski, L. S. (1934 / 1964): Denken und Sprechen. S. Fischer / Akademie-Verlag, Berlin

Ytterhus, B. (2011): „Das Kinderkollektiv“ – Eine Analyse der sozialen Position und Teilnahme von behinderten Kindern in der Gleichaltrigengruppe. In: Kreuzer, M., Ytterhus, B. (Hrsg.): Dabeisein ist nicht alles – Inklusion und Zusammenleben im Kindergarten. 2. Aufl. Ernst Reinhardt, München / Basel, 112–131

Zacher, V. (2010): Die frühkindliche Ontogenese des grobmotorischen Verhaltens. Dissertation, Berlin. In: http://www.diss.fu-berlin.de/diss/servlets/MCRFileNodeServlet/FU-DISS_derivate_000000008199/Zacher-Diss-UB.pdf?hosts=, 15.12.2012

Zajonc, R. (1980): Feeling and thinking: Preferences nee no inferences. American Psychologist 35 (2), 151–175

Zelazo, P. R., Zelazo, N. A., Kolb, S. (1972a): „Walking" in the Newborn. Science 176 (4032), 314–315

Zelazo, P. R., Zelazo, N. A., Kolb, S. (1972b): Letters: Newborn Walking. Science 177 (4054), 1057–1059

Zimmer, R. (2009a): Handbuch der Bewegungserziehung. 19. Aufl. Herder, Freiburg i. Br.

Zimmer, R. (2009b): Handbuch Sprachförderung durch Bewegung. Herder, Freiburg i. Br.

Zimmer, R. (2009c): Sprache und Bewegung. In: Schmidt, W. (Hrsg.): Zweiter Deutscher Kinder- und Jugendsportbericht. 2. Aufl. Hofmann, Schorndorf, 255–276

Zimmer, R. (2006a): Alles über den Bewegungskindergarten. Herder, Freiburg i. Br.

Zimmer, R. (2006b): Handbuch der Psychomotorik. 8. Gesamtaufl. Herder, Freiburg

Zimmer, R. (1993): Handbuch der Bewegungserziehung. Herder, Freiburg i. Br.

Zimmer, R. (1981 / 1996): Motorik und Persönlichkeitsentwicklung bei Kindern im Vorschulalter. 1. und 2. erw. Aufl. Hofmann, Schorndorf

Zwickel, J. (2007): Specific Interference Effects between Temporally Overlapping Action and Perception. Leipzig: Max Planck Institute for Human Cognitive and Brain Sciences, (MPI Series in Human Cognitive and Brain Sciences; 86)

Sachregister